민주주의 쇄신

민주주의 쇄신

디지털 자본주의에서 살아남는 법을 제시하다

네이선 가델스 · 니콜라스 베르그루엔 | 이정화 옮김

 북스힐

『민주주의 쇄신』에 대한 예찬

"어떻게 하면 개인이 경제적 안정을 회복하고 심의민주주의가 활력을 되찾을 수 있을까? 이에 대한 네이선 가델스와 니콜라스 베르그루엔의 통찰력은 사려 깊은 시민 한 사람 한 사람의 주목을 받을 만하다."
– 에이미 거트먼(펜실베이니아 대학교 총장)

"직접참여세력과 직접참여만큼이나 필요한 가치인 심의, 다원성, 타협이 조화를 이루는 것을 목표로 한다."
– 리드 호프먼(링크트인 공동 창업자)

"진퇴양난에 처한 지금 우리 시대를 매우 이성적으로 설명하면서 대담한 해결책을 내놓고 참된 통치를 재창조하기 위한 기반을 조성한다. 일반 국민과 전문가 모두 반드시 읽어야 하는 책이다."
– 키쇼어 마부바니(싱가포르 국립대학교 리콴유공공정책대학원 초대 학장)

"이 책은 지적, 정서적 참여를 통해 우리가 사는 세계의 통치방식이 변화해야 한다고 외친다."
– 페르난두 엔히키 카르도주(전 브라질 대통령)

"부의 분배와 불평등을 현실적으로 이해하면서 세계화, 민족주의, 자본주의와 현시대에 맞는 적절한 통치 형태를 심사숙고한 뛰어난 저서다."
— 마거릿 레비(스탠퍼드 대학교 첨단행동과학연구소 사라 밀러 매쿤 소장)

"포괄적으로 기술된 이 책을 통해 민주주의에 대한 전 세계적인 맹비난을 이해하는 우리의 지평을 넓힌다."
— 조너선 아론슨(서던캘리포니아 대학교 국제관계대학 및 커뮤니케이션&언론학부 교수)

"현재와 같은 인류 역사의 새로운 시기에 정의와 화합을 찾기 위해 반드시 필요한 국제적 심의는 가델스와 베르그루엔이 제시한 지속가능한 미래 청사진에서 본질적인 요소로 작용한다."
— 마누엘 카스텔스(캘리포니아 버클리 대학교 사회학과 명예교수)

머리말

시스템상 뭔가 문제가 있다

한 명은 투자자로서, 다른 한 명은 기자이자 한 지성적 계간지 편집 장으로서 수십 년간 지구를 여행한 뒤, 우리 두 사람은 남부 캘리포 니아에 도착했다. 그러나 우리가 걸어온 길은 2010년 서로 아는 한 친구가 우연히 소개하기 전까지 결코 교차하지 않았다. 그 친구는 박식한 미래학자 자크 아탈리Jacques Attali다. 고인이 된 프랑수아 미 테랑 전 프랑스 대통령은 1980년대 자신의 수석 고문이던 그를 '개 인용 컴퓨터'라고 불렀다.

이 프랑스인 친구처럼 우리는 이 사회가 어디를 향해 가는지 걱 정했다. 한때 작동했던 세계가 지금은 고장 났다고 공감하면서 우리 는 〈별난 커플The Odd Couple〉의 펠릭스와 오스카처럼 통했다. 잭 레 먼과 월터 매소가 출연한 이 훌륭한 영화의 첫 장면에서 펠릭스는 오스카에게 누가 아파트를 쿵쿵거리며 걸어다니는지, 무엇 때문에 그 사람이 그리도 화난 건지 묻는다. 오스카는 "시스템상 뭔가 문제 가 있어, 그게 잘못된 거지"라고 답한다.

우리는 그해 로스앤젤레스에서 함께 앉아 우리 제2의 조국에 무엇이 잘못됐는지 골똘히 생각하며 오랫동안 토론했다. 캘리포니아는 오랜 기간 미국의 희망찬 미래를 선도했다. 시민들은 이곳의 절경과 같은 사회를 건설하기를 꿈꾸었다. 그러나 21세기 초, 캘리포니아 사람들을 맞이한 건 빚더미, D+ 수준의 학교, 고등교육보다 교도소 운영에 더 많이 지출되는 공공비용, 허물어져 내리는 구닥다리 인프라였다. 당파적 교착상태에서 주의회는 예산 처리조차 할 수 없었다. 캘리포니아주 근로자들에게 차용증서가 전달되었다. 비치 보이스, 마마스&파파스, 조니 미첼, 이글스가 문화적으로 활짝 개방된, 화창한, 미래를 맨 먼저 맞이하는 이곳에 대해 전 세계적으로 울림을 주는 찬가를 노래한 지 몇 년 만에 캘리포니아는 모든 것이 정지되고 퇴보했다.

보폭을 넓혀 아시아를 여행하면서 우리가 통렬하게 깨달은 점은, 똑같은 수십 년 동안 가난한 작은 나라 싱가포르가 제3세계 국가에서 제1세계 부유한 선진국으로 올라선 것이었다. 중국은 놀랍게도 수억 명이 빈곤에서 벗어났고 최신식 지하철이 다니며 새로운 세기의 명함과도 같은 세계적 수준의 마천루들이 구름을 뚫고 솟아오른 거대도시들을 세웠다. 이들이 효과적인 거버넌스를 실천에 옮긴 모범 사례들을 우리의 민주주의적 가치와 개인주의적이며 자유분방한 방식에 적용할 방법이 있을까? 이 질문 때문에 우리는 이론과 실제를 겸비한 여행을 시작했고, 그 여행이 지금 이 사색으로 이어졌다.[1]

가장 흥미로웠던 점은 공공의 영역이 소름 끼칠 정도로 시들면서 창의성과 혁신, 거대한 부를 창출하는 새로운 세계의 중심이 실리콘 밸리에서 번성하고 있다는 것이었다. 살리나스에서 도로를 따라 오르면 실리콘밸리가 나온다. 그 길에서, 존 스타인벡의『분노의 포도』에 묘사된 시절과 그리 다르지 않은 배경 속에서 등을 구부리고 있는 이민 농장 노동자들이 여전히 모습을 드러냈다. 구글이 10여 년 일찍 터를 잡았고 몇 년 뒤 페이스북과 트위터가 들어왔다. 더 많은 벤처 기업이 한창 설립 중이었다. 일론 머스크의 발명품들이 구상 단계에서 모습을 갖추어가고 있었다. 당시 스무 살에 불과했던 스냅챗Snapchat의 에번 스피걸Evan Spiegel은 스탠퍼드를 아직 중퇴하지 않은 채 수백억 달러 가치를 갖게 될 회사를 시작했으며 그의 아이디어는 사람들 사이에 스며들었다. 아래로 쭉 내려와 샌디에이고 근방에서는 선도적 유전학자 크레이그 벤터Craig Venter가 인간유전체 정보의 해독과 재작성을 발전시키고자 연구실을 세우고 있었다.

실리콘밸리를 중심으로 특색 없는 산업단지 안에 새롭게 탄생한 견실한 기술기업들을 방문하면서 우리는 매우 중요한 질문 하나를 찾았다. 이 동시다발적인 탄생과 소멸이 캘리포니아에서뿐만 아니라 북아메리카, 서구, 전 세계에서 어느 정도나 조화를 이룰 수 있을까? 사회가 균형을 되찾으면서 말이다. 이 질문은 캘리포니아를 2010년 막다른 골목으로 내몬 정치문화의 중요성을 지적할 수밖에 없었다.

여러모로 이 '황금의 주Golden State'는 2016년 대통령 선거에서 미국을 흔들 포퓰리즘(대중영합주의)의 예고편을 선사하고 있었다. 캘리포니아의 기능장애는 유권자들이 획기적으로 재산세 한도를 설정한 '제안 13호'를 통과시킨 1978년으로 거슬러 올라간다. 시민들이 입법부를 건너뛰고 국민발안제도를 통해 주민투표로 법을 만든 이 직접민주주의의 행사를 통해 캘리포니아 재정의 원천을 근본적으로 차단했다. 이로 인해 세입이 차단된 상태에서 지출은 꾸준히 이어져 적자가 누적되는 상황이 수년간 지속되었다. 제안 13호는 투표장에서 일어난 반란의 시작에 불과했다. 그 후 수년간 유권자들은 불법 이민자들이 공공의 혜택을 누리는 것을 금지하고 동성 간 결혼을 배척하는 조치들을 통과시켰다. 이 두 법률은 나중에 법정에서 그 결정이 번복되었다.

투표장의 또 다른 반란으로, 할리우드 슈퍼스타 보디빌더 아널드 슈워제네거는 2003년 주지사로서 권력을 잡았다. 유권자들이 조직화된 기성세대의 특수 이익집단으로 생각하는 민주당의 중심인물인 주지사 그레이 데이비스를 축출한 전례 없는 국민소환 속에서 슈워제네거는 선출되었다. 2016년의 트럼프처럼 슈워제네거는 보통시민의 좌절을 노렸다. 그는 아직 등장하지 않은 트위터 대신 TV 뉴스 친화적인 묘기를 선보였다. 자동차세 인하 약속을 극적으로 표현하기 위해 건축용 크레인에서 자동차를 떨어뜨리고 주의회 의사당에서 특권을 일소하겠다는 공약을 상징적으로 나타내기 위해 빗자루를 휘둘렀다. 모두 고리타분한 포퓰리스트의 익살이었다.

명예스럽게도 주지사직의 책임을 맡을 만큼 슈워제네거는 성장했으나 그가 남긴 유산은 복잡하다. 그와 주의회가 인하한 세금을 메운 결과 적자가 급증하면서 그는 거액을 차용했고, 주 전체 의료 보험 제안에 거부권을 행사했다. 그러나 그는 기후변화 억제와 예비선거에서 당파성을 약화시키는 데 일조하는 프로그램들을 공식적으로 지지했다.

슈워제네거의 두 번에 걸친 임기 동안 북아메리카와 아시아의 부의 차이는 점점 더 확연해졌다. 2012년 그가 물러난 즉시 후임자 제리 브라운은 장차 주석이 될 막강한 권력을 가진 중국 부주석 시진핑을 초청했다. 재정에 대한 논의에 이르자 미국 주지사가 질문했다. "20년 이상 논의했던 샌프란시스코와 로스앤젤레스 간 고속열차를 포함해 캘리포니아의 인프라에 중국이 재정 지원을 할 수 있겠는가?" 아이러니는 두 지도자 모두 이 요청을 이해했다는 것이다. 1980년대 초 이미 주지사를 지냈던 브라운은 당시 광둥성 성장이었던 시의 부친 시중쉰習仲勳이 이끈 중국 대표단을 맞이한 기억을 되살렸다. 그때 당시 재정 지원을 요청한 측은 중국이었다. 시중쉰은 광둥에 새롭게 조성한 경제특구 선전시에 투자를 유치할 목적으로 캘리포니아를 찾았다. 현재 선전시는 중국에서 가장 번영한 도시 중한 곳이며 중국의 급성장한 2만 킬로미터에 이르는 고속철도망에 연결되어 있다.

국가의 고민을 해결하는 데 효과적인 방법을 찾고자 우리는 2010년 10월에 '캘리포니아의 미래를 생각하는 위원회Think Long Committee for California'를 설립했다. 이 단체의 이름은 세월의 시험을 견디는 견실한 정책을 만들기 위해 "오래 생각하라think long"라는 이 위원회 위원인 전 미국 국무장관 조지 슐츠의 경고에서 따왔다. 13명으로 구성된 이 초당파적 그룹에는 전 주의회 의장, 전 주 재무장관, 전 주지사, 경제학자, 노조위원장, 지역사회 옹호자, 첨단기술 기업가, 얼마 전 은퇴한 캘리포니아주 대법원장이 포함되어 있다. 위원회는 1년 동안 마운틴뷰의 구글 본사에서 월 1회 회의를 개최하면서 공청회를 열고 권고안을 수행하기 위한 투표와 법안에 이어 2011년에 '캘리포니아를 새롭게 할 청사진'을 발표했다. 이 권고안은 2장에서 다루었다.

그 당시, 2009년 금융위기 이후 세계가 계속 휘청거리면서 캘리포니아에서 표면화된 것과 동일한 우려가 전 세계적으로 발생했다. 그런 단계에서 우리의 권고안을 추진하기 위해 진정한 변화를 이루어낸 전 정치지도자들로 소그룹을 만들었다. 전 브라질 대통령 페르난두 엔히키 카르도주, 전 독일 총리 게르하르트 슈뢰더, 전 스페인 총리 펠리페 곤살레스는 베를린의 베르그루엔 미술관 맨 위층 작은 보헤미안 아파트에서 토론을 했다. 카르도주는 외국인 투자를 국내로 끌어들여 '브라질의 기적'을 위한 기초를 마련하면서 그의 거대한 조국에서 재정 규율fiscal discipline에 기대어 강력한 인플레이션을 일으켰다. 그러나 그의 정권을 이어받은 후속 정부의 포퓰리즘 정책들로 인해 브라질의 기적은 실패하고 말았다. 슈뢰더는 1990년대 말 '유럽의 병자'로 불리던 그의 조국을 노동시장에서 유연성을 향상시키고 복지를 개혁함으로써 세계에서 가장 성공한 경제국가 중 하나로 바꿔놓았다. 곤살레스는 그의 조국을 개선해 프랑코 독재정권 이후 민주주의 첫해를 맞이하도록 만들었다.

아래층 미술관에 전시된 피카소, 자코메티, 마티스, 클레의 작품에 관한 예술도서가 잔뜩 쌓인 책꽂이들 사이에서 소파 두 개를 가까이 놓고 그 위에 옹기종기 모여 앉아 우리는 솔직히 정치적으로 한물간 사람들 그룹이 유용한 무엇인가를 제공할 수 있을지 의문을 품었다. 우리의 정직한 답변은 "그들은 제공할 수 있다"였다. 공직에서 떠난 뒤 그들은 한발 물러나 장기적이고 전체적인 관점에서, 권력과 어렴풋하게 보이는 선거에 대한 매일매일의 요구에서 벗어나, 그러나 동시에 변화를 일으키기 위해 실제로 필요한 조건이 무엇인지 파악하면서 문제에 대한 해결책을 검토했다. 결론은, 이 소그룹이 효과를 낼 수 있는 길은 오로지 신진 실세인 중국을 참여시키는 것이라는 점이었다. 그래서 우리는 베를린에서 베이징으로 날아가 현역은 아니지만 여전히 영향력 있는 중국 고위급 인사를 물색했고, 존경받는 중국 정치 원로 중 한 사람인 정비젠鄭必堅을 영입할 수 있었다. 정비젠은 중국의 '화평굴기和平崛起'와 '수렴된 이익의 공동체 community of convergent interests' 원칙의 창안자이며 모든 최고지도자가 거쳐야 하는 핵심 조직인 중국공산당 중앙당교에서 오랫동안 몸담았던 원로였다.

이 원로들과의 대담을 바탕으로 주요 선진국과 신흥국 모두를 포함하는 문제들을 해결하고자 우리는 남녀 정치인, 노벨상 수상자 아마르티아 센, 조지프 스티글리츠와 같은 세계적 지성, 기술기업

구글, 트위터, 링크트인, 나중에 추가한 스냅챗, 알리바바의 리더들로 구성된 그룹을 만들었다. 이는 경험과 신중한 사고를 결합하면서 역발상으로 문제를 풀려고 노력하는 혁신가들에게서 도전정신을 이끌어내기 위한 것이었다. 이 '21세기위원회the 21st Century Council'는 시작 초기 몇 년 동안 G20 의장을 만나 정상회담 의제에 관해 조언했다. 후반기 몇 년 동안은 세계 최고의 신흥세력과 함께 서로를 이해하려는 노력의 끈을 이어가고자 베이징에서 시진핑 주석을 비롯한 중국의 여러 원로 지도자와 정기적인 만남을 가졌다.

캘리포니아에서 우리가 처음에 가진 우려의 핵심으로 돌아와, 우리는 이 글을 쓰는 시점에서 희망을 가질 만한 이유를 찾았다. 2012년 제리 브라운의 주지사 재선, 즉 유능하고 재정적으로 믿고 맡길 수 있으며 경험이 풍부한 지도자의 귀환이 경제가 호전될 수 있는 하나의 주요 요인이었다. 그러나 시민 주도의 개혁 또한 2010년에 우리를 가장 걱정스럽게 만들었던 난제 중 많은 부분을 해결하는 데 결정적인 역할을 했다. 가장 중요했던 것은, 선거구 개편을 당파적 입법기관이 아닌 시민위원회가 수행함으로써 게리맨더링(선거에서 특정 정당이나 특정 후보자에게 유리하도록 선거구를 획정하는 일 — 옮긴이)으로 인한 수십 년간에 걸친 피해를 복구했으며 예산에 관해 단순다수결 투표제(선거에서 최다 득표자가 당선되는 투표제도 — 옮긴이)를 도입함으로써 계속되는 정치적 교착상태에서 벗어났다는 점이다. '캘리포니아의 미래를 생각하는 위원회Think Long Committee for California'와 그 협력자들은 입법부와 투명하게 심의하고 협상하는 절차를 시민발안제 과정에 추가하는 법령을 통과시킴으로써 주의 직접민주주의를 가다듬도록 도왔다.

캘리포니아는 기후 친화적이며 다양성이 존재하는 '이민자 이후 세대post-immigrant'의 주로서 또다시 미래로 가는 길을 보여주고 있다. 2000년 이후 주 인구의 상당수가 라틴계와 아시아계이며 이들 '대다수를 차지하는 소수민족' 출신의 거주민 대부분이 미국에서 태어난 본토박이다. 캘리포니아는 영국을 능가하는 세계에서 다섯 번째로 큰 경제 주체다.[2] 브라운 주지사의 지도력 아래 중국의 시진핑 주석을 포함해 '자발적 열성가들의 네트워크'를 조직하는 데 선봉 역할을 함으로써 미국 정부의 파리기후협약 탈퇴 이후에도 기후변화와의 전쟁을 이어가고 있다.

그러나 캘리포니아만 난제들을 능숙하게 다루기 시작했을 뿐, 미국은 나머지 서구 민주주의 국가들과 같이 위험의 시대로 들어섰다. 탄생과 소멸 사이의 단절이 2010년 로스앤젤레스에서 확인된 것처럼 여전히 남아 더 널리 전 세계적 수준으로 확대될 뿐이었다. 세계적 관계망을 통해 터득한 교훈과 결합된 캘리포니아에서 우리의 경험은 21세기 초반에 진행된 근본적 변화에 적응하지 못하고 국민을 실패로 이끈 거버넌스 체계를 쇄신할 수 있는 길을 우리에게 제시한다.

독자들은 머리말에서처럼 우리가 이 책을 통해 지방에서 국가로, 세계로, 다시 국가로, 지방으로 지역적 규모를 종횡무진 뛰어넘는 것에 주목할 것이다. 이러한 전개 방식은 우리에게 일관성이 부족하고 우리 스스로 혼란스러워서가 아니라 통합된 시스템 전반에 걸쳐 일어나는 분산된 권력 분배라는 새로운 현실에 대한 각성을 반영한 것이다. 오늘날 세계는 관할권이 중복 또는 교차되어 있으며 각자가 자신들의 거버넌스 실험을 시행하려고 한다. '통제력 되찾기'에 기여할 수 있는 관련된 모든 것이 이런 상황을 고려해야 한다. 이제는 어떤 것이든 더 이상 지역적, 국가적 또는 세계적 전략이 존재하지 않으며, 이 모든 것이 혼재되어 있다.

2018년 6월
캘리포니아 로스앤젤레스에서

목차

프롤로그

민주주의, 사회계약 그리고 세계화 재고

서양에서 포퓰리즘, 동양에서 중국의 대두는 민주주의 시스템이 어떻게 작동하는지 혹은 작동하지 않는지 다시 생각하도록 만들었다. 세계화와 디지털 자본주의의 결과물로 탄생한 승자와 패자라는 새로운 계층 역시 우리에게 사회계약을 어떻게 생각할 것인가, 부를 어떻게 공유할 것인가라는 난제를 던져주었다.

미국 건국의 아버지들이 가장 두려워했던, 민주주의가 선동정치가들에게 힘을 실어줄 것이라는 악몽이 2016년 미국 대통령 선거에서 실현되었다. 정치적 통일체 내 가장 암울한 세력 중 일부가 투표로 폭발적인 힘을 발휘한 결과였다.

이와 비슷하게, 유럽에서는 기존의 사회, 정치, 경제 원칙에 대립각을 세우는 포퓰리즘과 우파 신민족주의의 정치적 각성이 제2차 세계대전 이후 한때 정치적 질서를 지배했던 주류 중도주의 정당들을 변두리로 내몰고 있다.

도널드 트럼프의 선거, 유럽 내 포퓰리즘의 쇄도로 인해 이러한 거버넌스의 위기가 초래된 것은 아니다. 거버넌스의 위기는 서구 사회 전반에 걸친 민주적 제도의 부패로 나타난 증상이다. 내부 기득권층의 조직화된 특권에 사로잡혀 세계화로 인해 나타난 불만과 급속한 기술 변화에 따른 붕괴를 해결하지 못했다. 격앙된 포퓰리즘 당원들은 부패한 제도를 더 위험하게 만들 작정으로 공화국을 영속시킬 수 있는 제도적 견제와 균형이라는 바로 그 원칙을 공격하면서 반드시 지켜야 할 가치와 제도를 쓰레기와 함께 버리고 있다. 빈사 상태의 정치 계층에 대한 반란이 거버넌스 자체에 대한 저항으로 변질되었다.

현 상황이 병들어가도록 만든 주인공들도, 새로 등장한 포퓰리즘 조직들도, 서구 사회를 병들게 한 문제에 대해 어떠한 효과적이고 총체적인 해결책을 내놓지 못했기 때문에 오래 계속 이어진 양극화와 기능마비가 고착되었다.

디지털 시대, 거버넌스의 역설

서양의 이러한 시련은 다음과 같은 두 가지 서로 연관된 발전과 밀접하게 관련되어 있으며 그로 인해 상당히 진행되고 있다. 한 가지는 대중사회가 소셜미디어 참여 세력으로 중무장한 다양한 집단으로 점점 더 세분화하는 것이고, 또 한 가지는 디지털 자본주의의 출현으로 생산성 증가와 부의 창출이 고용 및 소득의 향상과 무관해지는 상황이 도래하는 것이다.

이러한 변화로 인해 거버넌스는 한 쌍의 역설적인 난제에 직면한다.

첫째, 구성원의 참여로 이루어지는 소셜네트워크 시대 민주주의의 역설은, 전에 없이 많이 참여하기 때문에, 대항력 있는 관행과 제도를 통해 공정하게 사실을 확인하고, 심사숙고해서 현명한 선택을 하며, 공정거래를 중재하고, 장기적 정책 수행을 위한 합의를 구축하는 것이 결코 그리 필요하지 않다는 것이다. 인터넷 시대는 역사상 그 어느 때보다 자치 능력을 겸비한 박식한 대중을 길러낼 것이라는 기대에도 불구하고 가짜 뉴스, 증오 섞인 연설, '대안적 사실 alternative facts'이 시민의 담론을 심각하게 격하시켰다.

둘째, 디지털 자본주의 시대 정치경제의 역설은, 끊임없이 혁신적인 지식 주도의 경제가 더욱더 역동적일수록 안전망과 기회망을 더욱 튼튼하게 재정립해 끊임없는 붕괴와 더불어 초래된 부와 권력의 격차에 대처해야 한다는 것이다.

이러한 난제들을 해결하기 위해 우리는 민주적 제도를 쇄신하는 새로운 접근법을 제안한다. 그것은 바로, 새로운 형태의 직접민주주의를 현재의 대의정치에 통합시키면서, 동시에 미국 건국의 아버지들이 공화국의 자멸을 피하고자 그렇게나 중요하게 여겼던 일종의 '중심추 역할을 하는 심의기관deliberative ballast'을 국민의 자치권으로 부활시키는 것이다. 더 나아가 미래에 부와 기회를 공정하게 나누고 공유할 방안을 제안한다. 우리의 미래에는 똑똑한 기계가 궤도를 따라 움직이면서 노동을 대체하고 임금을 떨어뜨리며 선례를 찾아볼 수 없을 정도로 근로의 성격을 변화시킬 것이다.

중국이 가는 곳

포퓰리스트들이 무역협정으로 생활수준을 떨어뜨린 세계화를 맹비난할 때 그들 대부분은 중국을 염두에 둔다. 중국이 냉전 이후 미국 주도의 세계질서를 최대한 이용해 통상과 자유시장정책을 적극적으로 밀고 나갈 수 있었던 이유가 바로 전원합의 주도의 장기지향적 일당 정치체제였기 때문이라고 생각하는 사람은 드물다. 중국은 번영으로 가는 길이 권위주의적 규율과 양립할 수 있음을 보여주었다.

이런 점에서, 지난 30년에 걸친 중국의 악착같은 성장은 점점 더 기능장애를 겪는 서구 사회 앞에 냉엄한 거울을 들이댄다. 반反세계화의 파도를 타고 권력을 거머쥔 현 미국 대통령은 각양각색의 적에게 가시 돋친 트윗을 날리고 모든 24시간 뉴스매체를 통해 싸우며 뚫고 나가는 것을 즐긴다. 반면에 거의 독재자에 가까운 중국의 지도자는 축적한 영향력을 사용해 향후 30년간의 로드맵을 설계한다.

정치적 자유의 대가가 분열과 양극화라면 이는 엄청난 기회비용을 치르는 것이다. 포퓰리즘과 분리주의 운동에 의해 분열된 지금의 유럽을 포함한 서구 사회가 내부적으로 악다구니 속에서 멈추어 선 가운데 중국은 대담하게 성큼성큼 앞으로 나가고 있다. 중국은 선제적으로 최신 인공지능 기술의 정복을 목표로 삼았고, 고대 실크로드를 '세계화의 다음 단계'로 부활시키고 있으며, 주도적으로 기후변화에 대응하고, 차기 세계질서의 형상을 만들고 있다. 서구 사회가 이런 소란스럽고 분명한 경종의 소리를 듣지 않으면 잠결에 걸어다니다 필시 세계 무대에서 이류 사회로 전락할 것이다.

물론 서구 사회가 독재정치와 권위주의로 방향을 틀 것을 권하는 것은 아니다. 오히려 민주주의 국가들이 다음 선거주기라는 단기적 시야를 뛰어넘지 않는 한, 그리고 통치합의에 이르는 길을 발견하지 않는 한, 그들은 남들이 박차고 달려나가면서 풍겨놓은 먼지 속에 남겨질 것이라고 말하는 것이다. 만일 이 담론이 누가 그 순간 가장 인기 있는 밈memes을 지배하는가를 놓고 벌이는 대결로 계속 타락하고, 민주주의가 공통의 기반을 추구하는 대신 사회를 과다한 특권, 당파적 집단, 끝도 없는 두문자어 집단acronymic identities으로 쪼개지는 것을 정당화하는 것을 의미한다면, 중국과 같이 통일된 거대 조직과의 경쟁에서 성공할 희망이 거의 없다. 중국이 휘청거리기를 기다리는 것은 어리석은 대비책이다.

1950년대 후반과 1960년대 초반에 인공위성 스푸트니크호를 쏘아 올릴 당시 소련과 달리, 오늘날의 중국은 소련이 이루지 못했던 매우 우수한 경제적, 기술적 역량을 보유하고 있다. 갈등관계에 놓이건 협조관계를 유지하건, 중국은 우리의 미래에서 거대한 존재일 것이다.

그런 맥락에서, 당면한 난제를 체계적이고 철저한 방식으로 심사숙고하기 위한 자극제로서 우리는 중국 시스템의 강점과 약점을 연구한다. 중국 속담을 우리에게 적용해보자. "다른 산에 있는 돌이라도 자기의 옥을 윤이 나게 가는 데 쓸모가 있다他山之石 可以攻玉."

통제력 회복

민주주의와 정치경제를 다시 생각하기 위한 사고의 틀을 제시하고자 우리는 자주적인 공동체의 자치적 통치 방식에 세계화가 끼어드는 것에서부터 소셜미디어, 로봇과 같은 기술의 급격한 발전과 모든 사회가 점점 더 다문화적 구성요소들로 이루어지는 것에 이르기까지 거대한 변환이 진행되는 과정에서 비롯되는 불확실성으로 인한 불안감이 포퓰리즘의 배후에 도사리고 있다는 주장을 펼쳐본다. 변화의 강도가 엄청나 개인과 공동체 모두 익명의 세력이 휩쓸어 올리는 파도에 실려 익사할 것 같다고 느끼는, 동시에 자신의 삶에 필요한 만큼의 '통제력을 회복'하고 당당하게 스스로 삶을 관리할 수 있기를 소원한다. 그들은 그들의 정체성이 존중받고 그들의 관심사가 다루어지는 사회에서 품위 있게 살기를 갈망한다. 이러한 난제들에 정면으로 대응하기 위해 정치적 관행과 제도를 얼마나 효과적으로 정비하느냐에 따라 세계는 산산조각 날 수도 있고 하나가 될 수도 있을 것이다.

세계화를 비판하는 사람들은 민족국가와 공동체가 그들의 생활양식을 반영하고 그들의 규범과 제도를 온전하게 유지하는 결정을 내리며 이로울 것 없는 범세계주의를 외치는 부류를 멀리 있는 무역재판소나 이방인들이 관리하는 여타 국제기관에 넘겨주는 결정을 내리는 역량을 회복해야 한다고 주장한다. 당연히 이들은 자주적인 국민이 '민주적 심의'를 통해 이러한 결정을 내려야 한다고 말한다. 그러나 이 깔끔한 논리는 우리가 이미 지적한 부패하고 기능장애 상태인 현실을 간과한다. 따라서 '통제력 회복'은 무엇보다 먼저 민주적 관행과 제도 자체를 쇄신하는 것이어야 한다.

쇄신의 정치

현대 사회에서 가장 책임감 있는 변화 과정은 쇄신이다. 반란은 정의를 위한 외침이지만 그 안에 변화를 위한 프로그램이 없다. 포퓰리즘은 우리가 보아왔듯이 복잡한 문제에 직면해 울분을 열정적으로 토해낸다. 개혁은 기존에 해오던 것을 계속한다. 혁명은 언제나 재앙으로 끝난다. 그 이유는 과거와의 단절은 미래의 이름으로 현재를 숙청한다는 의미이기 때문이다.

쇄신은 창조와 파괴 사이에서 평형을 이루는 지점이다. 가치 있는 것은 남기고 더 이상 쓸모없거나 제대로 기능하지 않는 것은 버린다. 쇄신은 서서히 향상되는 우리의 본성이 흡수할 수 있는 변화 속도로 사회제도 전반을 통과하는 대장정을 수반한다. 쇄신은 처음에는 장기적으로 누릴 수 있는 혜택을 능가하는 당장의 혼란이 주는 피해를 완화시키면서 새로운 것을 기존의 것으로 이끈다. 끊임없이 붕괴하는 새 시대에 쇄신은 거버넌스의 정수다. 쇄신은 사회 안에서, 민족국가들 사이에서, 그리고 글로벌 네트워크와 관련을 맺으며 안정적으로 진화하는 가운데 이행하는 것을 목표로 한다.

이 책에서 우리는 통제력을 회복하기 위해 민주주의, 사회계약, 세계의 상호 연결성을 어떻게 쇄신할 것인가 심사숙고하기 위한 세 가지 방안을 아래와 같이 제안한다.

- 대의정치를 보완하는 새로운 중재기관의 설립을 통해 소셜네트워크와 직접민주주의를 제도권으로 통합시킴으로써 포퓰리즘 없는 참여에 권한을 부여한다.
- 모든 시민에게 미래의 기술뿐만 아니라 '로봇 소유'의 주식 지분도 제공함으로써 디지털 자본주의의 부를 확산시키면서 일자리 대신 근로자를 보호하기 위한 사회계약을 변경한다.
- 국내적으로 '긍정적 민족주의', 필요할 경우 국제협력, 중국과 미국 간 전략적 경쟁을 누그러뜨리기 위해 이해관계를 수렴하는 파트너십을 통해 세계화를 조절한다.

물론 위의 제안들이 우리가 올린 수많은 벅찬 난제에 대한 해결책을 모두 담고 있는 것은 아니다. 그러나 이 제안들은 그러한 난제들을 해결하기 위해 현재 사회와 정치적 방식을 어떻게 변화시킬지에 관해 우리가 생각할 수 있는 방법을 제시한다. 우리가 뭔가 모든 지혜를 담고 있는 완전체라고 주장하는 것은 아니며, 우리의 시도는 토론을 심화, 확장시키는 출발점이다. 비평하고 수정할 구체적인 명제가 없으면, 변화에 대한 담론은 상황을 진전시키지 못하는 공허한 언쟁일 뿐이다.

CHAPTER 1

포퓰리즘 분출의 이면

도널드 트럼프는 2016년 미국 대통령 선거 당시 '대안적 사실' 캠페인과 외부 세계 및 인지된 내부의 적들에 대항하는 외국인 혐오 표방 욕설을 트위터로 송출했다. 트위터는 세계 최고로 막강한 국가 최고 결정권자에게 이르는 길일 수 있다.

　다행히 미국 시민사회는 구석구석 아주 다양하고 튼튼하다. 트럼프 행정부의 성패는 두고 볼 일이지만 경고음이 계속 울리고 있다.

　이런 상황은 느닷없이 나타난 것이 아니라 과거 수십 년에 걸친 민주주의 자체의 부패에 기인한다. 미국을 비롯해 어디에서건 교훈은 명백하다. 국민주권에 의한 합법적 시스템에서 엘리트가 묵묵부답으로 보통시민을 저버릴 때 선동정치가들이 호민관임을 자처하며 격렬한 분노에 탑승해 권력을 장악한다. 이 선동가들은 공들여 어렵사리 세운 것들을 파괴해버린다. 가장 치명적이고 바로잡기 어려운 손실은 건전한 정부를 만들고 권력 사용을 통제할 수 있는 관습과 제도에 대한 믿음 상실이다.

"모든 제도가 부패했다고 믿으면 불신이 보편화되는 치명적 결말로 이어진다." 정치학자 프랜시스 후쿠야마의 경고다. "미국의 민주주의, 모든 민주주의는 불공정한 제도가 존재할 수 있다는 믿음이 없으면 버티지 못할 것이다. 그 대신 당파적 정쟁이 삶의 곳곳을 파고들 것이다."[1] 그리고 그래왔다. 고대 로마의 역사에서도 이런 식으로 공화정이 흐트러지기 시작했다. 이 위험이 오늘날 우리가 당면한 가장 중요하고 긴급한 걱정거리임이 틀림없다.

2016년 브렉시트와 트럼프 취임을 계기로 서구 민주주의 국가의 대규모 지역구에 확산된 포퓰리즘(대중영합주의)의 파도가 인류 역사상 가장 번영할 시기 중 하나임이 틀림없는 이 시기에 몰려오고 있다. 과거에는 단지 꿈으로만 여겼던 그 미래가 기술, 과학, 생산능력의 엄청난 도약과 세계통합으로 인해 현실화될 것을 예고한다. 그러나 이렇게 진행 중인 엄청난 변화가 일반 대중이 각성하면서 그들 사이에서 자신들을 건너뛰거나 몰아내려고 위협한다는 엄청난 반응을 촉발시킨 듯하다.

분명한 것은 역사가 변곡점을 향해 빠르게 치닫고 있다는 것이다. 우리는 완전히 새로운 시대가 도래하는 지점과 너무도 친숙하며 퇴행하는 어두운 과거로의 회귀 직전의 갈림길에 살고 있다. 어떻게 하면 이 상반된 동향을 조화롭게 이끌 것인가? 이것이 향후 수십 년간 거버넌스에서 만만치 않은 소명이다.

거버넌스는 공동체를 일구고 공동체의 운명을 빚는다. 사회가 앞으로 나아갈지 뒤로 후퇴할지 결정한다. 모든 유기체의 항상성처럼, 거버넌스는 인간 만사의 조정관이자 중재자이며 항해사다. 거버넌스는 사회가 생존할 뿐만 아니라 변화에 적응해가면서 번영하도록 만드는 수단으로서 이성을 통해 감정을 처리한다.[2]

약속이 가진 위험

상상력이 풍부한 과학자와 공학도의 얘기를 들으면, 인류는 인공지능, 재생의학, 사물인터넷과 같은 최첨단 기술의 융합 덕분에 건강하고 풍요로운 시대의 문턱에 서 있다. 여기에 경제사상가들이 오래도록 간직하고 있는 꿈을 더하면 우리 모두를 함께 묶는 세계화는 동반 성장의 시나리오 안에서 각자에게 향상된 삶을 약속한다. 이들 중에서도 특히 빌 게이츠는 새 백신에서 스마트폰, 모바일뱅킹에 이르는 혁신 덕택에 "가난한 국가 국민들의 삶이 역사상 그 어느 때보다 향후 15년 내 더 빨리 개선될 것이다"라고 예측했다.[3] 특히 선진국에서는 노동의 자동화로 인해 힘들고 단조로운 일이 없어지고 뭔가 부족해서 사람들의 삶이 제약을 받는 상황이 더 이상 발생하지 않는다. 재생에너지원을 활용하는 기술은 지구온난화의 열을 식힐 수 있는 저탄소 성장의 새 시대를 예고한다.

그러나 적절한 거버넌스가 없으면, 게이츠가 언급한 빈곤 지역

출신 젊은이는 난민이 되어 그 스마트폰을 손에 쥐고 선진국으로 위험한 길을 찾아 헤맬 것이다. 엄청나게 생산성을 끌어올린 로봇은 몇몇 소수를 위해서만 상당한 부를 창출하고 생계비를 지급하는 직업을 대체해 사회적 불평등을 더 심화시킬 것이다. 거버넌스를 제어할 수단이 없으면, 우리가 알듯, 기후변화로 지구에서의 삶이 파괴될 것이다.

분열의 징후는 양극화된 파트너십뿐만 아니라 부활한 토착주의와 민족주의, 심각한 종교전쟁, 지정학적 진영의 재등장에 이르기까지 우리 주변 도처에 존재한다. 2014년, 프란치스코 교황조차 우리가 '단편적인 3차 대전piecemeal Third World War' 속에서 살고 있다고 선언했다.[4] 오늘날의 응용역사학자들은 1914년과 줄기차게 비교한다. 1914년에 갑자기 세계대전이 터졌기 때문이다. 그전에는 첫 번째 세계화 덕분에 '오래도록 평화로웠다'. 그 첫 번째 세계화로 많은 국가가 지금처럼 무역과 투자를 통해 거의 통합되었다. 역사가이며 전략적 사상가인 월터 러셀 미드Walter Russel Mead는 오늘날 "우리가 전후戰後에 살고 있는 것인지, 아니면 전쟁 전의 시대에 살고 있는 것인지" 묻기까지 한다.[5]

그리고 우리 중 그 누구도 지금 이 순간 말랄라Malala(파키스탄의 여성교육운동가. 미성년의 나이로 2014년에 노벨 평화상 수상—옮긴이)나 이슬람 파시스트 중 어느 쪽이, 또한 민주주의나 전제주의 중 어느 쪽 사람들이 우리의 앞길을 규정할지 단언할 수 없다.

무너지기 전에 돌파구를 찾기 위해서는 먼저 근본적인 혼란의 역학관계를 파악해야 한다. 사실은 두 가지 현실이 동시에 존재할 뿐만 아니라 하나는 다른 하나의 조건이다. 거대한 부가 창출되고 전례없이 교류하고 어디든 연결이 가능한 사회에서 불평등, 사회적 혼란, 정체성의 상실이 증가하면서 이에 대항하는 두렵고 무시무시한 반응은 세계화에 대항하는 반란치고는 너무도 대담하고 기술변화에 대항하는 반란치고는 너무도 급속해서 담대해지기까지 시간이 걸리는 우리의 본성으로는 거의 감당할 수 없을 정도다. 우리의 아날로그 역량으로 처리할 수 없는 디지털 속도로 변화가 일어난다. 이러한 가속화 시대에 미래는 개인, 가족, 공동체 모두에 현재의 삶에 계속 강타를 날리는 충격으로 다가올 수 있다. 때때로 이 하나의 세계에서 새롭게 권한을 부여받은 사람들과 최근에 박탈당한 사람들이 사이에 경주가 펼쳐지는 것 같다.

이러한 예상치 못한 세계는 차분히 설득하며 앞으로 나아갈 수 있게 했던 과거의 유형들과 달리 완전히 낯선 파열로 우리 앞에 나타난다. 철학자들은 이러한 새로운 미래의 영역을, 매번 혁신이 파괴적이거나 확신이 없어지면서 방금 받아들인 것이 무엇을 의미하건 순식간에 생각하고는 다 씻어버리면서 형체 없이 변하는 '몰랑몰랑한plastic' 또는 '흐르는liquid' 것으로 묘사한다. 아직 도래하지 않은 시대에 대한 일종의 불길한 예감, '다음엔 뭐지?' 하는 경계심이 자리 잡는다. 조너선 프랜즌Jonathan Franzen과 같은 소설가들은 사회를 움켜쥐고 있는 '영원한 불안perpetual anxiety'을 얘기한다.[6] 비슷한 맥락으로, 터키 소설가 오르한 파무크Orphan Pamuk는 "나는 이 시간에도,

이 장소에도 존재하지 않는다I am not of this hour nor of this place"[7]라는 의미로 워즈워스의 말을 인용해 "내 마음속의 이방인a strangeness in my mind"을 얘기한다.

붕괴, 불안정 그리고 정체성

철학자와 사회사상가들은 그와 같은 불안 또는 위협감과 그에 대응하는 정체성 강화 사이의 관계에 오랫동안 주목해왔다. 아마르티아 센이 영향력 있는 저서 『정체성과 폭력Identity and Violence』에서 언급했듯이 폭력, 격변, 불안정의 위협이 클수록 정체성은 더욱더 경직되고 '고립된다'.[8] 극도의 위협 또는 그러한 위협의 인지는 개인과 공동체의 삶에서 똑같이 복수複數의 영향력을 격하시키고 단일單一한 차원을 실존적 의미로 격상시킨다. 이러한 변화로 개인적 차원에서는 존엄성의 결핍을 경험하고 반대로 복수의 차원에서는 안정성, 보안성, 포용성을 통해 정체성이 적응할 수 있도록 만든다.

우리는 이런 무시무시한 충동을 전에 본 적 있다. 19세기 후반과 20세기 초에 널리 퍼졌던 낙관주의다. 1851년 런던의 크리스털 팰리스 지역을 비롯한 수많은 지역에서 열린 세계박람회와 전시회를 통해 너무도 화려하게 등장한 이 낙관주의는 노동절약형 가전제품이 가져온 가정의 변신과 함께 산업화, 도시화, 에너지, 통신, 교통수단에서의 엄청난 도약이 그 원인이었다. 그러나 유럽의 옛 제국들에서 삶의 형태로 자리 잡은 심연의 불안과 분노를 가린 그 표면의 광택은 뒤집어 엎어지고 뿌리째 뽑혔다. 엘리트층과 대중 모두 민족주의, 인종적 결속, 계층적 충성에서 피난처를 찾았다. 그러다가 1914년 여름, 갑자기 이 모든 것이 폭발해 제1차 세계대전으로 표면화되었다. 이 전쟁은 1,600만 명의 무의미한 죽음과 함께 끝났고, 그 후 20년도 채 안 되어 터진 그다음 번 재앙의 기반을 닦아놓았을 뿐이다. 산산조각 난 유럽 대륙, 아우슈비츠, 난징 대학살, 핵으로 초토화된 일본 도시들을 남긴 채 그 두 번째 전쟁도 막을 내렸다.

마르틴 루터의 95개조 반박문과 트위터의 280자

역사상 탈바꿈할 정도의 기술발전과 타문화에 대한 개방 이후 그 결과에 따른 권력의 이동에 발맞춰 정치제도가 변하지 않는 한 필연적으로 와해가 뒤따랐다. 상기하자면, 서구의 종교전쟁은 구텐베르크의 인쇄기 발명에 뒤이어 일어났다. 성경을 토착어로 볼 수 있도록 하여 멀리 있는 로마교회의 권위가 약화되고 소위 말하는 프로테스탄트의 '만인 제사장'과 같이 개인과 종파가 성경을 그들 자신의 조명으로 해석할 수 있게 되었다.

누구든 사이버 공간에서 올릴 수 있는 트위터 280자가 1517년 비텐베르크성 교회 정문에 내붙은 마르틴 루터의 95개 논제보다 덜 파괴적이라고 할 수는 없다. 역사학자 니얼 퍼거슨Niall Ferguson은 위계질서와 관계망을 연구한 그의 저서 『광장과 타워The Square and the Tower』에서 과학적 혁명과 계몽을 위한 기반을 다져놓았을 뿐만 아니라, 1524년부터 1648년까지 한 세기 이상 지속된 종교전쟁이 일어나게 한 개혁을 신뢰한다. 그는 개혁의 확산을 촉진시킨 '인쇄기'가 "'인류 역사상 돌이킬 수 없는 결정적 지점'이라고 불리는 것은 당연하다"라고 했다.[9]

이와 유사하게, 18~19세기에 진행된 도시화와 산업화의 확산은 봉건적 위계질서와 주로 농촌의 전통적 생활방식을 무너뜨렸으며, 제국의 해체와 종국에는 세계 전쟁으로 이어졌다. 오늘날 디지털 자본주의가 불러오는 끊임없는 붕괴는 말할 것도 없고 문화권을 넘나드는 인적, 물적, 자본, 정보의 교류로 가득 찬, 세계적으로 통합된 세계가 성숙하면서 해결해야 하는 힘들고 새로운 도전들이 제기된다. 기술은 언제나 정치를 앞서가지만, 오늘날에는 그 격차가 더 빠른 속도로 어떤 부분은 더 좁혀지고 어떤 부분은 더 벌어진다. 전기통신, 하이테크, 물류유통을 이용한 세계경제의 통합으로 인해 사회가 급속도로 개방됨으로써 서로 얼굴을 맞대고 생활하는 소작농 마을의 빈곤 국가였던 중국은 마오쩌둥 사상의 종말 이후 40년 만에 미국이라는 초강대국과 동등한 위치에 올라, 억울해하는 구舊질서의 가장 중요한 자리를 위협하고 있다.

여기서 교훈은 감정, 정체성, 각자 자신만의 유형으로 습관화된 생활방식에서 비롯된 정치문화적 논리는 이성적이고 보편화된 경제학과 기술의 기풍과 완전히 다른 차원에서 작동한다는 것이다. 보조를 맞춰 전진하지 못하고 마주칠 경우 이들은 충돌한다.

유감스럽게도 역사적 경험으로 보면, 실제적 또는 인지된 위협이 아주 많을 때 현실의 정치는 이성적 담론에서 벗어나 '친구 대 적,' '우리 대 그들'에 초점을 맞춘다.[10] 그러한 현실정치는 공동체의 일원이 아닌 사람들이 정의한 대로 공동체의 생존과 유지를 체계화하는 데 초점을 맞춘다. 특히 서구 민주주의 국가를 휩쓸고 있는 현재의 포퓰리즘 파도 속에서 정치는 전체 또는 '공동선common good'으로서 인류의 보편적인 영역이 아니라 지역의 특정한 토양에 뿌리를 둔다. 이 점의 경우, 미국 대통령 도널드 트럼프, 영국 총리 테리사 메이, 그 외 범세계적 사회계층에 대항해 반란을 일으키는 지도자들보다 더 분명한 예는 없다. "글로벌 국가國歌, 글로벌 통화, 글로벌 국기國旗와 같은 것은 없다"라고 트럼프는 말한다.[11]

마찬가지로, 메이는 "당신이 세계의 시민이라고 생각한다면 당신은 어느 곳의 시민도 아니다. 당신은 시민권이 무엇을 의미하는지 모른다"라고 선언했다.[12] 데이비드 굿하트David Goodhart는 그의 저서 『엘리트가 버린 사람들The Road to Somewhere』에서 뿌리가 없는 모바일 엘리트의 '어디든지anywheres'와 공동체에 뿌리를 둔 '어딘가에somewheres'의 차이점을 확실하게 지적한다.[13] 그러나 현실적으로 많은 엘리트는 세계적으로 느끼고 대부분의 대중은 지역적으로 반응할 수 있다.

우리는 어쩌고?

2016년 가을, 당시 독일 부수상 지그마어 가브리엘Sigmar Gabriel은 그의 조국과 유럽의 나머지 지역 내 정치를 휘젓는 반발을 정확하게 기술했다. 그는 "보통시민들이 알고 있듯이 처음에 정부 당국이 은행들의 긴급구제에 수십억 달러를 썼고 지금은 전쟁에 짓밟힌 시리아와 도처에서 온 난민들에게 아낌없이 돈을 쓴다. 반면에 긴축정책을 통해 연금, 실업급여, 사회보장 혜택을 삭감한다. '우리보고 어쩌란 말인가?'라고 시민들은 묻는다." 사람들이 각자 자신의 고통 속으로 숨어들 때 도덕적으로 올바른 본성은 점점 더 그 날개를 잃는다. 이러한 태도는 시민을 성인으로 만들지 않을 수 있으나 죄인으로도 만들지 않는다.

2016년 미국 대통령 선거전에서 도널드 트럼프는 이런 종류의 불만에 다가갔다. 세계주의자들이 이민자들과 제조업을 훔친 세계화를 향해 문을 활짝 열었지만 무엇보다 안보 제공, 일자리 보호, 보통시민의 이익 증진에 실패했다는 그의 주문呪文은 선거에서 그가 승리하기에 충분히 설득력 있었다. 그리고 그가 완전히 틀린 것은 아니다.

요컨대 오늘날 민족주의자들의 감상에 생기를 불어넣고 역설적으로 국경을 초월해 민족주의자들을 연합하게 함으로써 반감이 배가되었다. 이 이질적인 민족주의자들이 힘을 합해 반란을 일으키는 대상은 둘이다. 하나는 거대한 다국적 기업들, 무역협정 또는 브뤼

셀의 '유럽연합 공무원들'[14]로 대표되는 세계통합이라는 얼굴 없는 힘이고, 나머지 하나는 자신들의 민족적 정체성을 훼손시킨다고 여기는 눈앞의 존재인 이민자들과 난민들이다.

분명한 점은 세계통합에 대항해 우려할 정도로 반발이 커지는 가운데 실제와 상상 속의 문제들이 합쳐졌다는 것이다. 이렇게 합쳐진 문제점들로 인해 막연한 불안이 쌓이고, 여기에 소셜미디어를 통해 진실과 허위가 범벅되어 가세하면서 하나의 확고부동한 불안으로 자리 잡았으며, 공공기관과 통치 엘리트들을 불신하는 것으로 그 불안을 표출한다.

정치에서 포퓰리즘을 털어버린 경우에조차 사회는 그 안에서 여전히 혼란스럽다. 가장 눈에 띄는 예로, 2017년 프랑스에서 무당파이며 이념을 구시대적인 것으로 여기는 에마뉘엘 마크롱의 당선을 들 수 있다. 그 선거에서, 이민과 민족적 정체성에 대한 불안에 불을 지르려던 마린 르 펜은 34%라는 상당한 득표율을 달성했다. 유권자의 3분의 1 이상이 기권 또는 무효표를 던졌으며 젊은 층의 50% 이상이 르 펜 또는 정치 노선상 다른 쪽인 극좌파 장뤼크 멜랑숑에게 표를 던졌다.[15] 2017년 독일의 선거에서, 앙겔라 메르켈의 중도파 정당이 단지 33%의 득표율—프랑스의 르 펜과 동일한 득표율—만 달성한 반면, 민족주의 정당은 충분한 표를 획득해 나치 이후 처음으로 하원에 입성했다.

유럽에서 불안정한 정치적 통일체의 존재를 추가로 증명해야 한다면 2018년 실시된 이탈리아의 선거를 들 수 있다. 극도의 반체제

정당인 오성운동Five Star Movement이 33%로 가장 높은 득표율을 달성한 반면, 주류 정당들은 제2차 세계대전 이후 가장 많은 표를 잃었다.

엄청난 문화적 탈바꿈 시대에 선거와 국민투표로는 해결되는 것이 거의 없다. 이상적인 과거를 그리워하는 사람들에게 세계화, 디지털로 인한 붕괴, 증가하는 문화적 다양성에 의해 초래되는 복잡한 미래에 대처해야 하는 일은 하나의 위협이다. 앞날을 생각하는 사람들이 되돌아가서는 아무것도 해결하지 못한다. 거의 모든 사회를 반으로 나눌 것 같은 현재의 정치적 교착상태는 단지 서막일 뿐 마지막 장이 아니다. 그것은 유동적인 이행 과정에서 사회 이야기의 시작이지 끝이 아니다.

신과 컴퓨터

그러한즉, 정치는 변환기에 더 심화된 사회의 딜레마를 반영한다. 최근 수 세기 동안 세계화와 기술의 진보를 낳은 보편적이고 이성적인 계몽주의적 세계관이라 할 수 있는 근대성modernity의 승리는 심오한 문화 또는 종교 그리고 종족의 충동을 완전히 제거하기보다 새롭게 대체했다. 프랑스의 철학자 레지스 드브레Régis Debray는 "근대 정치학에서는 시대착오적인 사람들과 구시대적인 사람들 모두 머물 수 있는 장소가 있다. '근대적인modern'은 시대에 따라 위치를 지정한 것이 아니라 영향력 또는 결정이라는 관점에서 위치를 지정하기 때문이다. 구시대적인 것은 더 이상 쓸모없는 것이 아니라 기층基層이다. 고루한 것이 아니라 심오한 것이다. 구식이 아니라 억눌린 것이다"라고 말했다.[16] 드브레는 인간 본성에 대한 분별 있는 시각으로, 이슬람국가IS와 페이스북이 탄생하기 오래전인 1986년에 21세기는 '신과 컴퓨터'로 특징지어질 것이라고 예견했다.[17] 뿌리 깊은 문화의 영향으로 사회는 한 개인의 감정적 잠재의식이 늘 이성적 인식의 발뒤꿈치를 물고 있는 것 같은 방식으로 작동한다. 문화는 하부구조이고 경제와 정치는 상부구조이며, 근대 사상의 이론처럼 그 반대는 아니다. 이러한 통찰력으로 드브레는, 국경이 문화적 친근감을 안전하게 지켜주지 않으면 정체성의 위협을 느껴 국경의 장벽이 세워질 것이라고 주장함으로써, 세계화하고 있는 서구 사회를 현재 집어삼킨 민족주의자들의 반발 또한 예견했다. 그는 "국경은 장벽이라는 유행병을 예방하는 백신이다"라고 기술했다.[18]

문화는 보수적이지만 결코 고정적이지 않으며 언제나 다른 것들과 접촉하면서 새로운 혼합적인 형태로 계속 진화한다. 그러나 문화의 융합과 마찰은 좀처럼 균형을 이루지 못하며, 균형을 이룰 때는 아주 오랜 시간이 흐른 뒤다. '타화수분他花受粉'으로 보이는 것은 단지 '차용한 겉껍데기borrowed surfaces'에 그칠 수 있는 반면에, 뿌리가 더 깊은 민족정신Volksgeist, 즉 역사적으로 한 민족 또는 한 종족에게 내재한 가치와 삶의 방식은 정체성의 기반으로서 상존常存한다.

근대성은 변화에 대해 미신적인 믿음을 갖는다. 그러나 근사하게 묘사된 전통적 질서와 마찬가지로 변화 역시 완벽한 선善이 아니다. 우리 모두는 존재의 순수한 상태—완벽했던 과거든 유토피아적 미래든 우수한 인종이든 진정한 종교든—를 추구하는 것은 결국 전체주의이며 인간 본성의 다양한 기질과 충돌한다는 것을 안다.

상업과 기술이 가진 얄팍한 특성을 생각하면, 신유학新儒學의 중국이나 신新오스만 터키와 같은 문화가 '우리와 같이 될 것이다'라고 서양인들이 기대하는 바에 따라 진화하지 않고 두 나라 각자의 과거에 뿌리를 둔 미래를 도식화할 때 서양인들이 놀라는 것을 충분히 이해할 수 있다. 서구의 현대화된 자유민주주의자들은 중국이 번영한다고 해서 중앙집권적 제도와 실용을 전제로 한 권위주의적 통치라는 수천 년 이어져 내려온 문명의 무게가 훼손되지 않았다는 사실을 이제야 이해하고 있다. 그들은 또한 지금 터키가 아래로부터의 민주적 현대화를 통해 세속주의에서 탈피하여 통치하는 술탄을 포함해 과거 오스만 제국에 더 가까워졌다는 사실을 받아들이려 애쓰고 있다.

이처럼 보편적 이성과 효율은 세계화와 함께 오늘날 우리가 보는 융합과 기술의 확산을 낳지만, 문화적·정치적 상상력은 위협을 느낄 경우 그 반대로 작용한다. 즉 같은 부류의 사람들 사이에 존재하는 인식을 존중하고 알 수 없는 힘의 파도에 대항해 정체성을 구성하는 친숙한 삶의 방식 안에서 서로 다양한 방식으로 피난처를 찾는다.

결국 반발의 근원은 기술 변화의 결과든 세계화, 이민 또는 이들 간 조합의 결과든 이러한 '자신의 운명에 대한 통제권 상실의 인지'

라 할 수 있다. 정체성 정치란 이방인에 의해 조성된 소란스러운 세계에서 당신과 당신 부류의 사람들을 위한 안전하고 친숙한 공간을 만들고자 하는 노력이다. 우리가 주장하는 혁신의 정치는 핵심 가치를 소중히 간직하면서 동시에 새롭게 등장하는 환경에서 작동하는 것에 실용적으로 적응함으로써 이러한 이분법적 오류를 피하는 것이다.

오늘날 해결해야 할 가장 중요한 난제는 새로운 국면에서 이러한 상실된 통제력을 어떻게 재정립할 것인가이다. 사회적 격변이 너무 파괴적이어서 최근 수십 년간의 대담한 도약이 오히려 우리 사회를 반동적인 여러 형태로 뒷걸음질 치도록 내몰 것이다. 20세기에 목격했던 전쟁과 분열로 내몰 수도 있고, 더 심각하게는 중세 유럽의 암흑기와 같은 탈근대적 형태로 우리를 몰고 가는 상황으로 퇴행시킬 수도 있다. 상실된 통제력의 회복을 통해 이러한 퇴행을 막아야 한다.

와해를 저지할 수 있으면 거버넌스는, 신흥 소셜네트워크 참여 세력을 포용하고 동시에 기회를 놓치지 말고 세계화와 지식 주도의 혁신경제로 인한 불안정 문제를 해결함으로써, 새로운 현실에 적응해야 한다.

미래에 대한 소속감과 소유권의 재정립은 공동체의 '통제력 회복taking back control'을 위한 전제조건이다. 이는 무엇보다 민주적 심의 관행과 제도의 쇄신을 의미한다. 비록 이러한 목표를 다룬다고 해서 우리 사회를 휘젓고 있는 모든 불안과 불안정이 해결되는 것은 아닐지라도, 이는 개방사회가 자신들의 미래에 관해 핵심적 선택을 하는 플랫폼이기 때문에 다른 무엇보다 중요하다. 기능장애를 바로 잡지 않는 한 가까운 미래에도 먼 미래에도 어려운 문제를 풀어나갈 통치합의를 이루기 어렵다.

CHAPTER 2

민주주의의 쇄신

서구에서, 대조되는 미래상을 두고 벌이는 경쟁은 민주적 심의의 관행과 제도를 통해 해결되어야 한다. 사회와 기술의 변화로 인해 그러한 제도적 처리방식이 낙후되었거나 구식이라면 새로운 조건으로 민주적 심의 관행과 제도를 우선 쇄신해야 한다. 단순히 '우리' 당원들을 권력의 전당으로 돌려보내선 문제를 재생산하기만 할 뿐이다.

전제정치로 방향을 트는 것도, 기능장애에 빠진 민주 정부 형태에 절뚝거리며 들러붙는 것도 21세기 개방 사회를 어떻게 통치할 것인가 하는 문제에 대한 해결책이 아니다.

위기에 처한 대의정치

흔히 FHC로 알려진 페르난두 엔히키 카르도주Fernando Henrique Cardoso는 아마존 열대우림 국가의 정치가 중에서 보기 드물게 비상한 사람이다. 요즘에는 권력을 가진 지성인이 좀처럼 눈에 띄지 않는다. 세계적으로 유명한 사회학자 카르도주는 1995년부터 2003년까지 두 차례에 걸쳐 브라질 대통령으로 당선되었다. 학자로서 그는 종속dependencia 이론으로 가장 잘 알려져 있다. 소위 주변 국가들이 빈곤해지는 이유는 부유한 '핵심 국가들'로 자원이 유출되기 때문이다. 주변국들은 저축, 투자, 해외로부터의 기술 이전이 없으면 저개발국에서 결코 벗어날 수 없다는 것이 종속 이론이다. 대통령으로서 카르도주는 이론을 실천하는 방안으로 국유 산업 중 일부를 사유화하여 투자를 끌어들이고 재정 규율을 도입해 극심한 인플레이션을 통제했다. 그렇게 하여 그는 후에 브라질의 기적이라 불리는 발전 기반을 다져 빠른 성장과 불평등 축소를 이끌었다. 그러나 그 후 몇 년 동안 이어진 부패와 재정 책임에 대한 포퓰리스트들의 무관심으로 모든 것이 곤경에 처했다.

그래서 넉넉한 아저씨 같은 FHC가 선진 서방 국가들과 오늘날 브라질의 애로사항에 대해 말하는 것은 귀 기울일 만하다. 수개월에 걸친 군중 데모와 2016년 지우마 호세프 대통령의 탄핵에 뒤이어, 카르도주는 베테랑 정치꾼의 직감과 사회과학자의 날카로운 관찰력을 동원해 도처에 자리 잡은 민주주의에 대한 공통 난제를 분석했다. 그의 통찰력은 상세하게 인용할 가치가 있다.

우리는 엄청난 경제적, 기술적 변화의 충격을 서구의 전통적 민주주의 국가들과 마찬가지로 브라질에서도 목격하고 있다. 민족국가들은 세계화로 휘청거린다. 사회는 새로운 노동분업에 의해 점점 더 구조적으로 해체되고 문화적 다양성의 확대로 긴장과 불균형에 노출된다. 이 모든 것이, 어떻게 하면 사회적 결속력을 보존하고 일자리를 확보하며 불평등을 줄일지에 대한 불확실성과 함께 미래에 대한 불안과 공포로 이어진다.

위기에 처한 민주주의에서는 계층 간의 차이를 다른 형태의 사회적 정체성과 혼동한다. 기존 정당들은 자리를 잃어버릴 것이다. 권한을 빼앗긴 대중의 슬픔과 연관 짓고 그 슬픔을 해결하고자 하는 이야기들이 대의민주주의의 종말로 남겨진 빈자리를 채운다.

이것이 위험 가득한 상황이다. 북아메리카와 유럽에서 뿌리 깊은 대의민주주의는 위기에 처해 있다. 이 위기의 핵심은 사람들의 열망과 사회의 요구에 대응하는 정치제도의 역량 사이에 격차가 벌어지는 것이다. 우리 시대 아이러니 중 하나는, 정치제도에 대한 이러한 신뢰 부족과 더불어 자신들의 삶을 만들고 그 사회의 미래에 영향을 줄 선택을 할 줄 아는 시민들의 탄생이 공존한다는 것이다.

요약하면, 우리가 해결해야 하는 문제는 정치제도와 사회의 요구가 다시 연결될 수 있게 하면서 시민과 국가, 국민과 공익기관 사이의 틈을 메우는 것이다.[1]

실제로, 존경받는 전 대통령이 경고한 위험이 2018년 10월 현실화되어 극단적 보수주의자 '열대 지역의 트럼프' 자이르 보우소나루가 브라질 대통령에 당선되었다. 한때 정치적 합의를 가능케 했던 사회적 결속이 무너졌다는 카르도주의 주장은 상당히 옳다. '사회화 기관의 종말과 양극화된 규범과 관행의 대두'가 결합된 결과로서 새로운 분리分離가 출현하고 있다. 의무적이고 보편적인 군 복무나 시민 서비스가 대부분의 자유민주주의 사회에서 사라졌다. 모든 계층, 인종, 민족이 어우러진 보편적 공교육은 부유하지 않은 공동체에서만 유지될 뿐, 상위 20%는 유치원부터 대학까지 사교육으로 옮겨갔다. 이에 더해 디지털 경제가 고임금과 저임금 부문으로 넓게 갈라지면서 불평등이 확대되고, 이는 부동산 가격에 따른 지역의 분리를 가져왔다.

동시에, 주류 언론매체는 경쟁이 치열한 시장에서 문화적 틈새 시장을 파고드는 반면, 소셜미디어 기업의 사업 모델은 마음이 맞는 사람들 간의 유포성을 최대한으로 끌어올린다. 고정관념을 갖고 현실을 외면하는 고립된 격납고 속으로 사회적 상상력을 분리해 가둠으로써 민주정치의 담론에 불을 지피면서 동시에 그 담론을 증폭시킨다.

이러한 공생의 힘이 카르도주가 확인한 사회와 합의정치 사이의 단절에 상당히 기여했다.

지금의 거버넌스 위기에 대한 카르도주의 요약은 또 한 명의 남미 지성 모이제스 나임Moises Naim의 견해를 바싹 뒤쫓는다. 베네수엘라 무역산업부 장관, 세계은행 이사를 역임한 나임은『포린 폴리시 Foreign Policy』편집장으로 근무했다. 그는 저서『권력의 종말The End of Power』에서 국가든 기업이든 가톨릭교회든 권력이 너무 분산되면 오래된 방식인 하향식 거버넌스는 더 이상 효과적이지 않다고 주장한다. 그는 "권력이 확산되고 있으며, 오래된 기존 거대 권력은 더 새롭고 작은 세력들에 의해 점점 더 도전받는다. 더 큰 권력을 가진 사람들은 권력을 사용할 수 있는 방식에서 제한을 받는다. (…) 권력은 손에 넣기는 쉽고 사용하기는 좀 더 어려우며 잃기는 더 쉽다"라고 기술한다.[2] 결과적으로, 나임은 제2차 세계대전 종식 이후 이제까지 나타나지 않은 "정치적·제도적 혁신의 혁명적 파도"를 기대한다. 카르도주처럼 그는 우리 시대의 가장 중요한 정치적 목표를 "신뢰 회복, 정당의 쇄신, 보통시민이 정치 과정에 의미 있게 참여할 수 있는 새로운 방식 발견, 효과적인 거버넌스의 새로운 메커니즘 창조, 책임 있는 권력의 집중화에서 과도함을 방지하면서 견제와 균형이 가진 최악의 측면을 제한"하는 것으로 생각한다.[3] 각 나라가 당면한 과제는 새로운 관행과 제도를 설계하는 것이다. 이는 하향식 세계화의 역동성과 상향식 마이크로파워 유권자들을 통제하여 의미 있는 참여에서 나온 깨어 있는 요구들을 충족시키는 관행과 제도를 의미한다.

비슷한 맥락에서 프랜시스 후쿠야마는 미국의 민주주의가 직면한 도전을 평가한다. 그는 "집단의 다양성이 증가하고 규모가 더 커지면서 합의를 통한 의사결정의 효율성이 급속도로 떨어진다"는 것을 관찰했다. 미국 두 주요 정당의 타당성이 약화되면서 복음주의 기독교도부터 근본주의 환경론자, 교원노조, 첨단기술 거대기업, 금융 로비 단체, 총기 로비 단체에 이르기까지 조직화된 특수 이익 단체들의 영향력이 강화되었다. 이러한 경향은 미국의 민주주의를 '거부권 정치vetocracy'로 변형시켰고, 거부권 정치에서 이익단체들은 그들에게 이로운 현 상황에서 파생되는 이득이 줄어드는 것을 용납하지 않는다. 후쿠야마에 따르면, "거부권을 행사하는 위원들 수의 가파른 증가세로 볼 때, 미국의 정치제도는 현대 민주주의에서 열외자다. 미국의 정치제도는 불균형적이고 어떤 부분에서는 너무 많은 견제와 균형이 존재해 집단행동비용이 증가하고 때때로 집단행동을 함께하는 것이 불가능하다". 허약해진 주류 정당들 내에서 극단적인 이념적 측면의 영향력이 증가했을 때 교착상태가 더 단단해졌다. "양극화가 매디슨James Madison(미국의 네 번째 대통령—옮긴이)식 견제와 균형의 정치제도와 대립할 때, 그 결과는 특히 심각하게 파괴적이다."⁴ 후쿠야마가 내린 결론은, "부패한" 미국의 정치제도는 "점점 더 다수의 이익을 대변할 수 없다. 반면에 전체적으로 자주적인 미국 국민에게 이해가 가지 않는 이익단체와 운동가 조직의 의견을 과도하게 대변한다"는 것이다.

반反엘리트 포퓰리즘은 기존 통치계층과 통치제도가 그들을 위해 작동하지 않는다고 생각하는 사람들 사이의 이러한 단절에 대한 광범위한 반응이다. 철학자 줄리언 바지니Julian Baggini는 이렇게 말한다. "포퓰리즘은 '민의'에 호소하지만 실제는 완전히 비민주적이다. 민주주의는 경쟁적 관계에 있는 이해관계 집단들의 협상, 상이한 가치들의 균형에 관한 것이다. 그에 반해 포퓰리즘은 일종의 우민정치mob rule다. 복잡한 사안에 대해 포퓰리즘은 간단한 해결책을 제시한다. 공통점을 찾는 대신 그들them과 우리us 사이의 차이점을 부풀리는 것 같다. 포퓰리즘 자체의 대의명분과 자체의 목표 달성을 위한 수단이 의심할 여지 없이 정당하다고 주장하면서 포퓰리즘을 반대하는 사람들을 악마로 만들어버린다."⁵ 미국, 영국, 유럽 몇몇 지역의 현재 정치 상황을 이보다 더 잘 기술할 수는 없을 것 같다. 극단적으로 양극화된 환경에서는 합의를 거친 진실과 중도를 배반으로 여긴다.

소셜미디어 참여세력

우리가 보았을 때, 위에 인용된 모든 사상가가 관찰한 통치제도에 대한 불만과 불신은 소셜미디어 참여세력 때문에 그 어느 때보다 더 널리 파급되었다. 소셜미디어는 아마추어, 전문직 종사자, 실력 있는 전문가 사이에서 정보에 관한 공평한 경쟁의 장을 만든다. 모두에게 개방된 플랫폼으로서 소셜미디어는 엘리트층의 관리인 임무와 대의민주주의의 합법성에까지 도전한다. 이 플랫폼은 직접민주주의제도인 국민투표와 국민발안제를 서구 사회 대중이 점점 더 선호하는 것과 더불어 새로운 권력의 분배를 예고한다. 우리는 상당히 파괴적인 카탈루냐의 독립과 브렉시트에 대한 국민투표를 목격했다. 이탈리아의 오성운동처럼 유럽 전역 어딘가에서 나타나는 포퓰리즘 운동과 반군叛軍 정당들은 유럽의 통합, 이민과 같은 긴급한 문제에 대처하는 방법으로 하나같이 국민투표 중심의 국민투표식 민주주의plebiscitary democracy를 제안하고 있다.[6] 멕시코에서, 안드레스 마누엘 로페스 오브라도르 대통령은 중요 쟁점 사안을 '국민이' "참여민주주의를 통해 결정하도록 하겠다"고 약속했다. 미국의 경제학자 케네스 로고프Kenneth Rogoff는 유럽연합 탈퇴를 묻는 영국의 국민투표 이후 "어쨌든 다수결 원칙에 따른 모든 결정은 당연히 '민주적'이라는 생각은 용어의 왜곡이다"라고 기술했다. "이것은 민주주의가 아니다. 공화국에서의 러시안룰렛이다."[7] 전적으로 동의한다.

그러나 새로운 감수성이 촉발되었다. 일반 시민들이 그들을 통치할 사람들과 그들을 형편없이 통치하고 있는 사람들만큼 자신들이 많은 것을 알 수 있다고 믿는다면, 누가 통치제도를 필요로 하겠는가? 소셜미디어와 연결된 불만스러워하는 대중이 왜 스스로 결정을 내리지 못하겠는가? 이러한 생각은, 정보 시대가 역사상 그 어느 때보다 더 많이 더 잘 아는 시민들을 키웠기 때문에 의회나 정책 전문가 대표자들과 같은 중재자가 더 이상 필요하지 않을 수 있다는 개념과 쉽게 맞아떨어진다.

마크 저커버그는 2012년 페이스북 기업공개를 선언한 공개서한에서 이러한 사고방식을 가장 잘 표현한 것 같다. "사람들에게 공유하는 힘을 줌으로써 우리는 사람들이 자신들의 목소리가 지금껏 가능했던 범위와 규모를 넘어서게 만드는 것을 보기 시작했다. 이 목소리는 그 수와 크기가 증가할 것이다. 이 목소리는 무시될 수 없다. 시간이 흐르면서, 선택된 소수의 통제를 받는 중재자들을 통해서보다는 국민이 직접 올린 문제와 관심사에 정부가 더 많이 반응할 것이라고 우리는 기대한다."[8] 저커버그는 자기 시대의 맥을 확실히 짚었다. 정치적 각성이 전 세계 도처에서 분출했다. 묵묵부답인 엘리트들에게 여러 가지로 신물 난 사람들이 통치의 룰을 만드는 과정에서 의미 있는 참여의 권위를 요구하기 시작했다. 소셜미디어를 통해 이제 그들은 자신들의 성급함 혹은 유토피아적 희망을 공유하고 조직화하는 수단을 가졌다.

그러나 이러한 전망은, 저커버그가 분명하게 짚은 것들이 아랍의 봄(2010년 12월 중동과 북아프리카에서 일어난 반정부 민주화 시위 ―옮긴이)에서 목격된 것처럼 포용하는 힘을 위해서만 사실로 드러난 것이 아니었다. 소셜미디어와 직접민주주의라는 도구는 배제하는 힘을 위해서도 사용될 수 있다. 브렉시트와 트럼프의 선거유세 그리고 2016년 선거 기간 동안 소셜미디어를 조정해 인종적 적대감과 반反 힐러리 클린턴 정서를 심으려 한 러시아의 시도에서 우리는 그 실례를 명백히 보았다.

소셜미디어에 의해 목소리가 증폭되는 유권자들이 급증하고 이들이 점점 더 직접민주주의를 통치 관행으로 선택하기 때문에 그에 따른 대항력 있는 심의제도 역시 강화되어야 한다. 통치 엘리트를 향해 원색적이고 가공하지 않은 불만을 표현하는 것만으로는 소셜미디어상에서도 투표를 통해서도 공격 외에는 할 수 있는 것이 아무것도 없는 '멍청한 군중'만 있을 뿐이다. 불만의 목소리를 중재하고 호응정책이 만들어지는 피드백이 있어야 집단지성의 대응이 되는 것이다.

와엘 고님Wael Ghonim(이집트 출신의 시민운동가, 구글의 중동 및 북아프리카 마케팅 책임자—옮긴이)에게 물어보라. 그는 안다. "나는 한때 '사회를 자유롭게 만들려면 인터넷이 필요하다'고 말했다. 그런데 틀렸다. 내가 익명으로 만든 페이스북 페이지가 아랍의 혁명을 촉발시키는 데 한몫한 2011년에 그 말을 거두어들였다. 아랍의 봄은 소셜미디어의 엄청난 잠재력과 가장 큰 약점을 동시에 드러냈다. 우리를 하나로 묶어 독재자들을 넘어뜨린 그 도구가 종국에는 에코체임버echo chamber(메아리방. 뉴미디어에서 사용되는 은유 표현 중 하나. 닫힌 방 안에서 같은 생각을 하는 사람들의 소리만 반복해서 들음으로써 신념이 증폭 또는 강화되는 상황—옮긴이), 양극화, 잘못된 정보, 맹독성 증오 연설을 통해 우리를 갈가리 찢어발겼다."[9] 카이로에서 의기양양했던 아랍의 봄 시절, 고님은 페이스북의 '우민정치 알고리즘'을 알게 되었다. 동일한 열정과 편견을 공유하는 사람들이 함께 클릭하여 관심을 보이는 것으로 돈을 벌도록 설계된 페이스북의 알고리즘은 자유화가 아니라 해로운 영향을 미친다.[10]

요컨대, 페이스북은 울부짖는 변화의 메시지를 너무나 효과적으로 전달해 메시지 만드는 능력을 약화시킨다. 소셜미디어는 자기네들끼리 뭉치려는 인간의 성향을 증폭시킨다. 복잡한 사회적 도전들에 대하여, 그 해결을 위한 합의에 필요한 설득, 대화, 협상의 장을 제공하기보다는, 그 난제들을 생각이 비슷한 사람들끼리 모이는 에코체임버 내에서 울리는 동원용 슬로건으로 축소해버린다. 소셜미디어는 정치적 통일체를 그 자체 내에서 순차적으로 분열시킨다. 양극화가 굳어진다. 마비와 교착상태가 고착된다. 권위적이고 선동적인 스트롱맨이라는 대안이 혼돈에서 빠져나와 질서를 잡는 매력적인 길로 보이기 시작한다.

소셜미디어에 사실 말하기

요즈음 고님의 관심은 '여과하는 소셜미디어'에 쏠려 있다. 그는 고립된 격납고와 '동류likes'를 넘어선 새로운 사업 모델의 토대로 '실력주의 알고리즘'을 도입해 쓰레기와 양질, 허위와 사실을 선별할 것을 제안한다. 한때 소셜미디어가 권력에 대항해 사실을 말하는 새로운 수단으로 환영받았던 곳에서 이제는 소셜미디어에 사실을 말하는 문제를 해결해야 한다고 그는 주장한다.[11]

고님의 관심사는 정치학자 필립 페팃Philip Pettit의 관심사와 아주 유사하다. 페팃이 오랫동안 주장해온 바에 따르면, 공화정치는 단순히 개표 결과 나타난 다수 혹은 많은 수의 "집단의지에 권한을 부여하는 것"이 아니라, 모든 이해관계를 고려한 제도와 관행을 아우르는 집합체에 의존한다. 이 공화정의 원리를 오늘날 공공의 광장이 된 또래 주도의 매체에도 적용하는 것이다. 페팃에게 필요한 것은

'탈정치화된' 공간으로, 선택을 심의하고 허위로부터 사실을 선별하며 서로 겨루는 우선 사항들 사이에서 유불리를 주고받으면서 균형을 유지하는 것이다. 페팃의 관점에서 보면, 공정한 중재기관의 개입을 통한 "비정치화 없이 민주화는 없다".[12]

페이스북과 구글 출신 참여자들, 고님, 그 외 여러 인사로 구성된 베르그루엔 연구소Berggruen Institute 워킹그룹이 2017년 실리콘밸리에서 만나 소셜미디어와 우리의 허약한 정보 생태계가 민주주의에 가할 위험을 짚어보았다. 워킹그룹은, 규모가 큰 소셜네트워크 플랫폼은 당연히 편집 책임을 지는 '대중매체'의 통로로 간주해야 한다고 결론 내렸다. 결국 알고리즘이 편집을 결정한다. 알고리즘을 어떻게 설계하는가에 따라 무엇을 공개하고 홍보하며 무엇을 하지 않을 것인지가 결정된다. 따라서 알고리즘에 투명성과 책임의 원칙이 반드시 반영되어야 한다.

이 문제를 해결하는 데 주된 갈등은 가짜 뉴스, 대안적 사실, 증오연설이라는 다른 사람들로부터 고립된 채 작동하는 시스템과 민주적 거버넌스 사이의 충돌이며 전자는 후자의 실존을 위협한다. 민주적 거버넌스는 정보의 진실성과 상관없이 참여와 빠른 유포를 통한 관심으로 돈을 버는 소셜미디어 플랫폼의 실리적인 사업 모델과 배치된다. 이 점에서 철학자 오노라 오닐Onora O'Neill이 스스로 '사이버 공간을 사랑하는 사람들cyber romantics'이라고 칭한 사람들, 즉 절대적인 표현의 자유가 모든 것이자 궁극적인 것이라고 옹호하는 사람들을 비판하는 것은 당연하다. 그녀는 정보와 자원의 진실된

내용과 입증된 신뢰성은 '커뮤니케이션 윤리'에서도 중요하다고 주장한다.[13]

유럽 국가와 중국의 경우는 정부가 과감하게 개입하고 규칙을 정한다. 중국은 수십만 명의 검열관을 배치해 소셜미디어를 추적하고 문제성 게시물을 삭제한다. 독일은 네트워크 시행법Network Enforcement Act하에 증오 연설이나 가짜 뉴스를 웹상에서 삭제하지 않을 경우 5,000만 유로의 무거운 벌금을 부과한다. 앙겔라 메르켈 독일 총리는 페이스북을 비롯한 여러 소셜미디어 업체에 사용자들이 어떤 식으로 움직이게 되어 있는지 스스로 알 수 있도록 알고리즘을 투명하게 만들 것을 촉구할 당시 "거대한 인터넷 플랫폼들은 자신들의 알고리즘을 통해 다양한 매체가 (사용자에게 접근하기 위해) 통과해야 하는 바늘귀가 되어야 한다"고 경고했다.[14] 이러한 전체적인 접근으로 인해, 규제를 가하지 않을 경우 소셜미디어가 독일 내 표현의 자유에 대한 결정을 미국의 첨단기술기업들에 넘긴다고 지적하는 비판적 시각을 가진 사람들은 상당히 곤혹스럽다. 이들은 마크 저커버그가 아니라 독일 법정이 소셜미디어상 표현의 자유에 대한 결정을 내려야 한다고 생각한다.[15] 다른 한편으로는, 규제기관들이 도를 넘을 위험성이 있다고 걱정하는 사람들이 있다. 유럽연합 디지털위원회 위원은 이를 이렇게 설명했다. "가짜 뉴스는 나쁘다. 그러나 정부 부처 '진실부'는 더 나쁘다."[16]

표현의 자유를 보장한 수정헌법 제1조가 절대적인 것으로 여겨지는 미국에서 지금까지 그 답은 시민사회단체가 정보산업계를 압박해 산업 전반에 걸친 기준과 공통적인 행동수칙을 만들고 이에 따라 자율적으로 규제하도록 하는 것이다. 논의 중인 수칙 중 하나는, 예를 들면 정보 자체가 아니라 정보의 배포, 즉 확성기 효과를 억제하는 데 초점을 맞추는 것이다. 또한 모조 증폭기인 봇bots(인터넷상에서 자동화된 작업을 실행하는 응용 소프트웨어—옮긴이)의 사용을 금지해 사실상 인공지능AI이 정치에 참여하지 않도록 하는 것이다. 이러한 처리방식은 "어떤 속도에서도 안전하지 않다"는 1970년대 자동차 안전규정, 즉 운전을 금하는 것이 아니라 모든 승객의 안전벨트 착용을 의무화하는 것과 맥을 같이한다.[17] 캘리포니아에서는 소셜미디어 회사가 봇에 의해 만들어진 온라인 개입을 식별하도록 요구하는 법률이 제안되었다.[18]

고님이 제안했듯이, 기업들이 쓰레기 정보 대신 양질의 정보를 알리고 가짜 뉴스와 대안적 사실에 대해 '진실을 보상하는' 알고리즘을 설계하도록 촉구해야 한다. 더욱 급진적인 생각은 블록체인의 분산기술을 사용해 데이터를 독점적 플랫폼상이 아닌 네트워크 전체에 걸쳐 안전하게 저장하는 것이다. 이것은 인터넷을 다시 분산화하여 거대 기술기업들이 더는 그들의 전매특허 알고리즘을 통해 연결할 수 없도록 하고 자신들의 이익을 위해 개인 데이터를 사용할 수 없도록 하는 것이다.

이미 어느 정도 독립적인 '제3자' 감시 요원들이 사실을 확인하고 증오연설을 찾아내고 있다. 이들이 영원한 감시인으로 정착되어야 한다. 새로운 개발 프로젝트에 환경영향보고서와 다를 바 없는

'사회적 영향력 평가서societal impact reviews'를 반드시 포함시킬 것을 제안하는 사람들도 있다. 한 단계 더 나아가면 상당히 합리적인 것 같다. 즉 대규모 소셜네트워크 플랫폼이 '제3자'에게 아웃소싱하는 것 이상으로, 사양길에 접어든 정통 언론인 '제4권력Fourth Estate'에 자금을 지원하는 수익 흐름을 만들어야 한다.

사실 2016년 선거 이후 마크 저커버그조차 다시 생각해야만 했다. 그는 2017년 2월 페이스북 주주들에게 보내는 장문의 성명을 공표했다. "소셜미디어는 단축형 대중매체로 그 안에서 울림 있는 메시지가 수없이 증폭된다. 단순하면 칭찬받고 미묘한 어감은 무시된다. 기껏해야 메시지를 강조하고 다른 생각들을 접하도록 한다. 최악의 경우에는 중요한 주제를 지나치게 단순화시키고 사람들을 극단으로 몰아붙인다." 뉴스와 정보를 선정적으로 다루어 조회 수를 최대한 끌어올리는 것이 오늘날 소셜미디어의 최대 관심사라고 저커버그는 계속 이어갔다. "선정주의는 균형 잡히고 미묘한 차이가 있는 의견을 멀리하고 양극단으로 향하도록 만든다. 이런 현상이 계속되면서 우리가 공통의 이해를 상실하면, 그때는 비록 모든 잘못된 정보를 삭제할지라도 사람들은 그들의 양극화된 의견에 따라 각기 다른 사실을 강조하게 될 뿐일 것이다. 이것이 내가 대중매체의 선정주의에 대해 그리도 걱정하는 이유다."[19]

이것이 바로 오늘날의 위기다. 페이스북뿐만 아니라 모든 소셜미디어 플랫폼의 문제다. 그럼에도 오늘날 대중매체는 빠르게 진화한다. 구글의 모기업 알파벳의 에릭 슈밋이 얘기한 것처럼, 유일한 희망은, '우민정치적 알고리즘'과 생각이 비슷한 사람들의 에코체임버는 인류가 새롭게 경험한 압도적인 정보의 홍수에 대한 초기 반응일 뿐이라는 것이다. 때가 도래하면 아마도 더 큰 폭포수 같은 데이터에 비례해 과부하를 피하는 열쇠로서 큐레이션, 즉 항목의 선택과 제시가 다시 출현할 것이다.[20] 그렇다면 정치적 권한처럼 큐레이터의 권한을 재정립하는 것이 엄청난 도전일까? 무엇을 근거로? 어떤 기준에 따라?

이베이eBay 공동 설립자이며 베르그루엔 연구소 소셜미디어 워킹그룹 의장인 피에르 오미디야르Pierre Omidyar는 몇 가지를 제안한다. 그의 주장에 따르면, 수학을 제외하고 객관적 진실은 없으며, 투명하게 데이터를 수집하고 결론에 도달한 지식인들, 즉 '전문가들'이 합의한 진실만 있을 뿐이다. 대중매체의 투명성이란 독자와 시청자에게 정보와 자료가 어떻게 검증되고 왜 신뢰할 만한가 전달하는 것을 의미한다. 대중매체가 이러한 의무를 만족스럽게 수행할 때조차 개인이 자신들의 편견을 거쳐 정보를 가공하는 것이 인간의 본성이다. 오미디야르에게 사람들의 편견을 극복하는 가장 좋은 방법은 한 의견을 다른 의견과 비교할 뿐만 아니라 논쟁에서 모순점들을 노출시켜 진실로서의 가치를 확인하거나 의문을 품는 것이다. 단순히 반대하는 대신 다양한 논쟁에 노출시키는 것이 서로 다른 관점을 비교, 대조하는 비평 공간을 만들 것이라고 오미디야르는 주장한다.[21]

정치혁명처럼 기술혁명도 단계적으로 펼쳐지는 경향이 있다. 첫 단계는 낡은 질서에서 해방되어 유토피아적 이상으로 반짝이는 자유화라는 돌파구의 출현이다. 그다음은 새 주인, 특히 선도자들을 위한 규칙이 존재하지 않는 새로운 길을 시작하면서 필연적으로 발생하는 남용에 대한 반발이다. 마지막 단계로, 변혁적 변화의 혜택이 가져온 잘못과 과잉을 가려내 그 잘못을 없애거나 누그러뜨리는 새로운 통치질서의 확립이다. 이 마지막 단계가 지금 우리가 있는 곳이다. 그런 것 같다. 희망을 갖자.

소셜미디어를 통제하지 못하면 결국에는 합의된 진실 전체가 붕괴하고 주관적 사실이 그 자리를 메우는, 계몽주의 전성기의 슬픈 잔해와도 같은 허무주의의 보편화에 이른다. 미시간 대학교 소셜미디어책임센터 수석 기술자인 아비브 오바디아Aviv Ovadya는 "아무것도 믿지 않거나 모두가 거짓말을 믿는, 아이디어 시장의 참사와 같은 실패"가 예견된다고 말한다. 그는 이것을 '정보 대재앙infopocalypse'이라고 부른다.[22]

이러한 날카로운 관찰에도 불구하고 세속적 민주주의가 통치 이야기에 영향을 미치는 합의적 진실을 확립하기 위해 가진 유일한 도구는 추론컨대 심의다. 그러나 그 도구인 심의 자체는 심의를 약화시키는 바로 그 힘들을 흡수하고 탈바꿈시킴으로써 재구성되어야 한다.

디지털 미디어를 통한 정보민주화는 거버넌스에서 직접민주주의에 해당한다. 대중매체와 거버넌스는 치우치지 않고 공정한 제도를 필요로 한다. 거버넌스의 경우, 그와 같은 제도는 경쟁적이고 많은 경우 불공평하기까지 한 이해관계 사이에서 유불리를 주고받으면서 협상이 이루어지도록 한다. 대중매체의 경우, 그러한 제도는 생각이 같지 않은 사람들 사이에서 진실된 주장을 찾아내고 부족 간의 경계를 넘어 대화를 가능케 하는 플랫폼을 만든다. 의식철학자 대니얼 데닛Daniel Dennett의 견해처럼, 신뢰할 수 있는 제도와 관행이 부재不在한 상태에서 민주적 담론을 발전시킬 수 있는 단단한 토양은 없다. 오히려 우리가 보게 될 것은, 사실 이미 보고 있는 것은 "술책과 그 대응술책의 군비 확장 경쟁"으로, 그 안에서는 모든 객관적 생각이 진실 전쟁의 희생자다.[23]

우리는 지금 앞서 언급한 분석에 근거해 이러한 성격의 저서들이 거의 다루지 않은 다음 단계를 밟고자 한다. 즉 거버넌스에서 가장 오래된 난제와 사회와 기술의 진화에서 가장 최신의 발전에 대응할 우리의 민주적 제도의 재설계를 제안한다.

디지털 시대, 거버넌스의 역설

소셜네트워크 시대 거버넌스의 역설은, 또래-주도의 미디어에서 그 어느 때보다 참여가 많고 이러한 기고의 글들에 대해 사실 검증이 이루어지지 않는다는 이유로, 사실을 입증하고 현명한 선택을 심의하고 공정한 거래를 중재하고 정책의 장기적인 수행을 유지할 수 있는 합의를 구축하기 위한 대항력 있는 관례와 제도에 대한 필요성이 매우 크다는 것이다.

오늘날의 민주주의가, 신뢰할 수 없는 정보가 가열시킨 양극화와 마비로 인한 자멸을 피하면서 세계 무대에서 독재체제와 경쟁하여 성공하려면, 민주주의를 약화시키는 세력에 대응하는 철저한 혁신이 필요하다. 무엇보다 그러한 혁신은 소셜미디어 참여세력과 점점 더 달아오르는 직접민주주의를 향한 대중의 열망을 포용해야 한다. 이는 네트워크로 연결된 대중의 감정을 즉각적으로 씻어버리는 가짜 주장, 잘못된 정보, 편협성, 마술적 사고를 심의해 확인하는 절차를 포함하는 공정한 제도와 관행의 설계를 통해 이루어져야 한다.

포퓰리즘을 철저하게 파악하지 않고 참여를 수용한 혁신은 미국 건국의 아버지들의 지혜를 활용해야 할 것이다. 이들 건국의 아버지들은 '대중의 견해를 확장시키기 위해' 권한을 위임받은 기관이 필요하다고 믿었다.[24] 이 혁신은 20세기에 들어설 당시 진보주의운동 중에 미국의 여러 주가 만든 혁신을 바탕으로 설계될 것이다. 이 당시 진보주의자들은 시민들이 직접 법을 만들 수 있는 국민발안제라는 직접민주주의와 무당파 전문직 종사자들 및 각 분야 전문가들이 운영하는 명석한 정부를 결합시키고자 했다.

그에 따라, 오늘날 민주주의 혁신의 핵심은, 가장 우려하는 문제가 무엇인지 개방된 플랫폼을 통해 선제적으로 대중에게 묻고, 박식한 관리들이 그 문제 해결을 위한 공정성에 바탕을 둔 효과적이고 합의된 정책 제안을 만들게 하며, 법제화 이전에 그 제안의 승인 여부를 시민들에게 직접투표를 통해 묻는 것이다. 여러 연구에 따르면, 대부분의 시민은 권력투쟁에 여념 없는 정당들보다 실용적 해결책을 대할 때 덜 편파적이고 더 개방적이다.[25] 이처럼 자치정부가 작동하는 방식으로 방향을 바꾸면 권력이 분산된 이 시대에 대의민주주의를 보완하면서 인정받지 못하게 된 대의민주주의의 합법성을 어느 정도 회복할 수 있을 것이다. 그러한 혁신은 선거에 이길 시간과 돈이 있는 기존 정당들과 당선자들에 대해 로비 점유권을 유지하는 조직화된 특수 이익단체들의 벽으로 가려진 입법부 밖에서 시민들이 행동을 시작하는 탄탄한 방법이 될 것이다.

대의정치에서 신뢰가 흔들릴 때, 여론조사에서 그런 신선한 접근방법을 지지하는 현상이 나타난다. 2017년 10월 퓨 리서치 센터가 전 세계 국가를 대상으로 시행한 여론조사에 따르면, 응답자의 66%는 "선출직 공무원이 아니라 시민들이 주요 문제를 법제화할 것인지 직접투표로 결정하는" 시스템을 선호한다. 동시에 49%는 "선출직 공무원이 아니라 전문가들이 핵심적인 결정을 내리는" 시스템에 찬성한다.[26]

그러한 대안을 고려하려면, 규모가 큰 합리적인 정당들이 권력 쟁취를 위해 경쟁하는 대의민주주의가 피통치자의 동의를 얻기 위한 주요 제도적 장치로서 여전히 오늘날의 현실에 맞는지 다시 생각할 필요가 있다.

탈정당정치?

대의민주주의가 위기에 처한 상황에서는, 상당히 다양한 사회의 새롭고 이질적인 유권자들을 하나의 큰 지붕 아래로 데려오고 단일 정당이 선거에서 우세하든 복수의 정당이 우세하든 통치합의를 이끌어낼 수 있는 막강하고 새로운 정당을 구축하는 것이 필요하다고 어떤 이들은 말한다. 그러나 수많은 예가 말해주듯이, 산업 시대의 결속력 강한 대중 정당, 즉 대중이 충성스럽게 정체성을 확인하는 그 정당들은 붕괴되었다, 아마도 비참하게. 이 정당들은 돌이킬 수 없을 정도로 쪼개져 종신 고용, 주류 언론과 같은 길을 가는 것 같다. 우리는 지금 적기適期 생산방식을 운영하는 것처럼 적기정치로 향하는 것일 수도 있다. 탈脫정당정치가 나타나고 있을지도 모른다. 자발적인 연정이 수립되어 특정 문제를 중심으로 활동하고 효과적인 치료책을 찾은 다음 해산하고 새로운 연정이 성립되어 그다음 문제로 이동한다. 단편화와 유연성이 노동시장과 마찬가지로 정치시장의 영구적인 특징이 되었다.

2017년 3월 리스본에서 본 저서의 저자 중 한 명과 가진 토론에서 카르도주는, 브라질은 오래전에 이러한 정치적 단편화를 접했고 이미 탈정당 체제가 되었다고 말했다. 그가 언급한 바에 따르면, 최근 대부분의 대통령과 그 소속 정당들은 선거에서 단지 20% 정도 유권자의 지지만 확보했을 뿐이다. 또한 일단 권력을 잡으면 그들은 입법부에서 30여 개의 다른 정당들과 일 처리를 위한 동맹을 맺어야만 통치할 수 있다.

네덜란드에서 이른바 '툭 튀어나온 정당들pop-up parties'의 출현은 이러한 역학관계를 잘 보여준다. 네덜란드의 선거제도는 순수비례대표제로, 최소한 6.7%의 득표수만 얻으면 그 정당은 의회 의석을 차지할 수 있다. 2017년에는 28개에 달하는 정당이 인구가 1,700만 도 안 되는 작은 국가에서 표를 얻기 위해 경쟁했다. 이들 대부분은 극히 소규모 조직을 갖춘 정당으로 이민, 우크라이나 원조와 같은 특정 문제들을 중심으로 등장했다.[27]

앞서 다루었듯이, 프랑스는 20세기에 거대 양당이 번갈아가며 또는 동거하며 통치했다. 그런데 이 모든 것이 2017년 에마뉘엘 마크롱이 소속 정당도 없이 독립적인 후보로서 대통령에 당선됨으로써 바뀌었다. 그는 정당이라는 장치 없이 국민에게 직접 다가갔다. 마크롱은 통치 엘리트들과 거리를 두었으나 반反EU가 아닌 친親EU 노선의 주류들과 함께 나아갔다. 미국에서 도널드 트럼프의 선거 승리는 공화당 기득권층 주변을 교묘히 피해나간 포퓰리스트들이 이룬 결실이었다. 이들 공화당 기득권층은 트럼프가 대통령 후보로 지명되고 나서야 겨우 트럼프를 중심으로 결집했으나 선거에서 승리했음에도 핵심 선거 공약인 오바마케어의 폐기를 완수하기 위한 구성원들 내 충분한 통합을 이룰 수 없었다. 주요 정당인 노동당과 보수당, 기성 전문가와 권위자들의 자제 요청을 거부한 브렉시트 투표는 모든 여론조사기관이 틀렸음을 입증했다.

또한 앞서 언급한 것처럼, 독일에서는 2017년 선거에서 두 거대 정당인 앙겔라 메르켈의 기독교민주연합과 사회민주당이 제2차 세계대전 이후 최악의 결과를 낸 반면에, 반反이민 정서를 가진 국가인민당이 충분한 의석을 획득해 독일연방의회에 입성했다.

이탈리아도 유사하게 쪼개져, 극우와 극좌, 그 둘을 적당히 결합한 포퓰리즘 정당들이 전통적인 중도파 정당들을 역사의 유물로 만들어버렸다. 사실 오늘날 민주주의에서 일어나고 있는 가장 흥미로운 실험은 이탈리아에서 볼 수 있다. 인터넷 기반의 오성운동FSM은 2018년 3월 실시된 국회의원 선거에서 가장 많은 득표수를 획득했다. 대부분의 포퓰리즘 운동이 복잡한 문제들을 단순하게 접근함으로써 드러내는 문제점들로 인해 오성운동 역시 신음하고 있음에도 불구하고, 이 정당은 엄중히 감시할 필요가 있는 새로운 형태의 시민참여제를 만들었다.

오성운동 온라인 플랫폼 운영자 다비데 카살레조Davide Casaleggio는 오성운동의 성공에 대해 「월드포스트The WorldPost」에 다음과 같이 설명했다. "우리의 경험은, 기존 정당들과 이전의 조직화된 민주 정치의 모델을 인터넷이 어떻게 더 전반적으로 한물가고 비경제적인 것으로 만들었는지 보여준다."[28] 온라인 소액 기부를 통해 재정을 마련하는 오성운동은 최근 선거전에서 표당 단지 9센트만을 지출했는데, 이는 주류 정당들이 8.5달러를 사용한 것과 비교된다고 카살레조는 말했다. "오성운동을 성공으로 이끈 플랫폼은 '루소Rousseau'라 불린다. 정치는 국민의 의지를 반영해야 한다고 주장한 18세기 철학자의 이름에서 따왔다. 그리고 그 주장이 바로 우리 플랫폼이 하는 일이다. 시민이 정치의 일부가 되는 것이다. 인터넷에 의해 구현되는 직접민주주의는 시민에게 중심적 역할을 부여하며 현재의 정치적·사회적 조직은 결국 해체된다. 대의민주주의, 즉 대리인에 의한 정치는 갈수록 그 의미를 상실하고 있다"라고 그는 설명한다.[29]

"참여하라. 위임하지 마라"라는 슬로건하에 오성운동은 시민들이 직접 법안을 발의하는 소프트웨어도 개발했다. 오성운동의 추가적인 계획에는 블록체인 기술을 활용해 온라인 투표의 안전성을 확보하고 학교를 세워 후보자들을 교육시키며 '실력 중심의 선택'을 확실히 보장하겠다는 내용이 포함되어 있다.

개인의 자유를 그 무엇보다 찬미하는 서구 정치문화에서 산산조각 난 정당이지만 일당제 중국뿐만 아니라 일본에서 정당은 어느 정도 영향력을 행사한다. 두 나라 모두 면적이 넓고 인구가 많다. 그들 문화에 내재된 순응주의와 권위주의적 특색이 역할을 하는 것이 확실하다. 여기에 통일된 문명 정체성이라는 중대한 존재 앞에서 파트너십이 머리를 조아리는 것 같다.

문화적 토대가 견고한 곳이라면 비교적 합리적인 정당들은 집합적인 정치적 의지의 대행기관으로서 계속 존재할 것이다. 도처에서 분열이 더 기승을 부릴 것이다. 정치적 조직체 간 이러한 양분兩分은 국가 간 관계의 안정성과 지속성 면에서 그 자체로 하나의 요인이 될 것이다.

투표함 밖에서 생각하기

앞으로 나아가기 위해 필요한 것은, 자신의 요구를 알리는 도구를 갖고 있고 그 요구의 실현을 위해 직접민주주의를 통한 정치적 수단을 활용하는 재각성한 대중이 참여할 수 있는 일련의 새로운 관행과 제도다. 우리가 주장하는바, 난제는 참여를 받아들이고 촉구하면서 한편으로 포퓰리즘을 피하는 것이다. 민주주의는 대중의 관심사가 조직화된 특수 이익단체들의 영향력에 좌우되는 경향이 짙은 선거철에 마지못해 관심을 끌거나 해결되는 것이 아니라 평상시에 미리 알려지고 해결하려는 노력이 진행될 때 가장 잘 작동한다. 그렇다면 대중의 관심사는 통치 엘리트들에게 받아들여지고 건전하고 호응하는 정책으로 공식화되어 투표를 통해 대중에게 승인받거나 대중을 대표하는 입법기관에 법안으로 상정되어야 한다. 그래야 브렉시트, 트럼프, 유럽 전역에 나타난 반엘리트 운동과 함께 우리가 목격한 '뒤처진 사람들left behind'에 의한 포퓰리즘 분출로 이어지는 분노의 축적을 막을 수 있다.

유럽의 가장 활기차고 미래 지향적인 밀레니얼 세대 조직 중 하나이며 유럽시민발의European Citizens Initiative를 강화해 법령을 직접표결에 부치는 제너레이션 89 이니셔티브Generation 89 Initiative의 주요 제안 중 하나가 포퓰리즘을 저지한다. 이 조직의 지지자들은 공공기관으로 통하는 진입로가 내부 기득권층에 의해 차단되어왔기 때문에 포퓰리즘이 발생한 것으로 본다. 이들은 소셜네트워크의 연결성이 직접민주주의의 메커니즘과 결합됨으로써 더 많은 시민이 유럽의 미래를 만들고 유럽연합을 정당화하는 데 참여할 것이라고 믿는다.[30]

이러한 새 시대에 우리는 투표함 밖에서 무당파적 중재기관의 설립을 생각할 필요가 있다. 이 중재기관은 단기적 관점, 특권, 선거제도의 격정적인 영향력과 무관한 선의, 전문지식과 기술, 경험의 섬으로 이성, 대화, 협상, 타협이라는 계몽적 관행을 통해 양극화된 세력을 연결할 수 있다. 민주적 담론은 이러한 무당파적 중재기관들이 수립하려고 노력하는 합의적 진실의 기준선이 없으면 불가능하다.

이러한 새로운 무당파적 중재기관이 정당화되려면 다른 사람들을 배제한 특정 이익 또는 일련의 이해관계에 의해 지배당하지 않는다는 의미에서 포용적이고 공정하고 '사심私心이 없어야' 한다. 이를 이루기 위한 최상의 방법은, 국민주권의 원색적인 표출에 지식과 냉철한 판단이라는 교정용 밸러스트를 제공하는 심의 관행 및 제도와 함께 더 많은 직접민주주의를 통한 참여와 대의정치가 균형을 이루는 헌법적 설계를 통하는 것이다. 이러한 상쇄적 배치를 통해, 현실적으로 대중보다는 선거 과정을 장악할 시간과 자원을 소유한 조직화된 특권층의 뜻을 대변하는 대표자 선거에 대한 집착에 대항하는 견제세력을 함께 운영하게 될 것이다.

요컨대, 민주주의를 자멸하게 만드는 분노, 소외, 냉소에 체계적으로 대응하는 것은 똑같은 종류의 민주주의에 당파적 참가자들의 변화만 가한다는 의미가 아니다. 그 대응은 민주주의 설계용 제도판으로 되돌아가 시작 당시와 전혀 다른 세계에서 민주주의가 어떻게 작동하는지 최신화하는 것을 포함해야 한다. 출연진의 수와 질은 변했으나, 미국 건국의 아버지들이 설계한 통치제도에 포함된 국민발안과 합리적 심사숙고 사이 균형 유지 원칙은 여전히 미래를 위한 지침으로 존재한다. 대중 의지의 순수한 표출과 합리적인 심사숙고 과정을 거쳐 공동의 이익이라는 관점을 정제하고 확대하는 권한을 위임받은 기관 사이에 평형을 유지하는 통치의 원칙은 여전히 보편적으로 적용된다.

헌법 설계, 처음부터 다시 시작하기

하나의 해결책으로 오늘날 민주주의의 위기를 초래한 여러 가지 문제를 해결할 수는 없다. 우리가 여기서 제시하는 구체적 제안들은 미국의 경험에서 나온 것이므로 '바로 그' 해결책은 아니지만 한 가지 답이 될 수 있으며, 민주주의의 쇄신에 대해 어떻게 생각할 것인가를 위한 제안이기도 하다.

우리가 캘리포니아에서 활동했기 때문에, 우리가 내놓는 제도적 설계를 위한 제안은 캘리포니아라는 특정 환경에 근거를 둔다. 캘리포니아에서는 국민발안제와 국민투표회부 절차가 향상되어 직접민주주의의 한 형태로 흔하게 사용된다. 소셜네트워크로 연결되고 정당 정치에 대한 좌절감이 팽배한 시대에, 캘리포니아에서 오래 경험한 일종의 직접민주주의는 다른 주와 국가에서 유례없이 중요한 역할을 할 것이다.

미국 역사에서 거버넌스의 제도적 혁신은 여러 주에서 먼저 시행되었다. 1776년 영국에서 독립한 뒤 여러 주에서 작성한 초기 헌법이 1789년 비준된 미국 헌법의 설계에 영향을 주었다. 그다음 주요 혁신은 1세기 후 직접민주주의와 정부의 전문관리체제가 진보주의운동에 의해 도입되었을 때 나타났다. 오늘날 미국의 위기에서 여러 주는 또다시 민주주의의 실험실이 되었다. 앞서 보았듯이 거버넌스에서 제도적 혁신은 상향식일 것이다. 어떻게 그러한 변화가 미국에서 국가 차원으로 변화를 이끌 것인가는 우리의 경험과 이 책의 영역을 넘어선 질문이다. 여기서 우리는 국가 차원에서 그 형태를 찾아야 하는 민주주의의 이론과 실천의 근본적 특성에 초점을 맞추고자 한다.

미국 건국의 아버지들: 민주주의자 아닌 공화주의자

미국 민주주의의 첫 번째 전환기는 1789년 헌법 비준이었다. 1776년 독립된 이후 10년 동안 여러 주에서 경험했던 거버넌스의 원칙과 그 원칙의 실제 적용을 둘러싼 열띤 토론 끝에 헌법이 비준되었다. 독립 후 10여 년은 연합규약Articles of Confederation 하에서 결속이 불안정했던 시기로, 몇몇 주에서 선출직 관리들에 의해 운영되는 정부가 사회적 갈등과 재정적 불안정을 야기하는 등 문제가 발생했다. 이에 제헌회의에 참석한 대표자들은 견고한 국가적 틀 안에서 한층 안정적이고 오래 지속할 수 있는 제도를 모색했다.

오늘날 우리가 제임스 매디슨James Madison이나 존 애덤스John Adams의 초창기 사상에 의지하듯이 그 시기 미국 건국의 아버지들은 고대 그리스 민주주의와 로마 공화정의 역사로 눈을 돌려 그들이 나아갈 길을 탐색했다. 탁월한 버지니아의 혁명가 패트릭 헨리Patrick Henry가 기록했듯이 미국 건국의 아버지에게 이 고전의 세계는 '경험의 등불'이었다.[31]

그 등불이 건국의 아버지들에게 가르친 것을 보면 21세기 대부분의 미국인은 놀랄 것이다. '민주주의'라는 단어는 초창기 어느 주의 헌법에도 등장하지 않았다. 미국의 헌법, 권리장전, 독립선언문 어디에도 민주주의라는 단어는 없다. 그 이유는, 미국의 헌법 설계자들은 민주주의를 불신했을 뿐만 아니라 그리스와 로마 역사를 꼼꼼하게 읽으면서 민주주의가 사회를 통치하는 최고의 시스템이라는 생각에 실제로 강한 거부감을 보였기 때문이다.『연방주의자 논집The Federalist Papers』의 저자 중 한 사람이며 미국 제4대 대통령인 제임스 매디슨의 "민주주의는 가장 사악한 정부 형태다. (…) 민주주의 국가들은 끊임없이 격동과 논쟁의 장관을 연출했으며 그 체제가 개인의 안전 또는 재산권과 양립할 수 없음을 보여주었다. 민주주의는 격렬하게 몰락했듯이 일반적으로 그 존속 기간이 짧다"라는 선언은 유명하다.[32] 미국 제2대 대통령 존 애덤스는 "민주주의는 결코 오래 지속되지 않는다. 민주주의는 곧 소모되고 탈진하여 스스로 소멸한다. 자멸하지 않은 민주주의는 이제까지 없었다"라

고 기술했다.[33]

　이들 초창기 미국 지도자들은 로마 공화정 시대(BC 200-BC 118) 막바지를 살았던 폴리비오스에 대한 열정적인 연구와 1517년『리비우스의 논고Discourse on Livy』를 저술한 피렌체 르네상스 시대 정치 이론가 마키아벨리에 의한 폴리비오스와 기타 여러 사람에 대한 추가적인 설명을 통해 민주주의에 대해 그처럼 가혹한 결론을 내렸다. 폴리비오스와 마키아벨리의 결론에 따르면, 최고의 거버넌스 형태는 언제나 군주제 또는 집행권, 소수가 지배하는 귀족제, 다수가 지배하는 민주주의가 균형을 이룬 혼합형 체제였다. 이 제도 중 어느 하나만으로는 안정이 오래 지속될 수 없다고 이들은 주장했다. 군주제만으로는 독재정치로, 귀족제만으로는 과두정치로, 민주주의만으로는 우민정치로 거침없이 퇴행할 것이다. 이 셋이 상호 책임의식을 갖고 서로 감시해야만 평형 상태가 지속될 수 있다. 이러한 기조에 따라 설계된 입헌공화국은—토머스 제퍼슨이 말했듯이 혈통이나 부에 기반을 둔 귀족제 대신에 비록 재능 있는 '타고난 귀족계층'과 함께하더라도[34]—너무도 강력한 권력이 어느 한 곳에 집중될 때 발동하는 포식자의 욕구를 제어하는 유일한 길이다. 역사와 자신들의 경험이 건국의 아버지들에게 가르쳐준 것은 권력의 상당 부분이 한 특정 이익집단, 특히 선거에서 다수층에 흘러들어갈 경우 그 권력을 차단시킬 회로 차단기가 필요하다는 것이다.

　이러한 고대의 핵심적 교훈을 참고해, 먼저 각 주에서 그다음으로 국가를 위해 헌법 입안자들은 혼합된 형태인 입헌공화제를 설계했다. 입헌공화제는, 피통치자의 동의에 뿌리를 두면서, 간접선거를 통해 선출되거나 지명된 대표자 집단, 즉 엘리트들에게 권한을 위임했다. 이 엘리트층은 사리私利를 추구하는 유권자들의 편견과 편협이라는 대중적 격정에 대한 평행추로서 "대중의 견해를 정제하고 확장"할 수 있었다.

미국 건국의 아버지들에게, 존경할 만한 소수의 냉정하고 합리적인 심의를 통해 견제받지 않는 국민주권의 행사는 개인과 소수자 권리를 주장하는 다수결주의의 편협성을 초래할 것이며, 이는 고대 그리스·로마 시대에 발생했던 것처럼 우민정치로 전락하고 이어서 질서를 회복해야 한다며 독재정치를 등장시킨다. "어떠한 정치적 진실도 더 중요한 본질적 가치가 아니다. 이는 분명하다"라고 매디슨은 『연방주의자 논집The Federalist』 제47호에서 기술했다.[35]

존 애덤스와 같은 헌법 설계자에게, 이러한 견제와 균형을 이루는 유일한 방법은 양원제 의회였다. 양원제 각 의회는 뚜렷하게 구분되는 특성을 지닌다. 애덤스는 각 의회의 특성을 1776년 봄에 처음으로 설명했다. 당시 노스캐롤라이나 주의회는 애덤스에게 새로운 정부와 헌법을 위해 제안을 해달라고 요청했다.

애덤스의 설계에 따르면, 양원 중 한 의회는 직접 선출된 대표자로 구성되며 "전제적으로 국민의 축소판이어야 한다. 하원은 국민들처럼 생각하고 느끼고 판단해야 한다". 그러나 그가 두려워한 것은, 하원이 스스로 "개인의 모든 악행, 어리석음, 취약함을 피하기 어렵고 우스꽝스러움, 다혈질, 집착, 편파성, 편견에 시달린 나머지

성급한 결말과 터무니없는 판단을 내리는 것"이었다. 따라서 그는 "이러한 모든 오류를 바로잡아야 하고 결함을 메우기 위한 견제세력이 있어야 한다"고 덧붙였다. 그는 국민들의 즉각적이고 지역주의적인 이해관계와 격정이 하원에서 반영될 경우, 상위 의회 또는 로마의 모형을 따라 상원을 만들어 간섭하게 할 필요가 있다고 판단했다. "단일 의회의 정부를 가진 국민은 오래 자유로울 수도 영원히 행복할 수도 없다"고 그는 기록했다. 애덤스가 마음속에 그린 상원은 "뚜렷한 특성을 가진 의회"로 "의원 수는 20명 또는 30명 규모로 자유롭고 독립적인 판단을 내릴 수 있어야 한다". 하원과 달리 상원은 유권자에게 직접적으로 책임을 지지 않으며 임명된다. 상원의 권한은 장기적인 공익만 생각하면서 하원에서 올라온 법안에 대해 냉철하고 진지하게 심의하는 것이다. 무엇보다 상원은 대중의 순간적인 격정을 완화시켜 법률에 근거한 국가의 안정성과 지속성을 보호한다.[36]

상원을 대표하는 상원의원은 배움이 많고 박식하며 주의 깊게 오래 생각하고 "인류의 역사와 삶의 방식에 대한 오랜 지식과 경험"[37]을 사용할 줄 아는 "지혜와 예지력이 있는 사람"의 전형이어야 한다. 알렉산더 해밀턴Alexander Hamilton은 그리스의 역사가 플루타르크의 『플루타르크 영웅전Plutarch's Lives』에 대한 메모에서 "상원은 영연방에 배의 평형수와 같은 존재였다"라고 썼다.[38] 마찬가지로 매디슨은 상원을 필요한 "대중의 변덕스러운 동요를 붙잡아 안정시키는 닻"이라고 불렀다.[39]

이어서, 선택되거나 간접적으로 선출된 상원이 로마 시대에 그랬던 것처럼 특권을 가진 귀족계층으로 변모하지 못하도록 견제 장치 또한 마련되어야 했다. 1840년대까지 대부분의 주에서 민주주의 정서라는 강한 유혹의 말에 굴복해 상원에 대해서도 여타 입법기관들과 마찬가지로 직접보통선거를 실시한 것은 막 나타나기 시작한 귀족계층에 대한 이러한 염려에서 비롯되었다. 이에 따라 애덤스가 필요하다고 생각했던 상·하원 간 기능상의 본질적인 차이를 없애 버렸다.

사우스캐롤라이나주 상원의원 존 C. 캘훈John C. Calhoun은 마지막 건국의 아버지로 언급되기도 한다. 그 이유는 그가 미국 헌법의 초안이 완성되고 수십 년 지난 1840년대를 지나면서 공화주의적 감성에서 민주적 감성으로 넘어가는 대세의 변화에 직면해 상·하 양원의 구별을 강화해야 한다고 느꼈기 때문이다. 캘훈은, 입법부 상·하 양원의 투표권과 직접선거가 지속적으로 확대되어 현재 국가 차원에서 제기되는 이 상황에서는 그가 명명한 '공존하는 다수 concurrent majority' 대신 수적인 다수에게 결정권을 부여할 것이라고 보았다. 공존하는 다수는, 심의 기능을 담당하며 간접선거로 선출된 상원과 상원의 역할은 제지하고 균형을 유지하는 것이라고 주장하는 직접선거로 선출된 하원의 차별화된 속성 간 합의를 이끈다. 캘훈은 그런 사고의 논리를 저서 『정부에 관한 논고A Disquisition on Government』에서 펼쳤다.[40] 이 책은 그가 1843년부터 1849년까지 6년에 걸쳐 집필한 것으로, 1851년에 유작으로 출판되었다.

캘훈에게 혼합형 입헌공화제의 요점은 "어느 한 사람의 이익 또는 여러 이해관계가 결합하여 정부가 가진 권력을 사용해 다른 사람들을 희생시키면서 자신(들)의 이익을 증대하는 것을 막는 것이다". 따라서 모든 (남성) 시민에게 확대된 "투표권보다 더 필요한 것은 없다"는 생각은 캘훈이 말한 다수의 의견을 표명할 뿐만 아니라 전체 사회의 이익을 포용하는 '적절한 유기체the appropriate organism'와 상충한다. 그는 "국민을 대신하는 수적인 다수는 단지 국민의 일부일 뿐이다"라고 썼다. 캘훈에 따르면 투표용지에 기재하여 실현된 다수결 원칙은 사회의 모든 이해관계를 품은 정체성을 잘못 추정한다. 그가 기술했듯이, 상·하 양원 모두에서 민주적 다수결만으로 통치하는 것은 권력의 분산이 단지 '허울'뿐임을 말해준다.[41] 제한과 억제의 도입, 즉 캘훈이 말한 '반대 측the negative'은 다수가 절대적으로 장악하는 것을 방지한다. "실제로 헌법을 만드는 것은 반대 측이고 정부를 만드는 것은 찬성 측the positive이다. 한쪽은 행동하는 권력이고 다른 한쪽은 행동을 막고 저지하는 권력이다. 이 둘이 결합하여 입헌정부를 만든다."[42]

캘훈에 따르면, 고대 로마의 성공은 바로 평민을 대표하는 호민관이 있었고, 호민관은 귀족계층인 상원에 '반대자'가 되었으며, 상원은 호민관에게 반대자가 되었기 때문이다. "화합과 조화의 결합을 단단하게 한 것"은 호민관과 상원 사이의 균형이었다. 이 균형이 파괴되면서 고대 로마가 멸망했다.

캘훈의 '정부의 과학the science of government'에 관한 논고는 공화국 역사에 관한 해박한 독서와 사회가 실제로 어떻게 작동하는지에 대한 견해에 근거했을 뿐만 아니라, 노예를 소유한 남부가 더 많은 인구를 가진 북부에 무릎을 꿇은 것에 대한 그의 관심을 확실하게 반영했다. 당시 북부는 방직공장이 세워지고 여타 산업화가 빨리 시작되면서 급속도로 성장하고 있었다.

본 저서에서 매우 중요한 캘훈 논고의 요점은, 민주주의의 초심을 잃지 않고 상원을 귀족계층의 특권의 장으로 만들거나 남부 노예 소유주들의 보루로 만드는 것에 적절하게 저항했으나, 이는 또한 언제든 어느 선거에서든 다수층의 즉각적인 열정, 이해관계, 격정을 견제할 '분명한' 기관으로서 상원의 공화주의적 기능을 서서히 약화시켰다는 것이다.

헌법 비준 후 수십 년 안에 투표권이 모든 백인 남성에게 확대되어(여성, 흑인, 대부분의 아메리칸 인디언들에게는 아직 부여되지 않았지만) 정당의 출현으로 이어졌다. 정당, 헌법 입안자들이 그렇게도 업신여겼던 바로 그 '당파들'은 새로운 유권자들을 조직하고 조종하는 수단이었다. 제임스 매디슨은 『연방주의자 논집』제10호에서 이렇게 기술했다. "나는 몇몇 시민들을 이해한다. 시민들은 다수이거나 소수이거나 다른 시민의 권리 또는 영속적이고 집합적인 공동체의 이익에 반하여 공통적으로 가지는 격정적 충동 또는 이익 추구의 충동으로 뭉쳐 행동한다."[43]

미국 헌법 입안자들은 민주적 유권자들의 즉각적인 대중적 의지에 대한 완충제 역할을 할 뿐만 아니라, '사심이 없는disinterested' 통치

방식으로서 공화정이 혼합된 정부를 마음속으로 설계했다. 사심 없는 통치를 통해 당파나 정당이 분파를 넘나들며 연합하여 자신들의 뜻을 강요하고 제도적 평형 상태를 틀어지게 만드는 노력을 좌절시킬 것이라고 생각했다.

당파적 유권자들을 동원하기 위해 조직된 당파는 인맥과 자금을 이용해 대중의 담론을 장악하려 했고, 동시에 후원 관계망에 연결되어 있지 않은 보통시민들의 선거권을 박탈하는 '조직망machines'으로 강화되었다. 유권자 수가 증가함으로써 당파의 영향력이 줄었다기보다는 당파의 권한이 더 강화된 경향이 나타났다. 이는 유권자 집단이 너무 방대해 유권자를 조직하기 위한 시간, 돈, 관심 있는 사람들만이 권력을 잡을 수 있었기 때문이다.

역설적으로 선거권 확대가 조직화된 특수 이익집단들을 위해 개별 유권자들의 영향력을 빼앗는 결과로 이어졌다. 법학자 가네시 시타라만Ganesh Sitaraman이 『중산층 유권자의 위기The Crisis of the Middle Class Constitution』(2017)에서 지적한 다음 내용은 유권자 투표권이 최초로 널리 확대되었을 때 이미 사실로 드러났다. "시간과 자원의 불균형 때문에 선거는 조직화되고 돈이 있어 통치하도록 선택된 사람들이 장악한다. 선거는 귀족계층의 탄생을 돕기까지 한다."[44]

오늘날과 너무도 유사하게 19세기 말, 기술 변화에 따른 사회적 붕괴와 조직화된 특수 이익집단들에 의한 대의민주주의의 장악에 따른 좌절이 포퓰리스트의 반란을 조성했다.

진보주의자들: 직접민주주의와 명석한 정부

20세기 들어 미국은 남북전쟁의 막대한 피해에서 벗어나 상업과 경제성장의 엄청난 폭발을 경험한 단일 시장의 통일국가로 재탄생했다. 철도와 통신선으로 국민이 연결되기 시작했다. 대량 부수를 발행하는 신문의 배포로 현대적 의미의 여론이 탄생했다. 산업혁명은 새롭게 탄생한 제조업이 번성하는 도시로 대규모 이주를 이끌었다. 오랫동안 국가의 경제와 정치적 제도의 기반이 되어온 자립적인 가족농에 기계화가 도입되고, 이들은 변동성이 강한 시장에서 농작물을 파는 중간 상인에게 의존하게 되었다. 헨리 포드는 자동차를 생산하는 최신식 조립 라인을 준비하고 있었다. 최초의 거대한 마천루들이 시카고와 뉴욕에 세워지고 탐욕스러운 경제적 팽창을 주도하는 금융, 철도, 광산, 석유 독점기업들이 입주했다. 초부유층은 공개적으로 호화스럽고 경망스럽게 행동하며 전통적인 미국인의 특성인 검소함, 겸손함과 전혀 조화를 이루지 못해 마크 트웨인은 그 시대를 '도금 시대Gilded Age'라 불렀다.[45]

역사를 보면 항상 그렇듯이, 새로운 기술로 인한 엄청난 새로운 부의 탄생은 새로운 불평등, 새로운 승자와 패자, 사회정의를 바로잡으려는 새로운 사회운동을 일으켰다. 새로운 생산방식과 형태는 임금과 노동시간에서부터 식품안전성, 에너지와 운송비용, 환경보호, 부동산 사용제한지역구 지정property use zoning, 도시의 주택 부족과 황폐화에 이르기까지 전체적으로 새로운 일련의 우려를 낳았다.

이 모든 개발은 규제를 훨씬 앞서 전속력으로 달렸다. 산업과 상업의 변화 속에서 왜소해진 정부는 여전히 작은 정부로서 대체로 대세의 흐름을 따랐다. 번지레한 정치 조직체는 가장 강력한 이익집단들의 구미에 맞추면서, 선거주기와 그 선거주기를 장악해온 이익집단들이 요구하는 단기적 해결책들을 내놓았다. 정부가 점점 더 많은 사람을 희생시키면서 그 대가로 소수의 부유한 상류층이 부를 축적할 수 있도록 만든다고 생각하게 되었다. 이것은 평범한 미국 국민이 가진 다수결주의와 평등주의 정신과 충돌했다. 당파적 정치인은 신흥 산업 시대에 대중사회의 복잡한 상황을 관리할 투지와 역량 모두 부족했다.

대중의 이익을 확보하기 위해 일어난 사회운동은 저항을 위한 무기를 준비해놓았다. 이전 세기의 더 광범위한 민주주의를 향한 점진적인 전환은 1인 1표제를 공고히 했다. '국민을 위해' 통치해야 하는 대표자들이 국민의 이익을 저버리면 국민에게 더 큰 힘을 주어 그들 스스로 직접민주주의를 통해 문제를 해결하도록 했다. 신문을 통한 대중 전달 시대에는 그 어느 때보다 잘 읽고 쓸 줄 아는 대중이 그들이 선출한 대표자들만큼 잘 알고 결정을 내릴 수 있었다. 대표자들이 더 이상 대중의 견해를 '다듬을' 필요가 없었다. 필요한 것은 오직 부패한 중재자들을 제거하거나 그들을 우회하여 국민이 직접 투표로 법을 만들도록 하는 것이었다. 반면에, 앞장서서 이끌어가는 데 필요한 지식과 지혜를 겸비한 선출직 관리를 지원하기 위해 개혁의 주요한 신개념이 생겼다. 즉 후원자와 친구들을 배격하고 무당파적 전문가와 전문직 종사자들에게 정부의 관리를 맡기는 것이었다. 이 운동의 철학은 국가 건립 이후 특히 주정부 차원에서 생동감 있고 적극적으로 정부기관을 가장 광범위하게 재설계하는 것이었다.

이러한 운동이 일어난 기간(주로 1890~1920)은 '진보 시대the Progressive Era'로 알려져 있으며 도금 시대와 대조를 이룬다. 주정부 차원에서 위스콘신의 로버트 M. 라폴레트Robert M. La Follette, 캘리포니아의 하이럼 존슨Hiram Johnson과 같은 주지사들이 진보 시대를 이끌었다. 당시 디트로이트 시장이었으며 후에 미시간 주지사를 지낸 전설적인 인물 하젠 핑그리Hazen Pingree는 시내 전차 운임을 낮추고 하수도를 고치고 수도, 전기 등 공익사업의 지방자치단체 소유를 제안하면서 1899년에 '기업합동의 산업노예the industrial slavery of trusts'에 격렬히 반대했다.[46]

1890년대 불황은 이른바 포퓰리즘Populist movement을 불러일으켰다. 더 많은 직접민주주의, 사회 정의, 여성의 투표권을 요구하는 포퓰리즘을 진보운동Progressive movement의 전신으로 보는 역사가들이 있다. 그러나 포퓰리즘에서 볼 수 있는 도시 엘리트들에 대한 불신, 간헐적으로 일어나는 인종적 편협성, 반유대주의, 산업 시대가 도래하는 시점에서 과거를 회상하며 농업 시대를 그리워하는 '공상적 이상주의' 때문에 포퓰리즘을 진보주의와 정반대되는 개념으로 생각하는 사람들도 있다. 오늘날의 관점에서 보면, 포퓰리스트들은 도널드 트럼프와 버니 샌더스의 반엘리트 정치의 결합과 다르지 않았다.[47] 주로 소농의 이해관계에 따라 움직인 포퓰리스트들이 노동조합과 동맹을 맺은 지역들도 있었다. 그에 반해 진보주의 운동은 대부분 도시의 교육받은 중산층에 그 뿌리를 두었다.

포퓰리스트들과 진보주의자들은 대의정치를 건너뛴 유권자 자주권이라는 완전히 새로운 메커니즘을 통해 자신들의 이익을 주장하는 불만 가득한 유권자들의 생각에 다가갔다. 특히 진보주의자들은 주의회와 거대도시의 우두머리들에 대한 견제가 아래로부터 올라오는, 즉 국민 스스로 집단적 지혜로 그들을 견제하는 시스템을 마음속에 그렸다.

일반 국민의 직접 참여로 표명되는 다수결 원칙을 강화하기 위해 진보주의자들은 몇 가지 방식을 선호했다. 첫 번째는 스위스에서 19세기 후반에 시행되었던 국민발안제다. 국민발안제는 의회를 거치지 않고 국민이 법안을 발의하고 통과시키며 주 헌법을 개정하도록 했다. 진보주의자들은 의회에서 통과된 법령들을 개정하거나 번복시키기 위해 국민이 투표하는 국민투표 절차와 유권자들을 불행하게 하는 선출직 관리들을 공직에서 물러나도록 할 수 있는 '국민소환제' 역시 선호했다. 몇몇 진보주의자들은 독립적이고 임명직인 판사를 국민투표로 물러나게 하는 것을 지지하기까지 한다.

진보주의자들은 그들이 지지하는 직접민주주의는 애덤스와 매디슨 같은 설립자들이 몹시 싫어했을 것이며 연방헌법에 공식적으로 기록된 혼합형 정부의 바로 그 정신에 위배된다는 것을 잘 파악했다. 그러나 진보주의자들의 관점에서 볼 때, 역사는 애덤스와 매디슨이 틀렸다는 것을 증명했다. 즉 공화정의 실험은 실패했고 소수의 특권층을 만들고 보호하는 시스템으로 퇴락했다.

진보주의자들은 다른 방식으로 미국 헌법 입안자들의 이상을 받아들였다. '사심 없는' 통치를 확립하기 위해, 진보주의자들은 정치와 관계없고 선거로부터 격리된, 사업을 규제하고 인구가 증가하는 도시와 주를 관리하는 무당파적 전문가들에게 권한을 위임할 것을 제안했다. 전문적인 도시 관리자들처럼 철도와 수도·전기·가스 같은 공익사업 위원회가 이 시기에 탄생했다. 그 당시 세워진 독립적이고 지명된 규제기관들이 지금 미국 전역에 존재한다. 한 예로, 1891년에 설립된 텍사스주 최초 규제기관인 텍사스철도위원회는 현재 석유와 가스 산업을 감독한다. 수도·전기·가스 등을 공급하는 공익기업체들을 규제하는 위원회는 현재 모든 주에 공통으로 존재한다.

국민발안제, 국민투표, 국민소환제 열풍이 각 주를 휩쓸었다. 특히 그러한 조치에 반대하는 정당조직체들의 힘이 약하고 인구 집중이 덜하며 눈총 맞는 독점기업들, 그중에서도 철도와 광산기업들이 더 군림하는 서부의 신생 주들에서 그 열풍이 강했다.

각 주는 그 당시 다루어지던 특별한 권력남용 사건들을 해결하기 위해 개혁을 재단했다. 오리건주의 개혁 대상은 부패한 정치조직체의 과도한 영향력이었다. 캘리포니아주에서는 1911년에 선출된 주지사 하이럼 존슨이 그의 성공적인 선거운동 기간에 주 전역을 돌며 남태평양철도회사Southern Pacific Railroad의 주의회 장악에 대한 유권자들의 분노를 가라앉히기 위한 유세를 펼쳤다.

미국의 주들은 개혁의 실제적인 내용에 관한 실마리를 그 시절 가장 저명한 진보주의자이며 1900년을 시작으로 두 번 연이어 위스콘신 주지사로 선출된 로버트 '싸움꾼 밥Fighting Bob' 라폴레트에게서 자주 구했다.[48] 라폴레트는 직접예비선거, 공무원 조직 개혁, 누진소득세, 상업적 이익집단에 의한 정치기부금 금지의 법령화로 개혁의 길을 먼저 보여주었다. 그와 진보주의 동료들은 보호 및 보전에 관한 법령, 독립적인 위원회를 통한 철도와 보험회사의 규제, 주 전체에 적용되는 근로자 보상 시스템, 미성년 노동에 관한 규정을 제정했다. 시어도어 루스벨트는 위스콘신은 "말 그대로 총체적으로 국민의 사회적, 정치적 향상 확보를 목표로 하는 현명하고 실험적인 입법의 실험실"이 되었다고 말했다.[49]

가장 폭넓게 생각해보면, 라폴레트가 진보주의 의제에 기여한 점은 점점 더 복잡해지는 대규모 산업사회에 딱 들어맞는 지식으로 계몽된 총명한 정부를 실천에 옮긴 것이었다. 〈위스콘신 구상Wisconsin idea〉에 따르면, 알려진 그의 접근방식처럼, 효율적인 정부는 특수 이익집단이 아닌 유권자들이 제도를 견제해야 하며 법과 경제 전문가들, 사회과학자와 자연과학자들이 참여함으로써 가장 효과적인 정부를 만들게 된다. 라폴레트 주지사는 위스콘신 대학교 교수진 중에서 전문가들을 데려와 국회의원들과 협의하도록 했고 세제 개혁, 공익사업의 공적 규제, 국가 최초의 근로자 보상법을 포함해 주의 획기적인 법령 중 많은 것의 초안을 만드는 데 전문가들의 도움을 받왔다.[50] 일리노이의 언변 좋은 자유민주적인 주지사이며 대통령 후보였던 아들라이 스티븐슨 2세Adlai Stevenson II는 20세기에 뒤늦게 다음과 같이 요약해서 언급했다. "국민이 생각하는 위스콘신의 전통은 단순한 신념 이상이었다. 또한 사회문제를 해결할 때 지성과 이성을 적용하는 것에 대한 신뢰였다. 위스콘신의 전통은, 정부의 역할은 어둠 속의 주정뱅이처럼 비틀거리며 걷는 것이 아니라 정부가 찾을 수 있는 지식과 이해라는 최고의 횃불로 정부가 가야 할 길을 밝히는 것이라는 확고한 신념이었다."[51]

정치화된 행정부를 대체하는 방법으로 가장 우수하고 가장 똑똑한 인재를 정부에 데려온다는 신선한 생각은 진보 시대의 서곡이 된 당파적 언쟁, 부패, 정실 인사라는 폐해에 뒤이어 널리 각광받았다. 상당히 개혁적인 칼럼니스트 월터 리프먼Walter Lippmann은 "전문가에 의한 중재의 가치는 당파주의자들을 압박하기 위해 의견을 내세우는 것이 아니라 당파심을 해제하는 데서 찾을 수 있다"고 후에 기술했다.[52]

각 주의 개혁적 동요가 국가 차원으로 퍼졌다. 철도 독점기업들에 의한 차별 운임에 대항하여 커지는 분노에 발맞춰 주간통상위원회Interstate Commerce Commission가 일찌감치 1887년에 설립되었으며 셔먼 반독점법Sherman Anti-trust Act이 1890년에 통과되었다. 순정식품의약품법Pure Food and Drug Act(불법적인 식품과 의약품의 주와 주 간 수송을 금지한 법령―옮긴이)이 1906년 제정되었으며, 최초의 영구적인 국민소득세가 1913년에, 최초의 연방 아동노동법이 1916년에 제정되었다. 테디 루스벨트가 1912년 대통령 선거운동에서 공개적으로 지지한 덕분에 직접예비선거가 국가 전역에서 채택되었다. 헌법 개정으로, 수정헌법 제17조가 1911년에 추가되어 연방상원의원 직선제가 확립되었고 1920년에 비준된 수정헌법 제19조를 통해 투표권이 여성에게 확대되었다.[53]

요컨대, 민주주의의 확장은 정부의 확장과 함께 간다. 이는 마치 미국 경제가 증기기관, 전기, 자동차와 같은 기술혁신에 의해 성공적으로 성장하면 대규모 산업사회가 더 강력해지는 것과 마찬가지다. 유권자들이 더 가까이에서 견제하고 무당파적 전문가들이 운영하는 정부가 국민의 행복을 증진시킬 수 있다는 생각이, 정부의 영역과 민주주의의 범위를 제한하는 것이 자유를 최상으로 보호한다는 개념에서 탈피해 역사적인 변화를 보여주었다.

세 번째 전환기:
포퓰리즘을 배제한 참여

21세기 중간 지점을 향해 가고 있는 지금, 미국은 20세기로 들어선 시점에서의 상황과 다르지 않은 거버넌스의 위기를 겪고 있다. 2008~2009년 금융위기는 사회경제적 현 상황에서 깊은 균열을 노출시켰다. 세계화와 급속한 기술 변화는 실직과 더불어 사회경제적 위치 상승 기회가 줄어들 것이라는 심각한 불안감을 낳았다. 디지털 자본주의로 인해 정보 독점기업들이 새롭게 탄생했으며 금융의 폭발적인 확대와 함께 상위 5%에 부가 집중되었다. 양극화와 당파적 교착상태로 국가가 심각하게 분열되어 통치합의를 이루는 역량이 상실되고 정부 기능이 마비되었다. 특수 이해관계의 '늪swamp'이 주의회 의사당과 워싱턴을 광범위하게 장악했다.

요컨대, 더 훌륭한 민주주의만으로는 민주주의가 가진 문제를 해결하지 못했다. 알렉시 드 토크빌Alexis de Tocqueville은 1830년대에 미국인들을 관찰하면서 다음과 같이 경고했다. "나는 보편적 투표권이 결코 지혜로운 대중의 선택을 보장하지 못한다는 것이 충분히 입증될 것이라고 믿는다. 보편적 투표권의 이점이 무엇이건 그 이점 중 하나가 지혜로운 대중의 선택은 아니다."[54] 확실히, 진보 시대에 그랬던 것처럼 현재 미국의 민주주의가 새롭게 전환할 시간이 무르익었다. 처음 두 번의 전환점에서 얻은 교훈을 고려하면, 세번째 쇄신은 직접민주주의라는 진보적 사상과 박식한 무당파 엘리트에게로의 권한 위임을 연결하는 것이다. 이 권한 위임에는 직접선거와 무관한 상원이 심의를 통해 균형을 잡아주는 중심추 역할을 할 수 있다는 미국 건국의 아버지들의 믿음이 녹아들었다. 요약하면, 포퓰리즘을 배제한 참여를 권장하는 혼합형 구성으로 합의를 조성하는 관행과 제도를 통해 중재하는 것이다. 이전 미국 민주주의의 전환기 때처럼 이번에도 각 주에서 상향식으로 이루어질 것이다.

앞날을 위한 새로운 제도를 설계하면서 우선 직접민주주의가 가진 결점을 이해해야 한다. 이 결점은 시민발안제가 거버넌스를 장악한 캘리포니아에서 가장 명백하게 드러났다. 흔히 시민발안제를 정부의 제4지부라고 부른다.

시민발안제의 운명

진보 시대 절정기에도 직접민주주의는 사회를 발전시키겠다는 약속을 일관성 있게 지키지 못했다. 1914년, 캘리포니아주, 콜로라도주, 오리건주, 워싱턴주의 유권자들은 8시간 근무제를 채택하는 시민발안제를 거부했다. 같은 해 오하이오주, 미주리주, 네브래스카주 유권자들은 여성의 투표권을 위한 발의안을 거부했다.[55] 조직화된 특수 이익단체들은 규칙을 영리하게 이용해 불공정하게 이득을 취하는 방식을 재빨리 터득했다. 즉 그들이 가지고 있는 의도와 정반대되는 것을 성취하는 발의안을 기만적으로 제안해 주민투표에 부침으로써 국민의 자주권을 조종했다. 예를 들어 1912년 콜로라도 채광회사 소유주인 존 D. 록펠러는 광부들의 작업시간을 제한하기로 약속한, 그야말로 숭고하게 들리는 발의안을 후원했다. 그런데 실제로 그 발의안이 통과되었다면 의회에서 더 엄격한 조치가 통과되는 일은 없었을 것이다.[56]

유사한 병폐들로 인해 오늘날 시민발안제는 많은 문제를 일으키고 있다. 2010년 캘리포니아 주민발의안 23이 '캘리포니아 일자리 지키기 발의안California Jobs Initiative'이라는 이름으로 주민투표에 부쳐질 자격을 얻었다. 실제로 다른 주의 석유회사들이 이 발의안을 후원했다. 이 발의안의 숨은 목적은 기후변화를 일으키는 화석연료 배출을 억제하는 법령, 석유회사들이 다른 주로 퍼져나가는 것을 두려워했던 여러 제약이 담긴 법령을 무효로 만드는 것이었다. 이에 반대하는 사람들은 이 발의안을 '더러운 에너지 발의안Dirty Energy Proposition'이라고 불렀다. 결국 통과되지 않았으나 캘리포니아주 역사상 가장 비싼 주민발안제 싸움이 되었으며, 찬반 양측이 합해 총 7,840만 달러의 비용을 소비했다.[57]

시민발안제는 엄청난 노력과 비용이 들기 때문에 그와 같은 남용에 취약하다. 캘리포니아에서는 발의안을 투표에 부치려면 후원자들이 수십만 명의 유권자에게서 서명을 받아야 한다. 이 필요한 유권자 수는 이전 투표 참가자 수에 근거한다. 2016년에는 발의한 법안을 투표에 부치는 데 36만 5,000명의 서명이 필요했으며 주 헌법에 개정안을 제안하는 데 58만 5,407명의 서명이 필요했다.[58] 아니나 다를까 서명을 모으는 것이 하나의 사업이 되어버렸다. 캘리포니아에서는 어떤 선거철이건 유급 서명 수집자들이 슈퍼마켓 밖과 공공장소에 넘쳐난다.

2016년 캘리포니아 선거철에, 너무 많은 발의안이 투표에 부쳐질 자격을 얻기 위해 경쟁한 결과 서명 하나 얻는 데 들어간 평균비용이 사상 최고치인 5달러로 상승했다. 그 비율로 계산하면, 발의안을 투표에 부치는 데 약 180만 달러가 들어가고 헌법 개정안 제안에 290만 달러가 소요된다. 그런데 이 엄청나다고 할 수 있는 액수는 패를 돌리기 전에 각자 거는 돈에 불과하다. 해당 조치를 통과시키기 위한 혹은 폐기시키기 위한 본격적인 선거운동 기간에 들어가는 자금은 계산에 넣지도 않았다. 선거 컨설팅이 전문화되고 홍보용 설득 산업을 이용하면서 시민 참여의 중요성은 한층 더 하찮아졌다.[59]

돈은 발의안을 후원하는 역량뿐만 아니라 차단하는 역량도 결정한다. 2018년에 청량음료 기업들이 세금이나 요금 인상에 대해 지방마다 3분의 2 이상의 표를 얻어야 한다는 발의안을 올렸다. 그들의 목적은 설탕이 들어간 탄산음료에 대한 세금 부과를 막는 것이었다. 지방정부 재정에 엄청난 피해를 줄 수 있는 상황을 막기 위해, 의회는 2030년까지 탄산음료 세금 징수, 일명 설탕세soda tax를 금하는 법령을 통과시켰고 그 발의안은 철회되었다. 제리 브라운 주지사는 설탕세 도입 유예 법안에 서명하면서 그 법안을 '갈취extortion'라고 불렀다. 2016년에 캘리포니아 부동산 개발업자들이 상업용 부동산에 부과하는 세금이 대폭 인상될 뻔했던 조치가 주민발의안이 되는 것을 두려워한 나머지, 그에 반대하는 캠페인을 위해 3,000만 달러를 모금했다. 이에, 감당할 수 없을 정도로 비싼 전투가 펼쳐질 것이라는 전망에 겁먹은 후원자들은 그 발의안을 더 진행하지 않기로 했다. 이미 2009년에 당시 캘리포니아주 대법원장 론 조지Ron George는 돈의 힘에 대해 깊은 의구심과 함께 우려를 나타냈다. 그는 "유권자 발안제가 지금 통제하고자 했던 바로 그 특수 이해집단들의 도구가 된 것인가? 진정한 민주적 과정의 효과적인 기능에 대한 걸림돌이 된 것인가?"라고 물었다.

시민발안제의 진실성이 위험에 처해 있다는 것을 조금이라도 의심한다면 「뉴욕 타임스」가 2016년에 보도한 한 조사 내용을 참고할 필요가 있다. 그 내용은 기업, 조합, 기타 조직화된 특수 이익단체들은 다른 공공기관들과 정치인들이 대중의 신뢰를 잃은 시대에 새로운 권력이 어디에 자리할지 발견했다는 것이었다.[60] 이들이 하고자 하는 바는 유권자들을 어느 쪽으로도 흔들 수 있는 투표 찬반 논쟁을 기록하는 선거 관리 공무원들에게 영향력을 행사하는 것이다. 시민발안제를 실시하는 26개 주 대부분에서 주정부 부처의 장관이 그 논쟁 요약서를 작성한다. 캘리포니아에서는 주 법무장관이 그 임무를 수행한다.[61]

특수 이해집단들에 의한 파괴만으로 시민발안제 과정이 순탄치 않다고 말하기는 어렵다. 시민발안제는 직접민주주의를 통해 표출된 다수의 감정이 소수의 권리를 침해할 때와 같이 때때로 유권자들 자체의 좀 더 어두운 충동을 구체화한다. 그와 같은 예가 캘리포니아의 2000년 주민발의안 22와 2008년 주민발의안 8이다. 두 발의안 모두 동성 결혼의 불법화를 추진했다. 모두 투표에서 승리했으나 후에 캘리포니아 대법원 항소심에서 통과가 번복되었다.

지성적인 거버넌스에서 가장 큰 위험은, 선의의 시민발안제 조치였으나 의도치 않은 결과가 파생함으로써 발생하는 것 같다. 심의 과정을 거쳤다면 여과될 수 있었던 대중의 단기적 전망과 일시적인 집착이 낳은 결과다. 캘리포니아에서는 유권자의 과반수 투표가 필수조건이 아니다. 선거일에 나타난 유권자가 20%이고 그중 과반수가 주 헌법 개정에 찬성표를 던지면 헌법은 개정된다.[62] 다시 말해, 주민을 대표한다고 말할 수 없을 정도의 소수라 할지라도 또는 최다 득표수만 획득하면 주의 모든 주민에게 법을 시행할 것을 명령할 수 있다.

캘리포니아에서는, 심의 과정 없이 시민발안제를 통해 수립된 정책들이, 특히 재정 문제에서 엄청난 결과를 누적시켜 거버넌스를 곤경에 빠뜨린다. 즉 실물경제와 완전히 유리된 한물간 조세제도를 유지하면서 지출은 계속되는 가운데 수익은 차단되어왔다.

재산세를 지나치게 제한한 그 유명한 1978년 징세 반대 조치인 주민발의안 13은 잘못된 정책들을 폭포수처럼 쏟아냈다. 이 발의안은 기금 부족 때문에 다투고 그 부족을 메우기 위해 계속해서 그다음 해, 또 다음 해 여타 법안들로 이어졌다. 여기에는 공립대학, 공적 연금, 빈곤층을 위한 주정부의 의료 서비스와 같은 기타 사회적 니즈를 희생해가면서 투표법안을 통해 일반기금 예산의 40%를 K-14 학제(유치원에서 전문대학까지―옮긴이) 교육용으로 확보한 막강한 교원노조가 제안한 조치들이 포함되었다.

주에서 필요로 하는 이 모든 것을 위한 세금 징수에 주민들이 저항함으로써 수십 년에 걸쳐 부채와 적자가 계속된 나머지 캘리포니아는 2010년에 파산 직전까지 갔다. 파산의 운명을 피하기 위해 주민들은 부유층만을 대상으로 소득세를 올리는 데 반대하지 않았고, 따라서 예산은 매우 협소한 기반 위에 놓였기 때문에 위험할 정도로 불안한 상황이었다. 즉 2017년에는 소득세가 주정부 수입의 70%

가까이 차지했고 상위 1%의 소득세가 전체 소득세액의 50%를 차지해, 단지 1만 5,000명의 주민이 주정부 예산의 50%를 부담하는 결과를 낳았다. 주기적인 불경기가 타격을 가하고 부자들의 자본이익과 소득이 감소할 때, 세수도 감소한다. 따라서 돈이 넘치는 시기에 자금이 지원된 활동들은 경기 하강기 때 과감하게 축소되어야 한다. 2008~2009년 금융위기 당시 주의 GDP가 3% 줄었을 때 세수는 23% 감소했다.

요컨대, 연속적으로 매번 투표를 통한 재정적 해결책이 단기적이고 단편적이기 때문에 직접민주주의가 상황을 개선시키는 것이 아니라 주정부의 기능장애를 심화시켰다.

직접민주주의의 비생산적인 역동성이 캘리포니아의 형사사법 제도에 피해를 주었다. 폭력적인 범죄를 막겠다는 선의를 가지고 법정 대신 유권자들이 투표로 징역형을 내림으로써 주정부가 고등교육에 들이는 만큼 교도소 관리에 많은 비용을 지출하는 상황을 만들고 말았다.[63]

캘리포니아 주정부가 시민발안제로 인해 기능을 제대로 못한다는 것은 놀랄 일이 아니다. 캘리포니아 공공정책연구소가 2012년 10월 자체 보고서 「캘리포니아 민주주의의 개선Improving California's Democracy」에서 지적했듯이, 여론조사에서 민주당, 공화당 지지자 및 무당파를 포함해 전체 유권자 중 10%도 안 되는 유권자가 주지사와 의회가 주의 예산에 관련된 어려운 선택을 하기를 원하는 반면에, 80%의 유권자는 캘리포니아 유권자들이 시민발안제 과정을 통해 그러한 결정을 내려야 한다고 말했다. 그러나 유권자 5명 중 1명의 비율로 주정부와 지방정부가 어떻게 돈을 지출하고 조달하는지에 대해 잘 안다고 말한 반면에, 대부분의 유권자는 "주정부의 지출 영역 중 가장 규모가 큰 영역(K-14학제 교육)이나 주정부의 가장 큰 수입원(개인소득세)이 무엇인지 알 수 없다"고 답했다.[64]

캘리포니아의 직접민주주의가 너무 빗나간 나머지 2011년에 『이코노미스트』는 표지 기사로 '그 모든 것이 어디에서 잘못되었나? 캘리포니아의 고장 난 민주주의에 관한 특별 보고서Where It All Went Wrong: A Special Report on California's Dysfunctional Democracy'라는 제목하에 시민발안제 과정을 게재했다. 이 문제에 대해, 『이코노미스트』는 사설에서 "오늘날 캘리포니아의 시민발안제 문화는 제임스 매디슨이 생각한 최악의 악몽을 닮았을 수 있다. 냉정해지는 대신에 격앙된다. 소수 당파들(특수 이익단체들)이 경쟁적으로 발의안을 내며 서로 싸우기 때문에 타협이 아닌 대립이 난무한다"라고 논했다.[65] 이 저명한 잡지는 더 나아가 캘리포니아는 "통치가 불가능"하며 시민발안제로 구체화된 "극단적 민주주의"의 지나친 면을 "전 세계 유권자들"에게 경고하는 역할을 한다고 선언했다.[66]

캘리포니아의 경험에서 분명하게 드러난 심각한 결점에도 불구하고, 직접민주주의라는 이상은 유권자들의 마음속에 애정을 담아 단단히 박힌 채 남아 있다. 문제는 '어떻게 하면 시민발안제를 없애는가'가 아니라, 부패하고 무신경한 정치 엘리트들과 특수 이익단체들이 대의정치를 장악하고 있는 상황에서 어떻게 하면 새로운 관행과 제도를 통해 그러한 결점들을 바로잡고 직접민주주의를 진정한 변화의 길로 이끄는가이다.

새로운 전환은 어떤 모습인가

그러한 결점을 바로잡는 것은 바로 건국의 아버지들이 소중하게 여긴 강력한 혼합형 정부의 심의적 밸러스트 기능의 회복에 달려 있다. 이는 그 어느 때보다 복잡한 정보 사회에서 통치에 필요한 지식과 전문성을 갖춘 책임 있는 무당파적 조직체에 권한을 위임하는 진보적 혁신을 받아들임으로써 가장 잘 확립될 수 있다. 대의 및 직접민주주의와 더불어 그와 같은 혁신이 진행되면 소셜미디어 참여세력과 함께 등장한, 폭발적으로 증가하는 수많은 다수의 목소리와 상충하는 이해관계들을 멋있게 보완할 것이다. 대중의 열정적인 직접통치도 최정예 엘리트들의 냉철한 통치도 어느 하나만으로는 그리고 따로따로는 어떠한 형태의 공화정에도 이롭지 않다. 고도로 동원적이고 네트워크화된 미래 사회를 통치하기 위한 가장 적합한 헌법적 조치는 이 두 가지 기능이 서로 견제와 균형을 이루도록 제도화하는 것을 수반한다.

이와 관련해 문제는 어떻게 하면 미국 건국의 아버지들의 지혜를 오늘날의 제도에 반영할 수 있을까 하는 것이다. 21세기를 위한 거버넌스 시스템, 즉 포퓰리즘이 아닌 의미 있는 참여와 돈이 존재하지 않는 정치가 있는 거버넌스 시스템을 설계하는 것이 가능한

가? 일반 국민이 현 상황에서 무시당한다고 느낄 경우 불안정을 초래하는 포퓰리스트들의 이야기가 구체화되기 전에 그 국민들의 관심사가 주의를 끌고 수렴될 수 있을까? '무언의 군중dumb mob'에게 거버넌스를 개방하는 대신 집단지성으로 다듬어 활용하기 위해서는, 그러한 관심사를 듣는 과정을 거쳐 심사숙고하고 정책으로 이어져야 한다. 단순히 원색적이며 충동적이고 비생산적인 형태 그대로 반영되어서는 안 된다.

캘리포니아는 본 저서의 저자들이 살고 있고 활동해온 지역이며, 2조 5,000억 규모의 경제와 4,000만 인구를 가진 지역으로 주요 국가 하나와 맞먹는다. 또한 캘리포니아의 문화가 변화에 개방적인 것으로 유명하기 때문에, 쇄신의 정치 실천을 캘리포니아에서 시작하는 것이 가장 의미 있고 타당할 것이다.

민주주의 실험실, 캘리포니아

시민발안제가 책임 있는 시민조직에 의한 철저한 심사숙고 과정을 거칠 때 그 제도는 거버넌스를 악화시키는 대신에 개선할 수 있다. 사실 지난 10년간 끊임없는 당파적 교착상태와 증가하는 부채 및 적자로 인해 고조된 대중의 좌절은 시민발안제를 통한 여러 핵심적 개혁 조치의 통과로 이어졌으며, 이러한 시민발안제는 조직화된 특수 이익단체들이 아닌 캘리포니아의 여러 대규모 비영리재단의 지원을 받은 시민단체들의 연합에 의해 전개되었다. 이 재단들은 법안에 관해 토론하고 법안을 작성하는 심의 단계에서 연구비를 지급하고 관련 인건비를 부담한다.

시민단체들은 주지사와 의회를 압박해 발의안을 국회에서 표결에 부치도록 만들거나[67] 의원들을 따돌리는 데 필요한 수십만 명의 서명을 받아 발의안을 투표에 부쳤다. 전미흑인지위향상협회에서 미국은퇴자협회, 여성유권자연맹, 상공회의소에 이르기까지 조직 간 연합을 통해 2008년 시민발안제를 통과시키는 데 성공했고, 이는 의회 대신 시민위원회와 함께한 선거구에 권력을 부여했다. 2010년에는 또 다른 발의안의 통과로 시민들의 선거구 재조정 권한이 하원의원 선거구로 확장되었다. 그 결과, 캘리포니아에서는 더 이상 정당이 자신들에게 유리하게 선거구를 변경하지 못한다(당파적 게리맨더링 불가). 또한 2010년에는 유권자들이 시민단체의 후원을 받아 의회에서 주민투표에 회부되고 주지사 슈워제네거의 지지를 받은 '상위 두 후보 예비선거법'으로 알려진 법령을 통과시켰다. 이 법령은 무당파적 주 예비선거를 확립시켜 상위 득표자 두 후보가 소속 정당에 상관없이 총선거에서 대결하게 했다. 이는 후보들이 정당 기반을 견고히 하기 위해 극단적인 입장을 표명하는 대신에 이제는 넓게 분포하는 온건한 중도파 유권자들에게 호소하도록 만들었다.

잇따라 2010년에 좌절한 유권자들이 통과시킨 또 다른 법령은 예산안 통과에 필요한 득표수를 3분의 2에서 단순 과반수로 줄임으로써 입법부의 당파적 교착상태를 끝내고자 했다.

이 법령들 각각이 주를 마비시키는 당장의 문제들을 해결하는 데는 도움을 주었으나, 장기적인 관점에서 캘리포니아의 미래와 그에 도달하기 위한 효과적인 방법들을 합의할 수 있는 21세기 심의 플랫폼은 끝내 만들지 못했다. 우리의 목표는 남용과 엉뚱한 노력을 줄이기 위해 심의 과정을 제도화하면서 동시에 시민발안제를 통한 대중의 참여가 반드시 좋은 정책이라는 결실을 맺도록 하는 것이다.

그 목표를 달성하기 위해, 2010년 우리는 '캘리포니아의 미래를 생각하는 위원회(이하 미래위원회)'를 설립했다. 이 위원회는 양당 그룹으로 "저명하고 경험이 많으며 사심이 없는" 시민들로 구성되었으며 새로운 '시민 소프트웨어civic software'를 통해 대의민주주의와 직접민주주의의 관계를 다시 가동시키는 것을 포함해 주에서 오랫동안 문제되고 있는 것들에 대한 장기적인 해결책을 심사숙고했다. 위원들의 경력상 여러 해 공직에 몸담았을지라도 그들 중 누구도 적극적으로 어느 선거구나 이익단체를 대표하지 않았다. 우리가 1년간 매달 캘리포니아 마운틴뷰의 구글 본사에서 모였을 때 모두 전체적인 상황을 다루기 위해 그들의 당파적 정체성이 무엇이건 제쳐놓았다.[68]

2012년 말 미래위원회는 전체 권고안인, 수행하고자 하는 개혁안 의제를 설계한 '새로운 캘리포니아 청사진Blueprint to Renew California'을 만들었다. 이 권고안이 제시한 세 가지 주요 제안은 시민발안제 과정을 더욱더 심의적이고 투명하고 유연하게 개혁하기, 예산 변동성의 안정화, 공립고등교육과 인프라에 재정을 꾸준히 투입하기 위한 새로운 수익 창구 육성이다. 이는 서비스와 정보를 특징으로 하는 캘리포니아의 21세기 경제적 특성을 반영한 세법의 현대화를 통해 이룬다.

본 저서의 주장과 일치하는 핵심적 제안은 주지사와 의회 지도부가 임명하는 무당파적 심의기관 설립이다. 이 기관에 시민발안제 심사 권한과 자체적으로 심사숙고한 발의안을 서명이나 수집 절차를 거치지 않고 대중에게 제안하는 권한을 부여한다. 임명되는 위원들은 기본적으로 무당파적 인물이며, 여러 선거주기에 걸쳐 시차 임기제로 운영함으로써 특정 개회 기간의 주지사와 의회가 절대로 회원을 무더기로 임명하지 못하도록 한다. 장기적인 관점을 키울 수 있도록, 기관 회원의 임기는 캘리포니아 주립대학교 이사와 동일하게 8년으로 한다. '정부 감사를 위한 시민위원회'로 명명한 이 기관의 명시된 목적은 주의 정치를 지배하는 "단기적 사고방식과 특수 이해관계 정치문화를 견제하기 위해 장기적인 공공의 이익을 논하는 것"이다.[69] 이 제안을 공들여 주도한 로널드 조지Ronald George는 15년간 캘리포니아 대법원장을 지냈으며 은퇴 후 미래위원회에 합류했다.[70]

어떤 면에서는 미래위원회 자체가 선거주기와 특수 이해관계에 얽힌 당파적 단기 전망으로부터 격리된, 우리가 앞으로 제안하는 새로운 헌법상 균형의 한 부분으로서 제도화되어야 하는 바로 그 심의기관의 본보기라고 할 수 있다.

명망 있는 인사들이 사려 깊게 만들어낸 생각이라 할지라도 그러한 위원회가 캘리포니아에서 하룻밤 사이 설립되지는 않을 것이며 한 걸음 한 걸음 단계적으로 만들어질 것이다. 지금까지, 미래위원회는 30개에 이르는 노동, 경영, 민권 단체가 연합하여 지원한 법안을 의회에서 통과시킴으로써 80년 만에 처음으로 시민발안제 과정을 개혁하는 절차에서 진전을 이루었다. '시민발안제 투명성법Ballot Initiative Transparency Act' 법안은 브라운 주지사의 서명을 거쳐 2014년 4월 법률로 확정되었다. 이 법에 따라, 발의안을 주민투표에 부치기 위해 필요한 서명의 25%를 받은 뒤 반드시 공청회를 열어야 한다. 더욱이 이 법에 따르면, 후원자들은 공청회 이후 초기에 작성했던 서류상 내용을 수정할 수 있으며 의도치 않았던 결과를 고려한 타협안을 놓고 의회 및 주지사와 협상할 수 있다. 또한 주민투표에 의지하지 않고 후원자들의 목표를 충족시키는 법률을 제정하기로 타협이 이루어질 경우 후원자들이 원래 발의안을 완전히 철회할 수 있다. 이 조치에서는 더 나아가 발의안 찬성과 반대 측에 재정지원을 한 조직과 개인의 이름 목록을 선거 당일까지 주 국무장관 홈페이지에 공개해야 한다.

이러한 개혁은 이미 2016년 선거철에 상당한 효과를 발휘한 것으로 보였다. 당시 주지사와 의회는 상충하는 별개의 주민발의안 여러 개를 공식적으로 제출한 노동조합들과 타협을 이루어냈다. 그 결과, 최저 임금을 계획에 따라 단계별로 인상해 2020년 시간당 15달러에 이르도록 하는 법이 통과되었다. 2018년에는 소비자들에게 자신들의 개인 데이터 통제 권한을 부여하는 발의안이 거대 기술 기업들을 의회와의 협상 테이블에 앉혔다. 실리콘밸리와 개인정보보호 옹호론자들이 타협함에 따라, 캘리포니아는 미국에서 최초로 디지털 개인정보보호법을 통과시켰으며, 이로써 해당 주민발의안은 철회되었다.

주정부의 근본적인 재설계

이러한 중간 단계 개혁의 경험에 비추어 캘리포니아 주정부의 재설계를 생각해볼 수 있다. 이는 주 차원에서 미국 민주주의의 '세 번째 전환'을 완전히 성취하는 것으로, 미국 건국의 아버지들이 생각한 심의를 통한 교정과 진보주의자들이 주장하는 직접민주주의를 결합하는 것이다. 이것은 거대 자금을 정치에서 배제하고 포퓰리즘을 배제한 참여를 강화하는 시스템이다.

재설계는 두 개의 중추적인 기둥이 떠받친다.

첫째, 주민 직접선거로 주의회 의원을 선출하는 방식을 간접적 '계단stepped' 구조의 대의권으로 대체하는 것이다. 이는 토머스 제퍼슨이 추구했던 인간적 규모의 '지역적 공화정'에 의한 정부를 떠올리게 한다.

오늘날 선거구에는 수백만 명의 유권자가 있을 수 있다. 후보자들은 매체 게재비용, 여론조사 요원들과 선거유세 전략가들의 인건

비를 지불하기 위해 그에 상응하는 엄청난 액수를 모금해야 한다. 이 지역구들이 커다란 마을이라는 인간적 규모로 축소된다면, 그리고 선거가 오늘날 많은 시의회에서 일어나고 있는 것처럼 당파성 없는 행사가 된다면, 이러한 재정적 필수조건이 사라질 것이고 후보들은 오늘날의 온라인 도구를 통해 한층 강화된 사람 대 사람이 만나는 선거 유세로 돌아갈 수 있다.

이러한 제도 안에서는 대표자들이 마을의회 수준에서 직접선거로 선출되고 그들 자신의 삶과 역량이 미칠 수 있는 범위 내에서 문제를 처리할 것이다. 그다음 단계로 선출된 마을의회 대표자들은 함께 힘을 모아 책임과 역량이 더 광범위한 영역으로 미치는 주의회 의원들을 선택할 것이다. 이러한 상향식 피라미드 구조는 행정과 서비스 제공에서 역으로 방향이 바뀌어 대표자 각각이 마을의회 단위로 정부의 지역 대표가 된다. 이러한 방식으로, 리더로 선출된 사람들이 그들의 인간적 규모의 선거구를 직접 책임짐으로써 그들을 대신해 마련된 통치정책들이 효과적으로 시행될 것이다.

이 시스템을 다음과 같이 작동시킨다. 캘리포니아주 인구는 4,000만 명에 육박한다. 현재 주 상원의원은 40명, 하원의원은 80명이다. 상·하 양원이 결합하면 120명의 대표자로 이루어진 거대 의회가 된다. 상·하 양원에서 대의권의 중복을 제거함으로써 선거구당 평균 인구수를 100만 명에서 30만 명으로 줄일 수 있다. 인구 30만 명을 가진 각 선거구를 5만 명의 인구를 가진 6개의 마을 지역구로 세분화할 수 있다. 이렇게 더 작아진 지역구에서는 대면 접촉에 더해 대규모 온라인 공개강좌에서 사용되는 것과 유사한 새로운 기술을 이용한 교육을 통해 주민이 실시간으로 서로 소통하고 교류하고 영향을 주고받게 함으로써 소규모 인구 집단을 쉽게 결합시킬 수 있다. 이 6개의 5만 명 단위 마을 지역구 대표자가 모여 30만 명 단위 선거구 대표자를 선출하고 이 선거구 대표자가 모여 주 단위 대표자한 명을 선출한다.

단계마다 유권자 수를 줄임으로써, 대규모 선거구를 상대로 선거운동을 하는 데 들어가는 재정 지원의 필요성이 거의 완벽하게 줄어든다. 이 정도 규모의 마을 선거에서는 이탈리아의 오성운동이 사용한 소액 기부자에게 권한을 부여하는 온라인 기금 모금 장치를 선택해 운영할 수 있을 것이다.[71]

무엇보다 이러한 새로운 시민제도는 대표자와 피대표자 사이의 거리를 좁히면서, 동시에 시민 개개인과 다양한 선거구를 포용함으로써 그들의 표가 진정으로 중요한 선거에서 더욱 의미 있게 쓰이도록 한다.

위에서 기술한 계단 시스템으로 조직화된 대의민주주의와 함께 주정부의 재설계를 떠받치는 두 번째 기둥은, 현재의 상·하원 지역구가 하나로 합쳐지고 '경험과 전문지식을 겸비한 저명한 남녀'로 구성된 새로운 무당파 상원이 다음과 같은 방식으로 선발되는 것이다.

- 캘리포니아의 58개 카운티를 인구 대비 균형을 이루도록 10개 지역으로 만든 뒤 각 지역의 선출직 카운티 관리들이 합의하여 한 명

의 대표를 지명해 총 10명의 지역 대표를 임명한다.
- 주의 고등교육기관인 캘리포니아 대학교, 캘리포니아 주립대학교 시스템, 지역 전문대학들이 각각 한 명의 상원의원을 배출한다. 이들은 존경받는 총장들이 임명하며, 결과적으로 총 3명의 상원의원을 배출한다.
- 주지사가 주 전체를 대표하는 무소속 대표자 6명을 임명한다.
- 입법부 수장도 주 전체를 대표하는 무소속 대표자 6명을 임명한다.

매번 임명직 관리 후보자 추천을 추천위원회나 유권자 총회에 의뢰할 수 있다. 여기서 제시된 임명직 관리의 수는 융통성 있게 정하며 반드시 다양한 인구 구성을 반영해야 한다. 가장 중요한 점은, 시민들이 직접 선출한 관리들 혹은 주의 장기적인 건강과 발전에 필요한 영속적인 기관의 기능(예를 들면 공공 고등교육)을 대표하는 관리들이 후보군 중에서 임명직 관리를 선발해야 한다는 것이다.

이 새로운 형태의 상원은 미래위원회가 구상하는 시민위원회 개념을 전통적인 양원제 국회의 구조에 집어넣는 것이다. 여기서 시민위원회 개념은 시민발안제를 심사하고 제안하는 공정한 기관이다. 이 새로운 상원의원들이 선출되는 것이 아니라 임명됨으로써 새로운 상원은 특수 이해관계의 영향력과 선거정치의 단기적 전망에서 벗어나 독립성과 진실성을 확보할 수 있다. 장기적 전망을 키우기 위해, 의원의 임기는 8년으로 하고 선거주기를 가로질러 시차를 두고 임명함으로써 임명을 시행하는 관리들이 그들의 입맛에 맞는 의원들로 새로운 상원을 채우지 못하도록 한다.

이 새 상원은 '영구적인 태스크포스와 싱크 탱크' 역할도 할 것이다. 즉 본질적으로는 실력 있는 엘리트층의 역할을 겸하면서 지속적으로 한 번에 수년간의 정책 수행을 꿰뚫어 보는 역량과 더불어 장기적인 전망을 통해 대중의 견해를 가다듬고 확장시킬 것이다. 변모한 상원은 미래 지향적인 싱크 탱크로서 자신들의 정책 제안을 알리기 위해 가장 최상의 관행을 조사하고 그 모형화와 연구에 관여할 것이다. 잘 갖춰진 인력을 활용해, 대중의 정보를 개방형 플랫폼과 향상된 과학적 조사방법으로 수집해서 선출된 의회가 다루지 않거나 잘못 다루는 대중의 관심사를 파악할 것이다.

개조된 상원은 렉스Lex(라틴어로 '법'을 의미한다), 렉스 이스크리티Lex Iscritti와 같은 오성운동이 개척한 혁신적인 온라인 전자 심의 도구를 사용할 수 있다. 렉스는 이탈리아 의회 의원들이 사용하는 도구로, 지역구 유권자들이 법안에 대해 설명, 논평, 토의할 수 있도록 그들의 법안을 공유하는 데 사용하는 프로그램이다. 렉스 이스크리티는 시민들 스스로 법안을 만들어 선출직 관리들에게 보내는 상향식 절차를 수행하는 프로그램이다. 이렇게 제출된 법안은 상호 토론을 거쳐 법률로 제정될 수 있다.[72] 이와 같은 데이터 입력과 피드백을 거치면서 완전하게 틀을 갖춘 정책으로 만들어지고, 이 정책은 다시 유권자에게 돌아가 직접민주주의인 주민투표를 통해 동의를 얻으며, 이 과정에서 상원은 서명 수집 과정 없이 또는 상·하 양원의 단순다수결 직접투표에서 하원의 동의를 얻으면 발의안을 제출할 수 있다. 로비스트와 특별 변호인의 영향력을 걸러내기 위해, 심의 단계를 거친 법안은 수정할 수 없도록 한다.

법령의 공식적 후원자인 상원은 주민이 통과시켜 승인된 법령을 개정 또는 갱신할 수 있다. 단, 그 변화된 내용이 법의 원래 취지와 맞아야 한다.

이러한 새로운 기능과 함께 상원은 심의기관 역할을 하게 된다. 하원에서 올라온 법안에 대해 '냉철한 제이독회sober second reading(의안에 대한 두 번째 독회로, 의안을 축소심의하는 것이 관례이며, 수정 동의를 내놓을 수 있다―옮긴이)'를 할 뿐만 아니라 '주민발의안에 대해서도 냉철한 제이독회를 시행하고 검토한다'. 따라서 주민이 법안 통과에서 최종 결정권을 갖는 국민주권은 경험, 판단력, 전문성을 갖춘 실력주의에 근거해 권한을 위임받은 상원이 그 법안을 공식화하고 철저하게 심의한 후에만 행사하게 될 것이다. 이처럼 혼합형 헌법이 정비되어야 미국 민주주의에서 '제3의 전환'이 정당성을 인정받고 책임감 있게 추진될 것이다.

진보 시대 위스콘신주 이념의 사례를 따라, 캘리포니아주의 대규모 고등교육기관인 캘리포니아 주립대학교와 캘리포니아 대학교는 변화된 상원과 밀접한 연구 연계를 확립하고 법 및 규정과 관련 있는 사회과학과 물리과학 분야에서 대학이 가진 적잖은 전문지식을 제공해야 한다. 그런데 지금은 대학이 이런 방식으로 입법기관과 연계하는 것을 볼 수 없다. 그 이유는, 대학들이 정치적 의제에 얽히는 것을 원하지 않기 때문이다. 이해할 만하다. 그러나 임명직이고 선거정치와 거리가 먼 무당파 상원은 그러한 대학의 염려를 누그러뜨릴 것이다.

이 과정이 실제로 어떻게 이루어지는지 보면 다음과 같다.

1. 온라인 캘리포니아 오픈 플랫폼을 통해 주 상원이 주민들로부터 의회에서 다뤄지지 않거나 잘못 다뤄지는 상위 5개 관심사를 모집한다. 추가로 과학적인 여론조사를 하여 주민들이 자발적으로 제공한 관심사들이 일반 대중 사이에서 공유되는 것이며 시민운동가나 특수 이익집단의 활동 결과가 아니라는 것을 확인한다.

   공개적인 논평과 조사 기간을 거친 뒤, 상원은 유권자들이 열거한 최우선 과제를 선택하고 그 문제를 해결하기 위해 투표에 부칠 법안 개발에 착수한다. 상원은 발의안을 최초로 개발하는 일이 흔치 않아야 하며, 가장 중요한 문제와 헌법 수정안을 위한 발의안만 처리한다.

   동일한 관심사를 해결할 목적으로 발의안이 이미 제출되었다면 상원은 그 조항 하나하나를 검토하고, 발의안이 통과될 경우 요청하는 내용을 성취하는 것인지 여부를 평가하며, 발의안의 취지와 일치하는 상황에서 필요할 경우 수정안을 제시하고, 곧 있을 투표에서 그 발의안의 찬성 또는 반대를 권고한다.

2. 오픈 플랫폼을 통해 주민들이 열거한 최우선 사항이 캘리포니아 주립대학교CSU 시스템의 재정 문제 해결이라고 하자. CSU 시스템에는 23개의 캠퍼스와 47만 명의 학생이 속해 있다. 이 대학은

2008~2009년 금융위기 이후 재정 지원이 급격하게 줄어, 학생을 받지 않거나 등록금을 터무니없이 높은 비율로 인상해야 한다.

3. 문제를 해결하기 위해, 상원은 캘리포니아 경제의 모형 연구를 수행하거나 의뢰한다. 이때 주의 입법분석관 중 전직 경제 예측 전문가뿐만 아니라 이전 공화당과 민주당 주지사의 행정부에서 일했던 전직 주 재무책임자들의 전문성을 활용한다.

현재 주 행정부는 이 문제를 해결할 겨를이 없다. 주지사의 재무책임자와 입법분석관은 올해의 예산에, 조세형평국Board of Equalization 은 세금 징수에 집중한다. 재무감독관은 수표에 서명한다. 국회의원을 보좌하는 직원들은 당면한 의제에 전념하며 그들의 전문성은 주 전체의 문제에 엄격하게 국한된다.

4. 이 분석가들의 연구결과에 따르면, 소득의 최상위 꼭대기에 더 이상 세금을 부과할 여지는 거의 없다. 소득 최상위층에는 이미 미국 내에서 가장 높은 세율을 부과하기 때문이다. 다른 한편으로, 상품 판매세는 매우 역진적이어서 빈곤층이 고소득층보다 상품에 대해 비례해서 훨씬 더 높은 세율을 적용받게 된다.

분석가들이 밝힌 바로는, 캘리포니아 경제활동의 80%가 서비스 부문에서 이루어진다. 그런데 이 서비스 부문에서는 용접과 선물 포장을 제외하고 거의 모든 활동에 세금이 부과되지 않는 실정이다. 또한 이 분석가들은 모형을 통해, 서비스 부문의 엄청난 양의 활동에 대해 각각 1%의 세금을 부과하면 연간 70억 달러를 징수할 수 있고, 이는 전체 CSU 시스템의 1년 예산에 육박한다는 사실을 알게 되었다. 동시에 연구팀의 연구결과에 따르면 변호사, 회계사, 건축가 들의 활동을 포함해 많은 서비스가 대체로 자유재량적이어서 주에서 돈이 많지 않은 사람들은 많이 이용하지 않는 활동들이다.

5. 이 연구에 근거하여, 상원 워킹그룹은 서비스 활동에 1%의 판매세를 부과하는 투표 법안을 제시했다. 이렇게 되면 CSU 시스템에 적절하게 지속적으로 자금을 지원할 수 있으며, 수업료를 내리고 자격이 되는 지원자를 모두 받아들일 수 있다. 워킹그룹은 이 법안을 '모두의 고등교육을 위한 1페니One Penny for Higher Education for All'라고 이름 붙였다. 부자들이 더 많은 고급 서비스를 이용하기 때문에 이 세금을 더 많이 내겠지만, 상원이 또한 지적한 것은, 공공기관에 투자하고 그렇게 해서 모두에게 혜택이 돌아가는 것이라면 누구라도 투자해야 한다.

6. 공청회에 이해관계자들, 즉 납세자연맹, 학생단체, 교수단체, 학부모와 가족, 대학 이사들과 행정가들, 유능한 인력을 구하기 위해 CSU에 의존하는 고용주들, 기타 관련자들을 초대해 발의된 법안에 대해 의견을 듣는다. 동시에 상원은 일반 대중을 대상으로 여론조사를 한다. 법안은 미처 파악하지 못한 대중의 의견을 반영하기 위해 필요하다면 수정될 수 있다.

7. 이러한 기획하에 상원이 서명 수집 없이 직접투표에 부치는 발안제의 시행은 매우 간단하다. 상원이 사회적 상향 이동을 촉진시키는 고등교육의 중요성을 설명한 뒤, 이에 따라 고등교육에 사용할 전용 수입의 흐름이 필요한데, 이를 1%의 서비스 활동세로 지원하

면 CSU는 등록금을 내리고 자격을 갖춘 응시생 모두를 받아들일 수 있다고 설명한다. 더 나아가, 상원은 믿을 만한 수입의 흐름을 근거로 CSU는 대출을 받아 주의 기후변화 규제에 따른 내진 보강 및 기타 인프라 개선에 자금을 사용할 수 있다는 설명을 덧붙인다.

8. 한 페이지 분량의 법안을 주민투표에 부쳐 통과될 경우 입법부 지도하에 법안의 복잡하고 자세한 사항들이 설명될 것임을 알린다. 예를 들어 입법부가 이 수입의 흐름에 '상한'을 두지 못하도록 하는 조항, 주 예산에서 기타 필요한 지원을 삭제하는 결과를 낳을 수 있는 이 조항에 대해 자세히 설명한다. 이 법안을 주의 법규에 맞춰 조정하기 위해 혹은 징수 절차를 자세히 설명하는 데 필요한 20페이지에 이르는 난해한 법률용어는 너무 복잡해서 투표하는 주민들이 제대로 고려하지 않을 것이다.

9. 그 대신, 선출된 의회가 주 법에 따라 세금 인상안을 통과시키는 데 필요한 3분의 2의 찬성표를 모을 수 있으면 이 법안은 철회되어 주민투표를 하지 않고 법으로 통과될 것이다.

10. 투표 법안이 통과되지 않으면, 상원은 처음 계획단계로 돌아가 그 핵심 쟁점을 해결하면서 대중이 수용할 방안을 다시 기획한다. 예를 들어 상원은 여러 가지를 고려할 수 있는데, 서비스 판매세를 0.5센트로 낮추고 상품판매세와 부유층에 대한 최소한의 추가 증세 사이에 있는 나머지 부분을 나누는 것이다.

이처럼 직접민주주의의 중재를 통해 해결할 수 있는 또 다른 문제는 주의 '물 공급계획water plan'이다. 오래된 한 가지 제안은, 큰 터널 두 개를 뚫어 북부에서 남부 캘리포니아로 물을 끌어오는 것이다. 다른 계획들은 로스앤젤레스와 같이 남부 대도시들을 특히 보존해야 한다고 주장하면서, 비용이 저렴하고 환경적으로 더 바람직한 접근 방식으로 지표면에 유출된 물이나 땅 위를 흐르는 빗물을 대규모 개방식 지하수 보관 컨테이너로 흘려보낼 것을 제안한다.

이 제안으로는 물 공급 요구를 모두 처리하지 못할 수 있다. 양쪽은 서로 다른 편의 제안에 반대한다. 여기서, 상원이 개입해 타협안을 이끌어낼 수 있다. 예를 들어 터널을 한 개만 뚫고 주의 대학들에서 이 문제를 연구하는 선도적 전문가들로 구성된 태스크포스팀이 심혈을 기울여 만든 보존 조치와 결합시키는 것이다. 캘리포니아 주민 대부분이 남쪽에 거주하는 데 반해, 물은 대부분 북쪽에서 흘러들어오고 중요한 농업 지역은 중부에 위치하므로, 주 전체적으로 계획을 세워 이 모두를 위한 작업이 이루어져야 한다. 주를 대표하는 공정한 기관이 남부의 물 소비자, 센트럴밸리의 농부, 북부 캘리포니아 환경운동가의 신세를 지고 있는 국회의원보다 공정한 계획을 제시할 수 있을 것이다. 부담과 혜택을 공유하는 포괄적인 법안을 만들어 모든 주민에게 투표로 의견을 물어야 한다.

이러한 과정의 가치는, 선거주기와 당장의 유권자 압력에서 격리되어 장기적으로 생각하면서 일을 처리해야 하는 상원의 책임 있는 정책 입안자들이 한 걸음 물러서서 큰 그림을 보고 주 전체의 공공성에 부응하는 포괄적인 계획과 영속적인 해결책을 제시한다는 것이다. 이들은, 선거주기 때마다 찾아오는 증세에 대한 두려움, 의원들이 당장 해결해야 하는 지역구 우선 사항들, 재빨리 수습하고 단기적으로 땜질만 하면서 정작 해결은 뒤로 미루는 몸에 밴 성향 때문에 선출된 국회가 처리하지 않았던 주의 핵심 사안을 해결했을 것이다.

상원의원을 선발하거나 간접적으로 선출하겠다는 시도는 오늘날 미국의 상황에서 단지 희망사항이거나 향수에 젖은 생각일 수 있다. 즉 오래전에 작고한 존 애덤스와 여러 건국의 아버지가 가졌던 독립 후 이상과 비슷한 것으로 치부될 수 있다. 그러나 여러 주요 민주주의 국가의 현재 경험상 이 생각이 설득력 없는 것은 아님을 보여주는 예들이 있다. 독일 연방 상원과 프랑스 상원은 간접적으로 선출된다. 양원제 의회에서 상원이 가지는 '특유의' 심의기관이라는 주목하지 않을 수 없는 가치가 캐나다 상원의 개혁에 관한 최근 논쟁에서 새롭게 평가받고 있다. 캐나다 상원 역시 임명되는, 비선출 기관이다.

캐나다의 GDP는 캘리포니아의 2분의 1이지만 인구수는 캘리포니아와 비슷하다. 영연방을 대표하는 캐나다 총독은 총리의 조언에 따라 공식적으로 105명의 상원의원을 임명한다. 이렇게 임명된 의원들은 '탁월한 시민들'로, 전직 내각 장관과 주지사를 포함하며 임기는 '종신제'로 은퇴 연령인 75세까지 의원직을 유지한다. 이들의 평균 재임 기간은 10년에서 12년이다. 캐나다 헌법에 자세히 기술된 상원 임명 기준은 후보자의 독립성, 장기적인 관점, 전문적인 경험과 삶의 연륜, 출신 지역(연방제에 따른 지역 균형 발전을 이루기 위해 고려하는 요소)을 포함한다.

최근 젊고 활기왕성한 개혁가 쥐스탱 트뤼도 총리가 캐나다 상원 본래의 특성대로 진정한 무당파적 기관으로 만들기 위해, 정당 노선에 따라 그리고 원로 정치인들에게 보답하는 의미로 부여하는 한직으로서 상원의원을 임명하는 관행을 끝내려 하고 있다. 이를 위해 트뤼도 총리는, 총독이 임명할 수 있도록 총리실에 후보를 추천할 시민의회의 설립 또한 제안했다.

캐나다 상원의 주된 목적은 선출된 하원이 만든 법안을 심의하는 '냉철한 상원sober second chamber'으로서의 역할을 하는 것이다. 법안이 통과되려면 상원이 하원의 법안에 동의해야 한다. 또한 상원은 법률 제정을 거부할 수 있다. 상원은 강력한 위원회 체제이며 장기적으로 권한을 행사할 수 있기 때문에 시간을 갖고 광범위한 연구를 하며, 보고서를 만들어 계류 중인 법안을 심도 있게 검토·논의하고, 더불어 하원에서 만든 새로운 법의 초안을 알리려 노력한다.

캐나다의 시스템에서, 핵심 법안은 대략적인 아이디어에서 시작한다. 그런 다음 박식한 무당파 전문직 종사자들과 전문가들이 이어받아 아이디어를 상세하게 실제적인 프로그램으로 기획하고 예산을 잡는다. 그리고 나서 상원이 해당 법안에 대해 자체적으로 찬반 투표를 한다. 예를 들어 캐나다의 국민건강시스템은 의회가 여러 페이지 길이의 개요를 공들여 만들고 승인하는 것으로 시작하며 무당파 기술적 전문가들이 이어받아 정교하게 다듬어 완전한 프로그램으로 만든다. 그러고는 입법부로 다시 보내 최종 승인을 받는다. 반면에 미국에서 건강보험개혁법(오바마케어)은 정치적 특수 이해 관계자들이 자신들을 위해 작성한 2,000페이지에 달하는 엄청난 규모의 괴물로 시작했으며 지금까지도 여전히 소란스러운 정치 투쟁을 불러일으키고 있다.

트뤼도는 "의회가 합법성의 원천으로 남아 있는 한, 비선출기관인 상원의 가치는 선거주기와 특수 이해관계의 영향력에서 격리된 상태에서 한발 물러나 장기적인 관점을 가질 수 있어야 한다는 데 있다"고 말했다. 트뤼도와 마찬가지로 전직 총리 폴 마틴은 상원이 가진 특유의 장기적 관점과 싱크 탱크 역량의 가치를 인정한다. 그가 평가하기에 현재 상원은 70%의 '실력'과 30%의 정치력으로 구성되어 있다. 참고로, 영국의 상원인 귀족원 역시 서서히 그러나 확실히 장기적인 관점과 싱크 탱크 역할을 수행하는 기관으로 바뀌고 있다. 2018년 4월, 귀족원은 일련의 청문회와 연구조사에 근거해 인공지능과 윤리에 관한 자문 연구결과를 발표했다. 상원은 앞으로 해당 주제에 관한 입법적 토론을 이끌기 위해 이 연구를 시행했다. 상원이 만든 이 연구단에는 저명한 사회학자들과 옥스퍼드 주교가 포함되었다.[73]

개혁된 캘리포니아 상원은 소셜미디어를 통해 권한을 갖게 된 정치적 각성과 직접민주주의를 통한 참여 의지가 책임감을 느끼고 관여해야 하는 이 새 시대에 시민, 국민, 국가 사이의 새로운 관계 정립을 도울 수 있는 심의기관의 본보기를 보여줄 수 있다.

그와 같은 상원이 귀족계층을 형성할 것이라는 오래된 염려와 달리, 상원은 탐욕스러운 디지털 자본주의가 탄생시킨 새로운 부호, 기성 경제 엘리트, 조직화한 특수 이해집단이 휘두르는 특대형 권력에 맞서는 방어벽이 될 것이다. 이들 특대형 권력층은 자신들이 가진 엄청난 자원을 사용해 선거로 선출된 정부와 주민투표 및 발안제에 끊임없이 영향을 주려 할 것이다. 상원은 또한 무분별한 대중에게서 볼 수 있는 충동적인 열정과 편견에 대해 견제하는 역할을 할 것이다. 요컨대, 이 '특유의' 정부기관은 미국 건국의 아버지들이 뜻한 바대로 민주주의가 스스로 회복되도록 도울 것이다.

캘리포니아는 우리가 목표로 하는 급진적인 개혁을 시행할 준비가 아직 되어 있지 않은 것이 확실하다. 건국 초기 미국의 주에서 그리고 진보 시대 바로 이전 몇 년 동안 주에서 보았던 것처럼, 아이디어는 잉태되고 진화할 시간이 필요하며 실현할 수 있는 상황을 기다려야 한다. 그러나 그 어느 지역보다 캘리포니아에서 직접민주주의가 더 광범위하게 시행되고 있는 점을 고려하면, 우리가 소개한 경험과 이미 착수된 개혁 해결책과 우리가 추가로 제안한 해결책은 진보 시대에 위스콘신주가 그랬던 것처럼 캘리포니아주를 민주주의의 세 번째 전환을 위한 실험실로 만든다.

『이코노미스트』는 미래위원회와 여러 공익단체의 활동에 대해 2011년 작성한 자체 보고서에서 다음과 같이 기술했다. "캘리포니아에서는 향후 수년 동안 아마도 자유와 거버넌스에 대해 가장 활기넘치는 논쟁이 펼쳐질 것이다. 이는 미국의 새 헌법을 비준할 것인가를 놓고 1787~1788년 동안 펼쳐진 연방주의 지지자와 반대자들 간 논쟁 이후 가장 생동감 있는 토론이 될 것이다. 도처에서 민주주의와 자유를 사랑하는 사람들이 그 오래된 논쟁을 연구할 것이다. 이제 그들은 캘리포니아의 논쟁에도 주목할 것이다. 왜냐하면 캘리포니아의 논쟁이 모든 사람에게 교훈을 줄 것이기 때문이다."[74]

CHAPTER 3

사회계약의 수정

"우리에게 필요한 모든 것을 기계가 생산함에 따른 결과는 그 물건들을 어떻게 분배하느냐에 의해 결정될 것이다. 기계가 생산한 부를 모두가 공유하면 각자 호화로운 여가 생활을 하며 삶을 즐길 수 있다. 그러나 기계 주인들이 부의 재분배에 대항해 성공적으로 로비한다면 사람들 대부분은 비참할 정도로 가난해질 수밖에 없다. 지금까지 보면, 진행 방향이 기술로 인한 유례없이 확대되는 불평등과 함께 후자로 향한 듯하다."

스티븐 호킹

세계화의 방향이 잘못되어 포퓰리스트들의 불만을 유발하는 경제적 불안정이 초래되면, 스티븐 호킹이 지적한 대로 디지털 경제가 수백만 명의 일자리와 삶을 파괴할 것이다. 따라서 민주주의 사회와 민주복지국가들이 직면할 가장 심각한 당장의 난제는 똑똑한 컴퓨터가 대체하는 노동, 컴퓨터 때문에 격이 낮아지는 노동에 가해질 충격과 그에 상응해 고임금 일자리와 저임금 일자리 간 한층 심화되는 노동력의 양극화 현상을 다루는 것이다.

이렇게 곧 닥칠 현실을 생각하면서 다음과 같이 핵심적인 우리의 주장을 펴고자 한다. 디지털 자본주의 시대 거버넌스의 역설은, 끊임없이 혁신하는 지식 주도의 경제가 더욱더 역동적일수록 재정립되는 사회안전망과 기회망은 더욱 튼튼해야 한다는 것이다. 끊임없이 혁신하는 역동적인 지식 주도의 경제로 인해 초래될 끊임없는 파괴와, 부와 권력의 격차에 대응해야 하기 때문이다. 정보 시대에 사회적 권력의 새로운 분배에 맞춰, 매우 생산적이지만 우리의 일자리를 빼앗고 임금을 떨어뜨리는 기술이 창조한 부를 모두가 공유해야 한다. 마르크스가 남긴 금언 "능력에 따라 각자에게서, 필요에 따라 각자에게"를 지금의 디지털 자본주의 시대에 적용해, '생계비가 나오는 일자리를 제공하지 못하는 디지털 경제의 무능력에서, 사람들의 필요에 따라 각자에게'라고 표현할 수도 있다.

디지털 시대에 불평등을 줄이기 위해 사회계약 내용 중 두 개의 주요 조항을 수정해야 한다. 첫 번째 조항은 노동시장이 직장 내 과업의 유동적 변화에 더 잘 적응하고 근로자들의 복지를 직장에 맡기는 것이 아니라 보편적 복지망으로 보호해 충격을 완화하는, 스칸디나비아 국가들이 개척한 '유연 안전성flexicurity'이라는 정책이다. 실업 수당과 의료보험은 국가가 보편적으로 제공해야지 특정 직업이나 회사에 의지해서는 안 된다.

두 번째 조항은 부자들에게 세금을 징수해 재분배하는 방식에서 탈피해 '선분배pre-distribution'정책으로 이동하는 것이다. 선분배정책이란 혁신으로 인한 끊임없는 파괴를 다루는 데 필요한 기술을 강화하고 모든 시민의 자본 자산을 튼튼히 하는 정책이다. 오늘날 주된 사회적 균열, 즉 교육수준의 격차를 좁히기 위한 공공 고등교육에 대한 투자는 이러한 정책 변화를 떠받치는 핵심 기둥 중 하나다. 그리고 나머지 기둥은 모든 시민이 미래의 새로운 부를 창출할 로봇 자산을 공유함으로써 불평등을 줄이는 것이다.

디지털 시대의 실업과 불평등

로라 타이슨Laura Tyson (미국의 경제학자─옮긴이)은 지난 25년 동안 미국 경제에 대한 모든 중요한 토론을 장악해왔다. 그녀는 빌 클린턴 시대의 호황기에 최초의 여성 의장으로서 미국 대통령경제자문위원회를 주재했으며 백악관 국가경제위원회를 지휘했다. 현재 캘리포니아 버클리 대학교 교수인 타이슨은 1990년대 닷컴 붐에서부터 버블 붕괴로 촉발된 불경기를 거쳐 21세기 엄청난 속도의 변화로 들어선 디지털 혁명의 권력을 근거리에서 목격했다. 구글, 아마존, 페이스북, 기타 인터넷 기업들을 세계에서 가장 부유한 회사로 쏘아 올리는 디지털 혁명을 보면서, 그녀는 상품의 제조와 소비자 경제를 더더욱 변형시키는 디지털 혁명으로 인해 새로운 풍요로움의 물결이 도래할 것임을 믿어 의심치 않는다.

그러나 그녀는 그와 같은 진보가 유례없이 일자리가 줄어들고 임금이 하락하는 희생을 치르며 다가올 것이라고 믿는다. 링크트인 LinkedIn의 리드 호프먼Reid Hoffman에서부터 기업가이자 발명가인 일론 머스크에 이르기까지, 점점 더 많은 선구적 사상가가 타이슨의 견해에 동의한다. 머스크는 디지털화로 인한 노동 대체 효과가 심화되어 다가오는 세대에 일어날 일을 걱정한다. 기술의 주인들과 빅데이터 가공업자들에게는 엄청난 부가 창출되지만 근로자들은 고용되었든 실업 상태든 불공정한 대우를 받을 가능성이 높다는 것이다. "로봇이 더 잘할 수 없는 일자리는 점점 더 줄어들 것이다"라고 그는 얘기한다.[1]

타이슨 교수는 노벨 경제학상 수상자 마이클 스펜스Michael Spence와 함께 저술한 논문에서 다음과 같이 기술했다. "기술은 생산성과 경제성장의 주요 동인이다. 기술은 번영을 불러온다. 그러나 컴퓨터/디지털 혁명은 다양한 방식으로 불평등을 초래하는 주요 동인이기도 하다. 즉 컴퓨터/디지털 혁명은 덜 숙련된 기술자에 비해 더 숙련된 기술자를 좋아한다. 노동자들보다 자본 소유자들에게 돌아가는 이윤을 증가시킨다. 컴퓨터/디지털 혁명은 고용을 줄이고 중산층 근로자들, 특히 제조업과 교환 가능한 서비스직에서 임금 상승을 억제함으로써 세계화를 가능케 하거나 '강력하게 추진한다'".[2] 혜택이 어떻게 공유되고 변화의 고통이 어떻게 분배될 것인가에 따라 디지털 미래가 공정하고 지속가능한 것이 될지 여부가 결정될 것이다.

"누가 로봇을 가질 것인가?" 2015년 2월 런던에서 개최된 「월드 포스트」의 '직업의 미래Future of Work' 학회에서 타이슨이 제시한 질문이다. 중요한 질문이다. 이러한 관심사에서, 그녀는 매사추세츠 공과대학교의 경제학자, 소위 '극심한 탈동조화Great Decoupling'를 예견한 에릭 브리뇰프슨Eric Brynjolfsson 그리고 앤드루 맥아피Andrew McAfee와 뜻을 같이한다. 현대 미국 사회에서 자란 사람들이 기억할 수 있는 한, 임금과 일자리는 경제적 생산성 추세와 같은 방향으로 움직였다. 그러나 더는 아니다. 브리뇰프슨과 맥아피가 관찰한 바에 따르면, GDP 중에서 임금이 차지하는 부분은 오늘날 기업의 이익이 급상승함에도 사상 최저치다. 즉 일자리와 임금이 부의 창출과 분리되고 있다. 한 세대 전, 노동 옹호론자들은 제조업 일자리를 저임금 국가로 이전하는 것에 우려를 나타냈다. 그러나 지금은 기술혁신이 미국 내 불평등 확대의 주요 원인으로서 세계화를 무색하게 만들었다. 브리뇰프슨과 맥아피의 표현에 따르면 "해외 이전은 자동화로 가는 길의 중간 기착지일 뿐이다".[3] 볼 주립대학교 경영경제연구소에서 실시한 연구에 따르면, 2000년에서 2010년 사이 560만 개의 일자리가 사라졌을 때, 제조업 일자리 소멸의 85%는 생산성 증가로 인한 것인 반면에 13%는 무역으로 인한 소멸이었다.[4]

변화하는 영역이 이제 눈에 띄기 시작했을 뿐이다. 그 영역은 거대하다. 옥스퍼드 마틴 스쿨은 한 연구에서 미국 일자리의 47%가 전적으로 자동화로 인해 위험에 처할 것이라고 예측했다.[5] 이 연구가 주목하듯이, 역사적으로 볼 때 전산화는 대부분 명확하게 규칙대로 하는 일을 포함해 수작업이며 인지적으로 단조로운 일에 국한되어 영향을 미쳤다. 그러나 최근 인공지능, 사용자 인터페이스, 기타 영역에서의 기술적 진보와 함께 진행되는 전산화는 언어의 번역, 자율주행자동차와 같이 통상적으로 우리가 비정형화된 것으로 정의

하는 영역으로 확산되고 있다. 이 연구에 따르면, 702개의 직업군을 조사한 결과, 직업 자체가 없어지는 최고 단계의 위험에 직면한 일자리는 판매직(출납원, 텔레마케터, 계산원)과 건물 관리 및 청소, 자동화된 조립식 건축이 대세를 이룰 건설 공사와 같은 서비스직이다.[6]

경제협력개발기구OECD가 2018년 실시한 한 연구에서는 과업을 직업의 범주 안에서 더 세분해, 예를 들면 조립라인에서 근무하는 정비공과 마을 차량 정비소에서 일하는 정비공을 구분해 조사한 결과, 선진경제권에서는 직업의 14%가 자동화로 인해 사라질 대상이라고 추산한다. 이 연구에 따르면 최저 임금과 최저숙련 일자리가 사라질 가능성이 가장 높다.[7] 대학을 졸업하고 최고 임금을 받는 근로자와 기술이 없는 가장 낮은 임금을 받는 근로자의 격차가 심화되면서 이러한 가능성이 더 높아지고 있다. 타이슨과 스펜스는 그들의 논문에서 "지난 30년 동안, 연중무휴 남자 상근직 중에서 대학을 졸업한 근로자 임금의 중간값과 고등학교를 졸업한 근로자 임금의 중간값 사이 실질적인 소득의 격차는 거의 두 배였다"고 지적한다.[8]

새로운 부가 사회 전체적으로 공유되지 않고, 게다가 임금이 줄고 일자리가 없어지면, 새로 떠오른 지식 주도의 혁신경제가 다른 측면에서 아무리 많은 것을 약속한다 해도 그 경제는 영속할 수 없다. 이러한 난제를 해결하기 위해 먼저 지식 주도의 혁신경제를 이해해야 한다. 특히 지식 주도의 혁신경제에서 가치에 대한 생각이 어떻게 변하고 있는지 이해해야 한다.

지식에 의한 자본의 변형

자동화와 로봇의 '디지털 노동'이 주택담보대출을 상환하고 가족을 먹여 살리고 아이들을 교육해야 하는 실제 현장의 노동자와 사무직 근로자를 대체하는 한편, 자본 자체의 성격 또한 변형되고 있다. 요즘 시대에는 여타 자산이 없는 한 대학생이 마법처럼 생각해낸 영리한 알고리즘이 몇 년 만에 10억 달러 규모의 회사로 바뀔 수 있다. 우리는 오늘날 가장 큰 회사인 알파벳/구글, 페이스북, 알리바바, 텐센트TenCent가 상상력이 풍부하고 예지력 있는 사업가들의 창의성에서 탄생하는 것을 여러 번 목격했다.

2004년 설립된 페이스북은 2015년에 이미 1908년 설립된 제너럴모터스GM 시장 가치의 다섯 배에 이르렀다.[9] GM은 차대, 엔진, 타이어로 이루어진 자동차를 대규모 공장에서 조립하여 생산하며 각 부품의 공급처 및 자동차 유통 업체와 연결되어 있다. 페이스북은 당신을 생각이 비슷한 친구들과 연결하고 당신의 세계관이 공감하는 뉴스와 정보를 전달한다. 페이스북의 알고리즘이 생산수단이고 당신의 정보가 페이스북의 생산물이다. GM은 1970년대 회사의 절정기에 60만 명 이상을 고용했다.[10] 지금도 여전히 세계적으로 성장하고 있는 페이스북은 중국 인구보다 많은 20억 명의 사용자를 가지고 있으나 직원 수는 3만 명을 상회할 뿐이다.[11]

디지털 기업들은 데이트 주선에서 이혼 상담, 오래된 자동차 부품 찾아주기에 이르기까지 모든 영역에서 수요와 공급, 소비자와 생산자를 완벽하게 맞추어 연결한다. 전통적인 오프라인 거래 기업들과 달리 정보-가공 소프트웨어 기반 기업들은 글로벌 네트워크인 인터넷을 통해 연결됨으로써 엄청난 규모로 가상공간에서 접근할 수 있다. 이익을 내기도 전에 시가 총액을 끌어올리는 가치는 사용자 데이터를 가졌다는 것이 전부다. 빅데이터 분석을 통해 성적 성향에서부터 샴푸에 대한 소비자 선호도에 이르기까지 개인의 특성에 근거하여 판매 대상을 설정할 수 있다.

노동자와 자본가, 재래식 오프라인 거래 역시 여전히 존재한다. 그러나 한 개인의 데이터를 포획하면 그곳에 가치가 존재한다. 구글과 페이스북이 하는 것처럼 소비자에 의해 공동 생산된 데이터를 수집하는 능력이 엄청난 수익을 창출한다.[12]

컴퓨터의 파워가 지속적으로 빠르고 엄청나게 성장하며 '클라우드'가 무한한 저장 공간을 제공하기 때문에 가능성에는 끝이 없는 듯하다. 블록체인 기술이 우리의 개인 기록과 금융 정보를 포함해 데이터를 분산·저장하는 새로운 방식을 제공한다. 빅데이터와 진보된 분석기술을 가지고 질병에 상응하는 원인을 찾기 위해 모든 의무기록을 검색할 수 있다. 유전체 전체의 지도를 쉽고 빠르게 그리며 재배열할 수 있다. 생산이 분산화되고 값싼 노동력의 수요는 줄어들면서 재고를 예측할 필요 없는 3차원 생산방식과 결합해 적시 생산방식just-in-time에 따른 물류 유통이 모든 산업에 적용될 것이다. 디지털과 물체의 최종적 융합인 '사물인터넷IoT'은 일단 센서가 테니스 운동화에서부터 전등 스위치에 이르기까지 모든 것에 삽입되기만 하면 개인의 사용 습관을 조사해 보고하는, 실로 엄청난 새로운 효율성을 발휘할 것이다. 전 지역에 걸쳐 깔린 전력망을 통합해 전력 수요가 집중하는 시기와 그렇지 않은 시기에 따라 에너지를 더 적절하게 할당할 수 있다. 도로 위와 위성에 있는 원거리 센서가 자동차에 있는 센서와 연결되고 이 모두가 하나의 거대 도시 교통망 안에서 연결되어 자율주행자동차의 안전한 흐름을 관리할 것이다. 매킨지 컨설팅은 이렇게 진행되는 디지털화로 인해 기대되는 생산성 향상으로 2025년에 연 11조 달러의 새로운 부가 창출될 것이라고 전망한다.[13]

21세기에 부를 창출하는 지배적인 동인은 이러한 지식의 입력, 즉 '디지털 자본'이지 신체적 노동의 투입이 아니며, 물적 자본의 투입과의 연관성도 점점 줄어들고 있다.

역설적으로, 이런 과도하게 역동적인 자본주의의 최근 발전을 이해하기 위한 노력으로, 자본주의를 가장 일찍이 비판했던 카를 마르크스에게 돌아가본다. 그가 처방한 국가통제주의적 공산주의가 이제껏 실행된 가장 처참한 사상 중 하나로 판명된 것은 당연하다. 그러나 자본주의 내면의 논리에 대한 그의 분석은 여러모로 월등했으며 오늘날에도 상당히 의미가 있다. 마르크스가 그의 시대에 대해 가진 중심적인 통찰은 노동이 원자재에서 가치를 창출하는 '형태 구축 화염the form-forging fire'이라는 것이었다. 확실히, 노동은 그가 분명하게 볼 수 있는 곳에 존재하는 지극히 감동적인 탁월한 실상이었다. 그는 산업화하는 유럽의 '악마 같은 공장'에서 그의 시대 프롤레

타리아가 등골 빠지게 일하는 것을 보았기 때문이다. 그는 자신의 가장 유명한 저서 『자본론Das Kapital』에서 노동에 초점을 두었다. 그러나 마르크스는 신체적 노동이 영원히 군림하지 않을 것이며 기계가 인간의 능력을 증폭시켰기 때문에 지식이 언젠가는 노동을 대체할 것임을 예견했다.

마르크스의 사망으로, 그의 명저가 될 뻔했던 『정치경제학 비판 요강Outlines of a Critique of Political Economy』는 중요한 미완성 원고로 남아 있다. 이 원고는 『자본론』보다 더 광범위한 내용을 다루었으며 800페이지에 달하는 이 원고 중에 새롭고 영향력 있는 에세이 『기계 위의 파편들Fragments on the Machine』이 포함되어 있다. 이 에세이에서 마르크스는 기술과 자동화의 잠재력을 파악하려고 무척 애썼다.[14] 그는 "점진적으로 상품 가격을 내려야 하므로, 그리고 이윤을 극대화하기 위해 노동비용을 줄여야 하므로, 생산성 향상에서 인력 대비 기계의 비율을 산출하게 된다. 또한 기술과 자동화의 잠재력에 비례해 유례없이 극소수의 손에 부가 집중되며 인구의 대부분은 실업 상태가 되고 자본의 관점에서 봤을 때 그 대부분의 사람은 더 이상 필요하지 않은 자본이 된다"는 것을 분명하게 파악했다.[15]

마르크스는 생산활동을 증폭시키는 기계의 힘에 매료되었다. 한 명의 기관사가 운전하는 기관차로 수백 톤의 상품을 운반할 수 있고, 전신 기사 한 명이 대륙과 대양을 건너 소식을 전할 수 있으며, 경호원 한 명과 소년 두 명이 보살피는 '자동식' 면사 방적기 한 대가 1,320명의 여자가 물레를 돌려야 짤 수 있는 양의 실을 만들어낼 수 있었다. 이런 것들을 보면서 이 유물론적 철학자는 놀라운 통찰력을 지니게 되었다. 마르크스는 생산성과 부 창출의 본질이 변하면서 지식과 조직이 결국에는 인력 투입의 핵심인 노동을 대체할 것임을 예견했다.[16] 그는 이 지식 투입을 '일반지성'이라고 불렀다.

노동이나 원자재와 달리 지식은 부족하지 않고 풍부하다. 지식은 사람들이 사용한다고 해서 물이나 미네랄처럼 줄어들지 않는다. 지식은 절대 고갈되지 않으면서 공유될 수 있다. 이러한 특성들이 희소 자원의 배분을 강조한 애덤 스미스의 고전경제학을 근본적으로 뒤엎는다. 스미스의 관점에서 보면, 시장은 공급과 수요가 만나는 지점에서 결정되는 가격을 통해 가치를 정하고 효율을 극대화한다. 그러나 넘쳐나는 지식의 가치는 돈으로 매겨지는 가격이나 생산 단위당 산출량으로는 대부분 표현되지 않는다. 이 사실은 공유되는 지식의 중요성이 증대되면서 많은 것을 함축한다. 돈으로 측정되지 않는 가치의 중요도가 높아지면서 임금, 혜택, 계약을 협상하는 방법과 빈곤, 부, 불평등을 수량화하는 방법이 복잡해진다. 디지털 기술이 경제 전반에 확산되면서 디플레이션이 나타난다.

공유된 지식의 가치를 어떻게 포획하는가, 즉 누가 로봇을 소유하는가, 이것이 인터넷 시대에 새롭게 등장한 혼성hybrid 정치경제에서 가장 중요한 문제다. 자칭 탈공업화 시대의 마르크스주의자인 슬로베니아 철학자 슬라보이 지제크Slavoj Žižek는 마르크스의 통찰력을, 부를 창출하는 데 들어간 신체적 노동에 비해 지나치게 큰 부가 축적되는 오늘날의 지식경제에 맞추어 새롭게 했다. 지제크의 현대적 시각에서 보면, 우리는 '노동의 착취'에 의해 발생하는 이윤이 "일반지성을 사유화하고 무단으로 도용하면서 그 대여료를 받는 형태"로 점진적으로 변형되는 것을 목격하고 있다. 이것이 바로 거대 소셜미디어 기업들의 비즈니스 모델, 즉 우리 개개인의 데이터를 그들 소유의 상품으로 만드는 이야기다. 사회 전체가 지식과 이용 가능한 데이터를 생산하는 공장이 되었기 때문에 그로부터 부가 축적될 때 사회는 급진적 변화를 일으켜야 할 거라고 지제크는 생각한다. 모든 사람이 그 이윤을 더욱더 공정하게 공유해야 할 것이다.[17]

더 나아가, GDP와 생산성을 평가하는 기존 방식을 재평가해 두 수치를 재측정해야 할 것이다. 기존 방식에서는 부족한 투입물이 아닌 풍부한 지식이 주도하는 경제에서 발생하는 무형의 부가가치 창출 활동을 반영하지 않기 때문이다. 에릭 브리뇰프슨이 한 인터뷰에서 언급했듯이, GDP 측정 기준을 만든 사이먼 쿠즈네츠Simon Kuznets는 GDP는 복지, 안녕, 행복이 아닌 플러스 가격으로 표현되는 경제적 산출물만으로 측정되어야 한다는 것을 분명히 했다. 따라서 브리뇰프슨에 따르면, 어떤 사람이 의료 시술의 발달로 10년 더 살 경우 그 생명 연장은 GDP에 포함되지 않는다. 그러나 한 사람이 평면 스크린 TV를 10대 사는 것은 GDP에 반영된다.[18]

타이슨과 스펜스는 디지털 자본주의에서 이 새로운 작은 문제를 지적한다. "디지털 자본 집약적 기업들은 소득과 부를 엄청나게 집중적으로 축적할 수 있고 축적하지만, 그들은 또한 매우 낮은 비용으로 광범위하게 이용할 수 있는 디지털 기반 서비스를 다양하게 제공한다.” 이것은 “그러한 서비스에서 나오는 ‘혜택’의 분배가 그러한 서비스를 제공하는 디지털 자본의 소유주들을 위한 부의 분배보다 더 평등하게 이루어질 수 있다”는 의미라고 그들은 결론 내린다.[19] 바로 이 예가 2020년까지 전 세계 65%를 연결할 계획인 모바일 인터넷 연결 서비스다.

X-프라이즈 재단(1995년에 설립되어, 인류를 위한 기술개발 공모전을 운영하는 비영리조직 ─ 옮긴이)과 싱귤래리티 대학교 공동 설립자로서 열정 넘치는 캘리포니아의 사업가이자 미래학자인 피터 디아만디스Peter Diamandis는 기술의 변방 지역에서 일어나고 있는 발전의 고동 소리를 지적한다. X-프라이즈 재단은 매년 ‘인류에게 혜택을 주는’ 혁신에 1,000만 달러의 상금을 수여한다. 이 상의 심사위원에는 일론 머스크와 구글의 공동 창업자 래리 페이지 같은 첨단기술 분야 전문가들이 포함되어 있다. 디아만디스는 AI 마니아인 레이 커즈와일Ray Kurzweil과 함께 실리콘밸리에 있는 미국 항공우주국NASA 연구단지에 싱귤래리티 대학교를 설립했다. 이 대학은 세계를 변화시키는 융합기술의 가능성에 중점을 둔다.

디아만디스는 디지털 자본주의의 분배적 성격이 우리에게 친숙한 과거의 생산과 소비 형태 모두를 완전히 변화시키고 있다고 믿는다. 그의 주장에 따르면, 19세기 후반 산업혁명 시기에 “생산은 기본적으로 일대일로 처리해야 하는 문제였다. 자본가가 생산물을 두 배로 증산하려고 하면 그는 공장 노동자나 기계를 두 배로 늘려야 했다. 그러나 디지털 시대에는 데이터를 복제하는 데 드는 한계비용이 거의 제로이며 분배의 한계비용 역시 거의 제로다. 우리는 앱, 기록물, 서비스를 100만 배 또는 10억 배로 만들고 배포할 수 있으며, 이때 새로운 증가분에 대한 비용은 거의 들지 않는다".[20] 사실 시장의 범위가 숨이 턱 막힐 정도의 규모로 팽창했다. 『타임Time』지는 1일 1억 5,800만 명의 활성 사용자를 둔 스냅챗을 2016년 가장 인기 있는 앱으로 선정했다.[21] 디아만디스는 계속해서 말한다. "그래서 오늘날은 과거와 달리 엄청난 자본비용 없이 어느 한 명의 개인 혹은 신생 기업가가 수백만 또는 수십억 명의 삶에 영향을 줄 수 있다."

말할 필요도 없이 이러한 과정은 파괴적이다. 왜냐하면 새로운 시장을 만드는 혁신이 오래된 시장을 파괴하기 때문이다. "우리는 디지털 픽셀이 사진용 화학물질과 인화지가 있어야 하는 코닥 아날로그 필름 카메라를 어떻게 대체했는지 보았다"고 디아만디스는 말한다. 그는 전성기 때 코닥은 "직원 수가 14만 4,000명, 시가총액이 100억 달러"였다고 덧붙인다. 인스타그램은 "단지 13명의 직원"으로 전성기 때 코닥과 동일한 시가 총액을 달성했다. 이것 다음에 이어지는 것은, 디아만디스의 주장에 따르면 다음과 같다.

(…) 폐화(통용되지 않는 화폐), 탈물질화, 민주화다. 디지털 영상은 스마트폰만 갖고 있으면 소유하거나 전달하는 데 비용이 들지 않는다. 화폐의 유통이 필요하지 않다. 또한 스마트폰은 탈물질화 최고의 예다. 방 전체를 꽉 채우는 IBM의 낡은 기계들, 유선전화, 카메라, 시계의 기능을 이 작은 기기 하나에 모두 담는다. 탈물질화로 비용이 급락하

면 민주화에 도달한다. 즉 수십억 명의 사람이 스마트폰을 살 수 있게 되었으며 이들은 한때 소수만이 사용할 수 있었던 스마트폰을 가지면서 전에 없는 권한을 누린다. 민주화는 폐화와 탈물질화의 논리적 결과다.[22]

당연히 기존의 노동과 자본 투입 대비 산출량에 근거한 생산성 측정 방식으로는 이런 심오한 변화의 본질을 포획하지 못한다. 생산성이 하락하는 이유는 산업화 시대의 발명품에서 더 이상 얻을 것이 없고, 기술이 경제 전체로 확산되어 그 영향력을 발휘하기까지 수십 년이 걸릴 것이기 때문이라고 설명할 것이다.

그러나 현재 선진경제권의 비거래적nontradeable이며 기술 지배적인 부문에서 고용이 우세한 것은 확실히 개인돌봄 근로자에서부터 교사, 판매원에 이르기까지 저임금·저생산성 서비스직이 엄청나게 늘어난 결과이기도 하다. 마이클 스펜스가 2012년 『넥스트 컨버전스The Next Convergence』에서 밝힌 것처럼, 그의 연구에 앞서 20년간 만들어진 2,700만 개의 직업 중 90%가 소매업, 보건의료, 정부기관 업무와 같은 비거래 부문에 속한 것이었다.[23]

전 세계적으로 거래 가능한tradeable 경제에서 경쟁해야 하는 사람들 중 고임금 숙련직 일자리는 더 적어지고, 중위 수준 임금의 정형화된 일자리는 공장과 사무실 내 자동화로 인해 없어지고, 외주 용역을 줄 수 없거나 자동화할 수 없는 저임금 서비스직에서 고용이 확대됨에 따라 노동시장은 양극화되었다. 스펜스가 주목한 것처럼,

"거래 가능한 부문이 미국과 고용 조건에서 미국의 수준에 약간 못 미치는 기타 선진국들의 전체 경제에서 대략 35~40%를 차지한다. 비거래 부문의 점유율은 매우 높아 부가가치의 3분의 2 정도를 차지한다. 고용에서 비거래 부문의 점유율은 더 높아 현재는 70% 이상 차지하며 꾸준히 상승하면서 80%를 향하고 있다."[24]

　이러한 현실은 전반적인 기존 측정치 값을 끌어내린다. 당연히 첨단기술 분야와 생산성이 높은 부문은 산출량에 비해 고용을 축소하고, 생산성이 낮은 서비스 부문은 새로 생기는 일자리 대부분을 차지할 것이다. 확실히, 이 서비스 부문과 세계경제에 광범위하게 노출되는 고도의 생산성과 많은 이윤을 내는 지식 주도의 기술 부문 사이에 새로운 양극화 현상이 가속화되고 있다. 간단히 말하자면, 고용은 생산성이 있는 곳에 존재하지 않으며 생산성은 고용이 있는 곳에 존재하지 않는다. 거래 가능한 부문과 비거래 부문을 넘나들며 가치에 대해 보상하고 부를 공유하면서 동시에 증가하는 불평등 문제에 대처하기 위해 어떻게 하면 이 양극화된 경제를 명료하게 설명할 것인가가 개혁 의제 목록에서 맨 위에 와야 한다.

공유경제의 병존

디지털 세계에서, 3차원(3D) 제조업에서부터 센서 효율성이 최적화된 재생에너지와 차량, '사물인터넷'을 통해 연결되는 모든 것에 이르기까지 기하급수적인 속도로 증가하는 기술들을 통해 혁신이 물리적 경제와 융합함으로써, 우리는 미래학자 제러미 리프킨Jeremy Rifkin이 말한 '제3차 산업혁명'으로 들어서고 있다[25](어떤 이들은 사물과의 통합에서 디지털 혁신을 분리해 '제4차 산업혁명'이라고 부르기도 한다). 통용되지 않는 화폐와 민주화로 한계비용이 거의 제로인 상태에서 부와 권력이 분산되기 때문에, 리프킨은 우버, 에어비앤비와 같이 이윤을 추구하는 자본주의와 함께 성장하는 자본주의 이후의 공유경제를 머릿속에 그린다. 리프킨에 따르면, 이러한 흐름은 이미 거스를 수 없는 추세이고 로라 타이슨과 여러 학자(이 장의 시작 부분 참조)가 인용한 경제적 불안을 가져오는 최악의 문제들을 경감시킬 잠재력을 지니고 있다. 이 경감 효과가 충분한지 여부는, 이윤 추구 경제의 자기자본 증식에 광범위하게 참여하거나 소득을 증가시키기 위한 기타 조치들의 시행을 통해 아래 논의된 것처럼 보완되면서, 공유경제가 어느 정도까지 생계소득을 제공할 수 있는가에 달렸다.

공유경제가 성장하면서, 뭔가 소유하고 있으면, 오늘날 음악과 소프트웨어를 내려받는 것과 같이 손쉽게 접근할 수 있는 자율주행차 공유 풀처럼, 수요만 있으면 언제든지 접근할 수 있는 많은 영역에 참여할 수 있다. 오늘날 밀레니얼 세대의 태도가 어떤 길잡이가 된다면 일종의 '양자 경제quantum economy'가 많은 영역에서 순조롭게 발전하고 있다고 말할 수 있다. 자산을 비교적 저렴하게 이용할 수 있기 때문에 자산과 관련되어 돈의 가치는 하락할 것이다. 테슬라의 일론 머스크와 같은 공상가들은 명목임금의 경우 그 수준이 낮음에도 불구하고 디지털 효율성이 가격을 떨어뜨리기 때문에 실제 가치면에서 오를 것이라고 기대한다.

프로슈머prosumer들은 종전에 시장을 통해 제공되던 많은 활동에서 탈피해 상품과 서비스를 직접 생산할 것이다. 예를 들어 신발을 월마트에서 사거나 자포스Zappos에서 주문하는 대신, 3D 프린팅을 사용해 집이나 특정 가게에서 직접 만드는 것이다. 대형 할인점과 아마존은 아마도 미래학자 앨빈 토플러가 그의 마지막 저서에서 상상한 '프로섬프션prosumption'[26]으로 가는 길에 잠깐 머무는 중간 기착지에 지나지 않을 것이다.

태양에너지원을 설치한 집주인들은 이미 자신들이 사용할 전력을 생산할 뿐만 아니라 송전망에 되팔 수 있는 양의 전력도 생산한다. 기후변화 시대에, 단일 소유권에 대한 공유의 정신은 자원을 더욱더 효율적으로 사용하게 할 것이다. 공유가 가진 융통성 있는 특성으로 우리는 더 많을 자유를 누리고 더 광범위한 경험을 하게 될 것이다. 공유비용은 보통 사람들이 이용할 수 있을 만큼 저렴해질 것이다.

수십 년간의 이행기를 거치면서 21세기 정치경제로 가고 있으므로, 안전망과 해결하기 위한 여러 정책을 시행하는 길을 걷다보면 불쑥불쑥 솟아나온 커다란 장애물들을 통과해야 할 것이다.

미래의 직업

디지털 혁명이 결국에는 많은 직업을 대체하겠지만, 생산성 도약을
지원하기 위한 인프라 건설로 인해 우리가 보아온 것처럼 중기적으
로 일자리가 만들어질 것이다. 단, 금융제도와 공공정책이 올바르
게 정비되어 있을 때 한해서다. 고속철도에서부터 양방향 에너지 그
리드, 전기차·전기트럭 재충전소 네트워크, 센서 설치와 가정과 직
장에 새로운 부품 장착에 이르기까지 많은 일자리를 필요로 하는 인
프라 현대화의 수요가 전 세계적으로 깊고 넓게 존재한다. 적어도
중기적으로, 아마존의 경험에서 볼 수 있듯이, 로봇의 물류 효율성
은 더 많은 수요로 이어질 수 있고, 따라서 사업이 성장하고 더 많은
일자리가 추가된다. 2017년 아마존은 10만 개의 일자리를 추가해
증가하는 수요에 대응했다.[27] 롱타임 시스코Longtime Cisco의 존 체임
버스John Chambers 회장은 유럽 경제를 디지털화하는 것만으로도 85
만 개의 일자리를 만들 수 있다고 추산한다.[28]

아프리카 휴대전화의 개척자이며 셀텔CelTel의 거물인 모 이브라
힘Mo Ibrahim은 아프리카에 휴대전화 기술의 확산으로 새로운 일자
리가 물밀듯이 창출되었다고 말했다. "2004년까지, 셀텔은 아프리
카 13개 국가에서 사업을 운영했다"고 2014년 베르그루엔 연구소
파리 비공개회의에서 밝혔다. 후속 인터뷰에서 이브라힘은 "우리
회사에는 직접 고용 외에 34만 명의 사업가가 일하고 있다. 이들은
작은 상점을 차려 스크래치 카드를 판다. 수천 명은 우리의 타워 유

지보수 계약 관련 일을 하고 전기발전기와 배터리를 되팔고 있다. 모두 합해 40만 명 정도 될 것이다. 우리가 단지 13개 국가에서 사업을 하고 우리 시장에 다른 운영자들도 있다는 것을 고려하면, 새로운 휴대전화 기술 때문에 대략 300~400만 명이 고용되었을 것으로 생각한다."[29] 사하라 이남 아프리카 주민 8억 명 중 80%가 2020년까지 휴대전화를 가지게 될 것이다. 이들 중 많은 사람이 유선전화도 가져본 적 없어, 아프리카에 '휴대폰 대륙'[30]이라는 별칭을 붙이는 이들도 있다. 아프리카 전체적으로 2016년에 휴대전화 가입자 실인원 수가 5억 5,700만 명으로 세계에서 두 번째로 큰 시장이 되었으나, 여전히 사용자 비율은 세계 최저 수준에 머물고 있다.[31]

유럽과 사하라 이남 아프리카의 진실은 다른 대륙과 지역의 진실이기도 하다. 미국을 비롯해 도처에서 진행되고 있는 제3차 산업혁명의 기반을 다지는 증축 공사는 일자리가 대체되어 없어지는 것이 아니라 엄청난 규모로 고용을 창출할 수 있다. 단, 이는 실습교육 프로그램, 교육과 인프라에 대한 투자를 포함해 올바른 공공정책들이 마련되어 있을 때만 가능하다. 이 상황 조건은 매우 중요하다. 여기에 더해 거버넌스에 따라 그 결과가 결정될 것이다.

프레카리아트

주장하건대, 21세기 정치경제의 출현과 함께 등장한 가장 중요한 새로운 사회경제적 계층이 소위 말하는 프레카리아트precariat다. 프레카리아트란 구舊중산층 근로자와 갓 직장 생활을 시작한 청년들로, 낮은 임금과 불안정한 일자리, 많은 경우 복지 혜택도 없이 아등바등 살아가는 사람들을 말한다.

애스펀 연구소Aspen Institute 추산에 따르면, 미국 근로자 22%가 이미 자유계약 근로를 특징으로 하는 긱 경제gig economy(단기계약직과 프리랜서가 많고 정규직이 많지 않은 노동시장을 특징으로 하는 경제—옮긴이)에서 일하고 있다.[32] 세계경제에서 경쟁력 향상과 새로운 일자리 창출을 위한 노동시장 개방을 목표로 개혁을 추구하면서 서구 민주주의 사회는 탄력근무제와 시간제근무제를 도입했다. 이러한 근무 제도가 미래의 기준이 될 것 같다. 한 직장에서 종신고용 확보 또는 평생 하나의 직업은 아마도 과거의 유물로 남을 것이다.

전 미국 노동부 장관 로버트 라이시Robert Reich에게, 야단법석 떨며 나타난 우버와 같은 공유경제 기업들은 노동의 악몽이 실현되어 나타난 실체다. 그는 이들을 가리켜 다음과 같이 설명한다.

(…) 누가 봐도 당연히 30년 전 기업들이 상근 정규직을 임시직, 독립적 계약직, 자유계약직, 자문직으로 전환하기 시작한 과정의 절정이다. 그것은 계획했던 것보다 시간이 더 많이 걸리는 일, 예상보다 스트레스가 더 심한 일을 근로자가 온전히 감당하도록 했고, 따라서 불확실성과 위험을 근로자 스스로 해결하게 했다. 임금, 근로시간, 근로조건의 최소 기준을 정한 노동법을 피해가는 길이기도 하다. 노동법을 근거로 직원들이 단합하여 더 나은 임금과 혜택을 받기 위해 협상할

수 있었다. 그러나 새로 등장한, 요구가 있을 때 언제든 일할 수 있는 '요구불 일자리on-demand work'는 모든 위험을 근로자들에게 전적으로 떠넘겼고 최소한의 기준도 완전히 없애버렸다.[33]

라이시는 주로 미국을 얘기하고 있다. 미국은 선진세계에서 노동시장이 가장 유연한 곳, 그래서 가장 불안한 곳 중 하나이며, 소위 말하는 '긱 경제'가 급속도로 확산된 곳이다. 과거 세기에 일어난 강력한 노동운동의 영향으로 직업의 안전성과 많은 복지 혜택이 법으로 보장된 유럽은 바로잡겠다는 노력 덕분에 그 어느 지역보다 구舊경제와 파괴적인 신新경제 사이에서 균형을 잘 잡은 것으로 보인다. 그러나 그런 유럽도 세계적으로 경쟁해야 하는 위치에서 현재의 복지 혜택을 어느 정도 미래에도 유사하게 제공하는 것뿐 아니라 젊은 이들의 고용을 창출하도록 변화를 주어야 한다. 청년 실업은 그리스, 스페인, 이탈리아에서 가장 중요한 난제로 남아 있다.[34]

유럽이 자신의 사회적 모델을 유지하고 부채 상환을 위한 자금 조달 부담에서 벗어나면, 능력을 키워 반드시 세계경제에서 경쟁력을 향상시키고 생산성을 높여야 한다. 독일의 앙겔라 메르켈 총리는 "오늘날 유럽이, 그 인구수가 전 세계 인구 중 7%를 약간 상회하며 세계 GDP 중 25% 정도를 생산하고 세계 사회복지비용의 50%를 지원해야 한다면, 유럽은 그 번영과 생활방식을 유지하기 위해 매우 열심히 일해야 한다. 이는 너무도 자명한 결론이다"라고 신랄하게 언급했다.[35]

2005년 독일이 높은 실업률과 낮은 성장률에 직면했을 때, 당시 게르하르트 슈뢰더 총리는 시동이 꺼진 경제에 재시동을 걸기 위해 노동시장과 복지 혜택에 대한 개혁을 시작했다. 개혁 내용을 보면, 실업급여 지급 기간이 32개월에서 24개월을 넘지 못하도록 줄였다. 또한 산업 시대에 사회적 시장정책의 근간이었던 완전한 사회보장 혜택이 부여되는 장기 고용 대신 고용주가 근로자에게 소위 미니잡 minijobs이라 불리는 6개월 계약을 제안할 수 있도록 했다.

그 후 독일은 무역수지 흑자가 매년 증가할 정도로 경쟁력을 회복했다.[36] 2008~2009년 금융위기가 닥쳤을 때, 독일 기업들은 임시직 근로자들을 일시적으로 해고함으로써 생산량을 줄일 수 있었다. 반면에 숙련된 핵심 인력은 경기가 회복되면 활용하기 위해 그대로 고용을 유지했다. 그러나 슈뢰더의 개혁이 시행되고 몇 년 뒤 부정적인 결과가 나타났다. 일자리를 보호받은 고숙련 근로자들과 저숙련, 저임금의 임시직 근로자들 사이에 불평등이 심화된 것이다. 유럽연합 회원국 중에서 독일은 저임금 근로자의 비율이 가장 높아 25~34세 근로자의 20%가 이에 해당한다. 불평등을 억제하려는 시도로, 독일은 2015년에 시간당 최저 임금을 8.50유로로 공식화했다[37](그러나 2017년에 8.84유로로 다시 올렸다[38]).

유럽의 장기적인 경기 둔화에서 탈출하려고 발버둥 치는 스페인과 여타 국가들도 나름의 미니잡 개혁을 시행했으며 유사하게 혼합된 결과가 나타났다. 즉 경제 회복력은 더 강해졌으나 고용은 더 불안정해지고 불평등은 더 확대되었다.[39] 프랑스에서는 2017년에

친親기업적 대통령 에마뉘엘 마크롱이 선출되었다. 그는 과거 중앙권력의 통제정책을 푸는 새로운 '스타트업' 경제환경을 조성하면서 노동시장을 개방하는 개혁을 강행했다. 프랑스 노조의 입장은 프랑스에 중대한 영향을 미칠 것이다. 북유럽 국가들이 실제로 보여주었듯이, 노조를 약하게 만드는 것이 아니라 강하게 만드는 것이 평등을 향상시키는 열쇠다. 그러나 이는 노조가 혁신에 저항하지 않고 혁신을 지원하며 그들의 협상력을 이용해 생산성 향상으로 창출되는 부의 더 많은 부분을 가져갈 때 한해서다. 마크롱이 약속한 사회적 합의에서 핵심적인 부분은, 북유럽국가 스타일로, 사회 안전망과 교육 프로그램을 확대하면서 동시에 고용과 해고의 유연성을 더 높이는 것이다. 이 두 가지는 모두 프랑스가 끊임없이 파괴적인 디지털 혁신경제에 발을 깊숙이 디디면 디딜수록 반드시 더 강력해질 것이다. 프랑스는 이 두 가지 목표를 달성하기 위해 모든 다른 나라와 마찬가지로, 부를 창출하는 창의적이고 파괴적인 소용돌이로 인해 벌어진 틈으로 떨어지는, 그 수가 점점 증가하는 근로자들을 구조할 그물망을 지원하기 위해 더욱더 유연한 경제에서 충분한 재정적 혜택을 거둬들이는 조세제도가 필요할 것이다.

'긱 경제'의 새로운 일자리는 민족적 특성과 경제적 상황을 모두 반영한 사회적 긴장 또한 불러온다. 사회적으로 보호주의적 입장인 프랑스에서 2016년 1월에 면허가 있는 택시기사들이 우버를 상대로 파업을 벌여 파리에 교통정체가 야기되었다. 그러나 동시에 교외 지역에 거주하는 세네갈 출신 청년들, 파리를 둘러싼 교외 지역 고층 아파트에 사는 빈곤층에게 우버는 기회를 제공했다. 그들은 우버 기사로서 사업을 시작했다. 그것이 그들이 할 수 있는 유일한 일자리였기 때문이다.[40]

　반면에 상승세를 탄 에스토니아의 경우 1인당 연간 소득이 구소련이 막을 내린 직후 1,000달러에서 현재 2만 달러로 상승했으며, 2016년에 물러난 토마스 헨드리크 일베스Toomas Hendrik Ilves 대통령은 승차 공유 서비스를 환영했다. 그는 이 서비스를, 차가 없는 사람들이 발생시키는 교통 수요와 차를 가진 운전자들이 제공할 수 있는 교통수단 공급을 연결함으로써 자동차 소유주들을 자본가로 만드는 강력한 수단으로 보았다.[41]

새로운 사회계약을 위한 시간

확실한 것은, 기술적 진보의 충격이 너무 커서 우리의 정치 및 사회 제도를 19세기 프로이센의 오토 폰 비스마르크에 의한 복지국가 도입이나 1930년대 미국의 프랭클린 루스벨트에 의한 뉴딜정책보다 절대 뒤지지 않게, 진지한 방식으로 재고하게 할 것이다.[42]

　우리가 주장하는 바는, 거버넌스의 역할은 이 필수불가결한 상황에 저항하는 것이 아니라 파괴로 인한 부정적인 것들을 혁신의 혜택으로 상쇄함으로써 과거에서 미래로 이행하는 이 과도기가 순조롭게 지나가도록 대처하는 것이다. 거버넌스의 혁신이 필요한 과정이다. 쉽지 않겠으나 거버넌스가 감당해야 하는 것은, 경제적 격변이 언제나 피할 수 없는 당면 과제라 해도 사회적 안정을 유지하고 어떤 상황에도 대처할 수 있도록 하는 것이다.

계속되는 파괴에 대처하기 위해, 산업 시대의 사회적 안전망을 새로운 방식으로 구상함으로써 끊임없이 이어지는 급속한 기술발전과 산업구조상의 무역 경쟁을 수용하고 특정 직업이 아닌 근로자들의 전반적인 복지를 보호해야 한다. 이는 실업에 대한 보편적 혜택 유지, 현재의 고용주와 상관없는 보편적 의료보장을 의미한다. 이 모델은 스칸디나비아 국가 중 몇몇 국가에 이미 존재하며 유럽 도처에서 권장되고 있는 '유연 안전성flexicurity'이다. 더 나아가 지식 주도의 혁신경제에서 안전망에 대한 전통적인 관념은 로봇으로 대체할 수 없는 고도의 숙련된 기술이 필요한 직업을 갖는 데 필요한 준비를 제공하는 '기회망'으로 자연스럽게 바뀌어야 한다. 사회적 지원 제도는 실업 등 일시적 추락에 대해 완충 작용을 하는 안전망 이상이어야 한다. 그것은 또한 기회를 북돋우는, 뛰면 튀어오를 수 있는 트램펄린 역할을 해야 한다.

거버넌스는 급속한 기술의 진보가 노동을 대체하고, 자본에 비해 노동의 역할을 축소하고, 생산성 및 부의 창출과 고용을 단절시킴으로써 초래될 부와 권력의 격차를 해소해야 한다. 이는 모든 시민이 살아갈 정도의 소득을 확보할 수 있음을 의미한다. 지금 이 시기와 역사가 로버트 앨런Robert Allen이 명명했던 '엥겔스의 휴지기 Engels' Pause'(1790년부터 1840년까지, 영국의 산업혁명기에 노동자임금 정체, 1인당 GDP 급상승, 기술변혁, 자본축적, 불평등의 시기 —옮긴이)[43] 사이에 유사성이 존재한다고 할 수 있다. 이 용어는 제1차 산업혁명으로 인한 파괴가 그로 인한 복지국가 탄생이라는 미래의 혜택보다 더 컸던 시기에서 유래했다. 오늘날도 마찬가지로 우리 시대의 기술 진보와 혼란을 해결할 새로운 사회계약이 등장할 필요가 있다. 그리고 역사에서 항상 그랬듯이, 새로운 사회계약은 그것을 요구하는 설득력 있는 정치적 프로그램 주위로 사회적 힘이 집결해야만 등장할 것이다.

해결책은 여러 형태로 제공될 수 있다. 그러나 효과를 내려면, 어떠한 체계적 반응, 즉 체계적 해결책도 디지털 혁명이 창출한 새로운 부를 대중이 공유할 수 있도록 만들 수 있어야 한다.

토마 피케티는 그의 상당히 영향력 있는 저서 『21세기 자본Capital in the Twenty-First Century』에서, 경제적 불평등은 자본을 소유한 사람들의 어마어마한 수익 능력과 임금 노동자들의 보람 없는 고투 사이의 격차에서 비롯된다고, 그 출처를 제대로 확인했다.[44] 투자할 돈을 가진 사람들은 복리로 이익을 거둘 수 있다. 노동을 제공하는 사람들은 겨우 시장이 기꺼이 지불하는 정도로 버는 것을 기대할 수 있다. 피케티는 소득뿐만 아니라 부에 대한 누진 과세가 불균형을 바로잡는 길이라고 강력하게 주장한다.

부가 점점 더 거대 디지털 독점기업과 금융회사와 연관된 상위 퍼센트에 속하는 사람들에게 집중되기 때문에 피케티의 주장이 어느 정도는 옳다. 그러나 그가 과감하게 제시한 해법은 반쪽짜리 해결책일 뿐이다. 사실상, 불평등을 줄이는 핵심의 나머지는 토마 피케티의 분석을 근본적으로 뒤엎어 소득의 재분배만 강조할 것이 아니라 투자수익으로 발생한 부의 공유에도 초점을 맞추는 것이다. 시민 대부분의 경제적 상황이 평생의 직업이 아니라 단지 우버 기사, 에어비앤비 주인, 노인요양보호사로서 벌어들이는 미미한 수입에 의해 결정되는 사회를 피하기 위해, 모든 사람이 혁신이 만든 부와 생산성에서 투자자의 지분을 소유해야 한다. 지분 공유가 공평한 경쟁의 장을 만드는 최선의 해법이다. 영국의 경제학자 앤서니 앳킨슨 Anthony Atkinson이 주목한 것은, "부에 대한 논쟁이 최상위층의 큰 재산에 초점을 맞추는 경향이 있다. 그러나 부의 재분배는 최상위층의 과잉 소유를 제한하는 것만큼 최하위층의 소액 저축을 장려하는 것에 관한 것이다".[45]

디지털 자본주의 시대에 불평등을 줄이려면 신뢰할 수 없는 국가에서 시행되는 재분배에 대한 전통적 관념을 뛰어넘어 전체 인구를 대상으로 교육과 자본 소유의 혜택을 강화하는 것에 초점을 맞추어야 한다. 경제학자 브랑코 밀라노비치Branko Milanovic는 이것을 다음과 같이 짧지만 명확하게 기술했다. "불평등을 실제로 줄일 수 있는 유일한 길은 세금과 이전소득이 효과를 나타내기 전 중재에 착수하는 것이다. 이 중재는 수혜의 불평등, 특히 교육과 자산 소유의 불평등을 줄이는 것을 말한다. 시장소득의 불평등이 조절되고 시간이 지나면서 통제되면 이전 소득과 세금을 통한 정부의 재분배정책은 그 중요도가 훨씬 덜할 수 있다."[46]

우리가 기술한 자본주의의 변형을 고려하면, 새로운 사회계약의 기본에는 몇 가지 특성이 존재한다. 결합하고 시간이 흐르면서,

이러한 특성은 혁신경제의 끊임없는 파괴 속에서 불평등을 줄이고 사회적 안정을 구축해야 하는 이중의 난제를 만난다. 이 특성 중 일부는 가까운 미래에 실현 가능하며, 다른 것들은 현 상황에서 장기적인 진화가 필요할 것이다.

유연 안전성과 선분배

디지털 시대를 위한 새로운 사회계약의 핵심은 유연 안전성과 선분배의 결합이다. 새로운 사회계약상 이 항목은 초반에 논의한 것처럼 다음 세 가지를 수반한다. 첫째, 끊임없이 변화하는 혁신경제에서 일자리 대신 근로자를 보호하는 유연한 노동시장정책의 설계다. 여기에는 보편적 혜택과 직업훈련이 포함되어야 한다. 둘째, 고임금과 저임금 기회 사이의 소득 격차를 줄이기 위한 공공 고등교육에 대한 투자다. 셋째, 디지털 자본주의에 의해 생산된 부, 사용자와 소비자에 의해 발생한 데이터 자체가 연료가 되어 창출된 부 안에서 모두가 자본을 공유하는 것이다. 궁극적으로, 모든 거대 기업의 소유권이 다음 세 범주의 주주들 사이에 배분되는 것을 생각할 수 있을 것이다. 이 세 범주는 개인투자자, 직원 그리고 대중 전반이다.

피케티는 누진 과세로 불평등을 줄인다는 것을 설득력 있게 보여주었다. 확실히 제2차 세계대전 말에서 1980년 사이 수년간 한계소득세율의 최고 비율이 81%에 달했던 때 미국에서 불평등을 나타내는 수치가 최저점이었다. 그러나 이때는 최고의 생산성 향상을 이루어, 산업계에서 제조업이 무르익고 그 상승효과가 미국 경제 전반에 파급된 시기였다. 그러나 이 또한 이야기의 일부일 뿐이다.[47]

피케티의 분석에서 언급되지 않은 것은 그가 박수갈채를 보낸 시기가 바로 앞선 수십 년 동안 교육과 인프라에 거대한 공적 투자가 이루어졌고 그 투자가 성숙한 열매를 맺은 시기였다는 사실이다. 23개 캠퍼스와 47만 명의 학생이 공부하는 캘리포니아 주립대학교 시스템 같은 대규모 공공 대학들이, 동부와 서부 연안 각주를 연결하는 고속도로 공사가 마무리되었던 것처럼 제2차 세계대전 후에 모두 완공되었다. 이러한 설립 공사들은 후버 댐, 테네시강 유역 개발 공사와 같은 1930년대 대규모 공공 일자리 프로젝트에 더해 추가로 시행되었다. 이러한 공공 투자가 제조업 경제에서 생산성의 도약으로 인한 임금 상승과 결합해 미국 중산층의 성장을 가속화시켰다.

누진세율이 상위 1%와 나머지 사이의 격차를 제한하는 것은 확실하다. 그러나 공공 투자는 방정식에서 필요한 나머지 반이다. 몇 년간 미국 상·하원 합동조세위원회 위원장을 역임했던 서던캘리포니아 대학교 경제학자 에드 클레인바드Ed Kleinbard는 조세정책의 '전반적인 누진적 성과'에 목표를 두는 접근방식을 주장했다. 그는 비록 현재의 세금이 미국이 전반적으로 가장 번영했던 때보다 덜 누진적이거나 역진적이라 해도, 더 문제가 되는 것은 정부가 세입을 어떻게 지출하는가라고 주장한다. 클레인바드에게서, 디지털망을 포함해 공공 고등교육과 인프라에 대한 투자는 상승 이동을 위한 핵심이다.

그는, 교육의 혜택을 이용해 최대 이득을 얻는 사람들은 덜 부유한 층이라고 말한다. 실제로 2017년에 스탠퍼드 대학교가 미국의 모든 대학을 대상으로 실시한 한 연구에서 로스앤젤레스의 캘리포니아 주립대학교가 미국에서 상층 이동을 최고로 많이 배출한 학교로 밝혀졌다. 캘리포니아 주립대학교의 경우, 하위 20% 소득 코호트 출신 학생 중에서 졸업 후 몇 년 내 상위 20% 소득군으로 이동한 학생 수가 조사 대상이었던 그 어느 대학보다 많았다.[48] 인프라 투자 역시 노동자 계층에 보수가 좋은 일자리를 만들어준다.[49] 인프라와 고등교육에 대한 지출은 덜 부유한 층에 더 많은 혜택이 돌아가도록 만든다.

캘리포니아 경제와 그 과세 기준을 확장한 모델에 근거해 그리고 클레인바드의 생각을 따라, 우리의 미래위원회는 조세제도의 포괄적인 정비를 제안했다. 앞 장에서 다룬 것처럼, 캘리포니아의 2조 6,000억 달러 경제는 현재의 재무구조 틀이 세워진 1950년대와 1960년대 주로 농업과 제조업 기반의 경제에서 현재 캘리포니아 경제활동의 80%를 차지하는 정보 및 서비스 부문을 기반으로 하는 경제로 바뀌었다. 그런데도 캘리포니아 내 서비스 경제는 용접과 같은 몇 안 되는 특이한 서비스를 제외하고 거의 과세 대상이 아니다. 당연히 조세제도는 캘리포니아의 전매특허나 다름없는 누진적 특성을 유지하면서 21세기 실물경제를 반영해야 한다. 광범위한 기반의 서비스 경제에 소액의 소비세를 부과하고 더불어 그에 상응하는 소득세 감세 혜택을 중산층과 소상공인에게 준다면 공공 고등교육과 인프라 투자에 필요한 세수를 거둘 수 있을 것이다.

이러한 계획은 극적인 인구 변화를 겪고 있는 상황과도 잘 맞는다. 캘리포니아의 미래 유권자 대부분을 구성할 젊은 라틴계와 아시아계 인구층은 상승 이동을 통해 자신들의 자산을 쌓고자 한다. 중산층 진입에 분투하는 야망 찬 유권자들에게, 공공 투자의 토대 위에서 발전을 위한 기회가 주어지는 것은 그 어떤 것보다 중요하다.

시민 전체를 위한 자기자본 공유: 보편적 기본자본

노동을 대체하고 임금을 떨어뜨리는 기술과 공유경제가 향후 수십 년 안에 성장할 것이기 때문에, 고용이 점점 더 생산성으로부터 단절되더라도 모든 시민이 새로운 부를 공유할 수 있도록 하면서 '모든 시민을 위한 배당금'을 제공하는 후기복지제도를 준비하는 것이 시급하다. 이는 몇 가지 중복되는 방식으로 실현될 수 있다.

선진경제에서 자산-공유 설계를 위해 가장 손쉽게 조정할 수 있는 모델이 미국의 경우처럼 의무적인 국민저축과 투자펀드일 것이다. 싱가포르, 호주를 포함해 몇몇 국가에서 이미 그와 같은 펀드를 운영한다. 일하는 성인은 모두 의무적으로 참여해야 하며 고용주, 직원, 정부는 분담금을 내야 한다. 호주의 퇴직연금 펀드는 회원들에게 이렇게 설명한다. "일하는 동안 당신이 슈퍼펀드에 당신의 분담금을 내고 그로 인해 당신이 번 수익은 재투자되어 시간이 지나면서 그 가치가 점점 불어난다. 당신이 슈퍼펀드에 넣는 돈은 정해진 최소 연령 후 당신이 퇴직할 때까지 또는 퇴직 이행기가 시작될 때까지 계속 예치된다. 슈퍼펀드에 넣는 당신의 분담금과 그로 인한 수익에는 통상적으로 15%의 세금만 부과되기 때문에, 이 퇴직연금 펀드는 절세 효과가 가장 뛰어난 투자 대상 중 하나다."[50] 캘리포니아 의회는 이러한 사례를 따라 2016년에 법안을 통과시켜 '캘리포니아의 안전한 선택 퇴직 플랜California Secure Choice Retirement Plan'을 만들었다. 이 퇴직 플랜은 고용주에게서 사적 플랜을 받지 못하는 시민 모두가 이용할 수 있는 주의 투자 펀드를 설립했다. 이 제도에서는, 5명 이상 직원을 고용한 회사는 근로자가 참여를 거부하지 않는 한 월 급여의 2~5%를 401(k) 퇴직연금에 적립해야 한다. 일리노이주, 오리건주, 코네티컷주는 비슷한 플랜을 고려 중이다.[51]

호주의 펀드를 통한 투자 수익은 소액 저축자들의 자산을 늘려주어 불평등을 감소시키지만, 이 캘리포니아 펀드는 퇴직연금에 국한된다. 싱가포르 중앙적립기금Singapore's Central Provident Fund, CPF은 연금 수령권 부여 기간을 채운 후부터 퇴직뿐만 아니라 의료와 주택에 들어가는 비용 지출을 위해 기금을 인출할 수 있다는 점에서 우리가 생각하는 것에 더 가깝다. 고용주와 고용인은 연금 수령권 부여 최소 기간까지 기금 분담금을 의무적으로 적립해야 한다.[52]

영국의 경제학자 앤서니 앳킨슨은 그의 저서 『불평등을 넘어: 정의를 위해 무엇을 할 것인가?Inequality: What can Be Done?』에서 그와 같은 기금을 인덱스 뮤추얼 펀드처럼 시장의 다종다양한 포트폴리오 전반에 투자해야 하며 그렇게 되면 그 수익률은 전체 경제의 성장을 반영해야 한다고 제언한다.[53] 그의 계획에서는, 펀드는 시간이 흐르면서 종합지수의 과거 평균치에 의해 결정되는 물가상승률을 감안한 최저 수익률을 보장받는다. 펀드 수익률은 시장 상황에 따라 오를 수 있으나, 지정된 최저 수익률 아래로 떨어질 수 없으며, 필요할 경우 정부 재정에 의해 해당 연도 내에서 보조금 지원을 받게 된다. 기금의 적정 부분을 벤처 자금으로 배정할 수 있으며, 이는 위험성이 크나 오름세에 있는 성장 가능성이 매우 높은 신생 벤처 기업을 대상으로 주식을 기부하는 방식의 배정이다.[54] 두 펀드 모두 독립적이고 전문적으로 관리된다.

현재 미국 가구의 60%는 뮤추얼 펀드나 401(k)에 투자하지 않는다. 그와 같은 펀드를 소유한 40% 정도의 가구는 소득 등급에서 제일 꼭대기에 있고, 거래 가능 또는 첨단기술 부문에서 일하며, 기술에 의해 대체될 가능성이 낮은 사람들이다.[55] 연방준비제도에 따르면 미국에서 성인의 40%가 비상금으로 400달러도 가지고 있지 않다.[56]

모든 사람이 시민계좌citizen's account를 개설해 소득을 저축하는 것을 생각할 수 있다. 이런 계좌는 회원이 그 어느 때보다 유연한 노동시장과 협상하면서 어디에 살거나 어디에서 일하거나 함께 이동하고 여행할 것이다.

그와 같은 펀드가 상당히 현실적이라는 것에 동의하면서도 전 미국 재무장관 로런스 서머스는 그러한 펀드로 인해 미국과 같은 나라가 직면할 난제에 주목하며 다음과 같이 언급한다. "그와 같은 펀드를 세우면 만성적인 예산 과잉 상태가 된다. 미국이 이를 오랫동안 두고 볼 것 같지 않다." 빌 게이츠가 생각하는 로봇세robot tax는 지금 시작할 중요한 정책일 수 있다. 로봇세로 국부 펀드 자산을 조성함으로써 일반 대중을 위해 투자할 수 있고, 그렇게 되면 대중에게 배당금을 분배할 수 있다. 그러나 역시 로런스 서머스의 지적처럼 로봇세와 같은 세금은 과도기적 조치로서 현실성이 있을 뿐이다. 그 이유는, 공유하고자 하는 부의 창출을 지연시키는 역효과를 초래할 것이기 때문이다.[57]

구글의 최고경영자로 몇 년간 일했던 에릭 슈밋은 디지털 자본과 천연자원의 유사성을 설파했다. 국가가 21세기의 이 새로운 '자원'을 어떻게 관리하는가에 따라 국가의 번영이 결정될 것이라고 그는 주장한다. 그는 국가 소유의 에너지 자원에 대한 수익을 잘 관리하는 노르웨이와 국가의 가장 중요한 자산인 석유를 낭비하는 베네수엘라를 비교한다.[58] 이런 의미에서, 우리가 이 새로운 디지털 자원을 위해 제안하는 것은 노르웨이가 국가 자산인 석유를 가지고 이미해온 것과 유사하다. '정부 연기금 글로벌 펀드'로 알려진 노르웨이 국부 펀드풀은 석유 수익으로 재정을 충당하며 기금을 투자해 창출된 배당금을 연금 형태로 국민에게 지급한다.[59]

지금까지 디지털 경제의 공유 개념은 에어비앤비, 리프트Lyft(샌프란시스코에 본사를 둔 승차 공유 서비스 기업―옮긴이), 우버와 같은 기업에서 나왔고 벤처 자금 지원을 받는 개인 기업들에 의해 관리되어왔다. 그러나 디지털 혁신 자체가 공유를 가능하게 하는 기술적 메커니즘을 제공함으로써 또 다른 대안을 약속한다. 그 핵심에 블록체인blockchain(데이터 분산처리기술. 거래정보원장을 참여자들이 분산 공유하고 함께 기록하며 관리하는 기술—옮긴이)이 있다. 블록체인은 소유권, 거래 등의 정보를 안전하게 유지하는 궤도에 관한 메커니즘이다. 블록체인에서는 정보를 중앙의 한 장소에 저장하지 않고 정보의 복사본과 배포본을 네트워크의 모든 교차점을 가로지르면서 여러 개 만들어놓는다. 중앙에서 가지고 있는 것은 아무것도 없다. 각각의 거래가 기본적으로 비용 제로에 완전히 투명하게 네트워크를 가로질러 전파된다.

이런 기술적 역량이 모든 사람을 위한 진정한 공유경제를 가능케 하는 엄청난 결과를 낳는다. 단지 벤처 기업 자본가와 전통적인 주주들만을 위한 공유경제가 아니다. 예를 들어 자율주행자동차 군단에서 각각의 새 로봇은 그것을 운영하는 지역 사회의 모든 회원이 아주 조금씩 소유할 수 있다. 공유 자동차 승차 수입이 개인 기업으로만 들어가는 것이 아니라 매번 누군가가 자동차 승차권을 구매하고 그 수입을 지역 사회 모든 사람에게 분배할 수 있다. 블록체인은 하나의 메커니즘이며 이 메커니즘을 통해 우리의 개인정보를 사용하여 엄청난 수익을 올리는 페이스북, 구글과 같은 거대 소셜미디어 기업들은 우리의 데이터를 사용함에 따라 우리가 당연히 받아야 할 몫을 우리에게 지불하게 된다. 블록체인이 가진 이러한 역량이 앞으로 강력한 촉진제가 되어 모든 사람이 자기 몫의 부를 소유할 수 있다. 이는 사회주의가 아닌 사회적 소유권의 한 형태다. 왜냐하면 국가를 거치지 않기 때문이다. 이 사회적 소유권은 탈국가적·탈관료적 형태의 부의 분배다.

이러한 접근은 고등교육, 현장 직업훈련, 인프라에 대한 공공투자와 같은 여타 선분배정책들과 결합해 광범위한 대중 전반에 걸쳐 자산 소유권을 강화함으로써 불평등을 근본적으로 해결할 것이다. 불평등이 발생하기를 기다렸다 발생한 뒤에 재분배적 조세정책 또는 보편적 기본소득을 통해 그 불평등을 해결할 것이 아니라, 보편적 기본자본을 제공하는 것이 더욱더 합리적이고 현실적이다. 그와 같은 분배적·민주적 소유권 구조를 실현 가능케 하는 블록체인을 사용하면 불평등이 심화되는 대신 로봇화된 사회에서 모든 사람에게 각자의 지분을 배정할 수 있다.

여기서 저기로 가는 방법은 수없이 많을 수 있다. 그러나 그 틀은 분명하다. 즉 노동 임금이 줄어드는 디지털 자본주의 시대에 불평등을 줄이는 최선책은 모든 사람이 새로이 창출되는 부에서 자기자본을 갖는 것이다.

삶의 바탕으로서 보편적 기본소득

일을 하든 안 하든 모든 사람을 위한 '보편적 기본소득'이라는 개념이 주목받고 있다. 일론 머스크는 말했다. "자동화로 풍부해질 것이다. 거의 모든 것이 매우 저렴할 것이다."[60] 그는 보편적 기본소득의 필연성, 감당 가능성을 염두에 둔다.

그와 같은 제도는 위에 간단하게 설명한 보편적 투자펀드로 통합될 수 있으며, 보장된 바탕 역할을 하는 '기본소득'과 함께 '기본자본' 투자 수익에서 발생한 소득이 보충하게 된다. 보장된 소득에만 의존한다는 것은 엄청난 비용 때문에 터무니없는 과장이다. 스위스가 국민 1인당 1,600달러의 보편적 기본소득의 제도화를 국민투표에서 부결시켰을 때, 만약 가결되었다면 GDP의 30%라는 엄청난 비용이 들 것이라고 추정되었다. 그 제도를 지원하기 위해 필요한 세금 부담을 떠안는 것은 보나 마나 자멸하는 길일 것이다.[61]

좀 더 온건한 제도로서 '참여소득' 또는 '조건부 기본소득'을 들수 있다. 이는 노동시장에서의 근로가 아닌, 마을 지역의 안전 유지, 환경 정화, 군 복무 또는 기술 향상을 위한 평생 교육에 참여하는 등 다양한 보편적 공공 서비스 활동을 함으로써 사회에 기여하는 사람들에게만 지급되는 소득이다. 사회가 기본소득을 제공하는 데는 사회적 의무 또한 함축해야 한다.

여전히 정부가 임금보조금 교환권을 제공할 것을 제안하는 사람들이 있다. 이는 저임금 근로자를 고용하는 고용주들, 특히 노인요양보호사와 같은 사회적 수혜층을 위한 일자리를 제공하는 고용주들에게 그 비용을 줄여주기 위함이다. 이런 기업들은 비영리로 또는 박한 이윤을 내면서 사업을 운영한다. 최저 임금 규제와 같은 대안 역시 보편적 기본자본에서 발생하는 소득으로 보충되는 하나의 바탕을 제공할 것이다.

기타 혼합형 개념들이 오늘날에도 돌아다니고 있다. 세계적 부호 중 한 명이며『제3의 물결The Third Wave』을 저술한 미래학자 앨빈 토플러 신봉자인 카를로스 슬림Carlos Slim은 제한적이나 보장된 기본소득과 결합된 주당 3일 근무를 주창한다.[62] 기술이 일자리를 대체하기 때문에 더 많은 사람이 고용될 수 있도록 이런 관행이 확산될 것이다. 이런 생각은 존 메이너드 케인스가 1930년에 에세이「손자 세대의 경제적 가능성Economic Possibilities for Our Grandchildren」에서 밝혔던 기대, 즉 산업화된 국가들은 그들이 창출한 부로 인해 언젠가 주 15시간 일하는 제도를 도입할 것이라는 기대와 거의 같은 내용이다.[63]

자본주의 이후에 관한 시나리오

궁극적으로 기업의 소유권을 완전히 정비하는 것을 포함하는 자본주의 이후에 관한 시나리오를 상상할 수 있다. 재계에서 꽤 큰 기업이 자기자본을 3등분해 3분의 1은 개인 투자자들에게, 3분의 1은 고용주들에게, 3분의 1은 우리가 제안한 일종의 보편적 투자펀드 형태로 일반 대중에게 나눠줘야 한다고 생각해보자. 세 번째 공적 지분은 모두를 위한 자기자본의 공유를 탄생시킬 뿐만 아니라 피케티가 지적한 것처럼 불평등의 근본 원인인 투자자投資者와 고용인雇傭人 사이의 깊은 골을 메울 것이다.

　이 개념이 설득력 없어 보일 수도 있으나, 오늘날 미국에서 적어도 50%의 회사 지분을 직원이 소유한 기업이 이미 수백 개에 달한다. 또한 현재 세계 많은 지역에서 다른 방식으로 이러한 비전을 실현하고 있다. 하나만 예로 들면, 독일의 니더작센주는 폭스바겐 지분의 20%를 소유하고 있다.[64]

　이 장을 시작하면서 우리는 "누가 로봇을 가질 것인가?"라는 질문을 제기했다. 우리가 간추려 설명한 제도들이 실제로 어느 정도 결합될 수 있으면 그 답은 "우리 모두가 소유한다"가 될 것이다. 혁신경제에 의해 발생한 새로운 부를 그처럼 포괄적으로 공유해야만 그 새로운 부가 사회적으로 지속가능할 것이다. 그러한 제도가, 자신들의 고생을 이민자나 세계의 무역 파트너 탓으로 돌리는 포퓰리즘 운동에 불을 지피는 경제적 불안을 해결하는 답이다. 지금 이 순간 이러한 견해에 대한 합의가 아직 이루어지지 않을 수 있으나, 다른 대안이 없으므로 곧 합의에 도달할 것이다. '소유권 공유'만이 실행 가능한 '논제로nonzero' 해결책이다. 즉 디지털 방식으로 변형된 자본주의의 새로운 경제에 의해 직면한 난제들을 해결할 방안, 모두에게 공정한 혜택이 돌아가는 유일한 해결책이다.

CHAPTER 4

세계화 통제

세계화 1.0은 미국 주도의 세계질서에서 비롯되어 제2차 세계대전 이후 서구의 주요 국가들과 일본에서 성공적으로 안정과 번영을 이루었다. 냉전 시대 종식에 뒤이어 이른바 워싱턴 합의에 따른 자유무역, 자본 흐름의 자유화, 규제 완화, 시장의 통합이 한층 더 번영을 확산시킴으로써 고르지 않더라도 한국, 중국, 인도, 브라질과 도처 신흥국들에서 중산층의 성장을 불러왔다. 이러한 발전은 세계화 2.0으로 이어졌으며, 세계화는 점점 더 서구의 주요 경제권 국가들 밖에 있는 사람들에 의해 진행되고 있다.

세계화 프로젝트를 이끄는 것은 더 이상 그 창시자들만의 영역이 아닐 수 있으나 그 인프라와 탄력은 남아 있다. 입장은 바뀌었으나 세계화는 여전히 진행 중이고 오래도록 지속될 것이다. 다른 국가들이 세계화의 운전석에 앉을 때 혜택의 고삐를 죄면서 손상된 면을 수용하는 것이 미국을 비롯한 서구 여러 국가 앞에 놓인 새로운 도전이다.

20세기 후반과 21세기 초반에 가장 엄청난 발전은 세계화이며 가장 뚜렷하게 나타난 양상은 중국이 빈곤에서 탈출해 세계경제의 최상위층으로 도약한 것이다. 수억 명의 중국 저임금 근로자가 통합된 세계 노동시장과 개방경제시장에 유입되어 중국을 세계의 공장으로 만들었으며, 기술의 발전과 함께 서구의 광범위한 지역에 걸쳐 제조업을 파괴시키고 제조업이 생계수단인 그 지역 주민들의 삶을 피폐하게 만들고 있다. 러스트 벨트rust belt(미국 북동부 5대호 주변의 쇠락한 공장지대―옮긴이) 지역에서 낙후된 삶을 살면서 지금의 포퓰리즘을 선동하는 서구 시민들 사이에서 중국은 그 자체로 재앙이다.

중국의 경제적 부상은 냉전 종식 이후 지정학적 질서를 지배하는 미국에 대한 가장 의미 있는 도전이기도 하다.

간단히 말해, 서구 사회가 보통 사람들을 위해 세계화의 고삐를 죄기를 원하면 중국과 대치하든지 협력하든지 둘 중 하나의 관계를 유지할 수밖에 없다. 좋든 싫든 중국은 세계 무대의 중심으로 돌아왔다. 중국이 하든 하지 않든, 그들이 무엇을 하든, 기후변화와 싸우든 무역전생에 참여하든 최신 기술을 정복하든, 모두에게 영향을 미칠 것이다. 중국을 이해하는 것이 우리의 미래를 알게 되는 길이다.

중국이라는 난제

"중국은 민주주의 국가도 서구의 명예 회원도 되지 않을
것이다."

리콴유

중국의 부상으로 서구 사회가 민주적 혁신을 몰고 가는 면이 어느
정도 있다. 그 이유는 바로 중국의 성장이 미국과 여러 국가가 냉전
후 자유민주주의가 한때 다른 모든 형태의 거버넌스를 제치고 승리
한 것으로 여기며 안주했던 상태를 넘어 앞으로 나아가도록 만들었
기 때문이다. 중국이 빈사 상태였던 소련의 계승자가 될 것으로 단
정 짓는 것은 잘못된 은유의 힘을 사용한 것이다. 중국의 회복력은
수십 년간 이어진 마오쩌둥주의의 처참한 사회적 실험보다는 수천
년간 지속된 국가 문명의 오랜 역사와 훨씬 더 관련 있다. 중국을 노
골적으로 거부할 것이 아니라 중국을 이해하고 중국의 경험에서 받
아들일 수 있는 것이 무엇인지 겸허하게 평가해야 중국의 시스템이
실제로 어떻게 작동하는지 이해할 수 있다. 1971년 닉슨과의 만남
에서 비롯된 개방 당시 중국을 다루었던 최고 걸출한 전략가들조차
중국 공산당의 실제적인 내부 운영과 통치방식에 대해 아는 것이 거
의 없다는 것을 우리는 알게 되었다. 중국의 통치방식은 시진핑의
인격주의적 규율personalist rule이 확고하게 자리 잡았기 때문에 자체
적으로 더 진화하고 있다. 더 많이 배우기 위해, 우리는 2013년부터

베이징에 가서 중국의 최상위 지도자들을 만나면서 현대의 중화中華를 더 잘 이해하고자 노력하고 있다.

붉은 황제와의 만남

세계에서 가장 거대한 도시 중 한 곳의 심장부에서 자동차가 눈에 띄지 않는 광활한 고속도로를 따라 윙윙 소리를 내며 달리다보면 섬뜩한 감정이 몰려온다. 이것이 우리가 탄 자동차 행렬이 베이징시로 들어가 톈안먼 광장의 인민대회당으로 향하면서 경험한 것이다. 그곳에서 시진핑 주석과의 만남이 예정되어 있었다. 시 외곽 얀키 호수의 숙소에서 70킬로미터에 이르는 경로를 달리는 길 양방향으로 차가 한 대도 지나가지 않도록 모든 차가 말끔하게 치워졌다. 모든 지선 도로와 진입 차선이 차단되어 엄청난 교통체증으로 이어졌다. 우리는 동양에서의 권한 범위와 서양의 권한 범위 간 극명한 대조를 직접 목격했다. 우리는, 이것이 중국공산당 통치자들이 망라하는 힘 아닐까 하는 느낌을 받았다.

　세계질서의 무게중심이 동쪽으로 바뀐다면, 중국에 대한 이해가 미래를 이해하는 열쇠다. 앞에 놓인 그 길을 판단하기 위해 베르그루엔 연구소의 21세기위원회는 지난 몇 년간 시진핑 주석을 비롯해 여러 최고지도자와의 정기적인 만남을 후원했다. 21세기위원회 회원으로는 여러 노벨상 수상자, 16명의 전임 국가수반, 그리고 구글, 트위터, 스냅챗, 링크트인, 알리바바의 IT 거물들, 그 외 여러 인

사가 포함되어 있다.[1]

우리가 중국에 대해 가장 흥미롭게 생각하는 것은 대립이 아닌 합의의 통치 형태다. 이는 서양인들이 가장 이해하기 어려운 부분이다. 3,000년 전 주周왕조 시대로 돌아가보자. 주나라의 역사는 미국의 역사보다 길다. 당시 중국 철학에서 '정치the political'란 서로 다른 이해관계를 조화롭게 화해시킴으로써 갈등을 최소화하는 개념이었다. 서양이 생각하는 정치는 '우리 대 그들의 논쟁'이며 이는 주나라의 정치 개념과 다르다. 주의 정치 개념은 '천하天下' 시스템이며 '하늘 아래 모든 것'은 조화롭게 공존한다는 철학이 그 바탕을 이룬다. 경쟁하는 다수의 정당, 자율적인 시민사회가 특징인 서구의 '외적 다원주의'와 달리 현대 중국의 시스템은 다양한 이해관계가 표출되고 서로의 주장을 펼치며 9,000만 당원을 가진 공산당의 큰 지붕 아래 흡수되는 '내적 다원주의'가 그 특징이다. 여러 방향의 다양한 주장이 존재할지라도 당내의 과정과 절차를 통해 서로 다른 면을 조화롭게 만들면서 단일한 정책을 구축한다.

따라서 정치적 통일체, 즉 국가를 서구의 다당제에서처럼 분열시키는 것이 아니라, 중국의 일당체제와 정책을 법으로 성문화하는 기관인 전국인민대표대회와 중국인민정치협상회의(농구선수 야오밍, 배우 청룽 등 포함)는 장기적인 목표에 대해 멈추지 않고 지속적으로 오랜 기간에 걸쳐 실행되도록 단호하게 밀고 나가기 위해 필요한 합의를 이끌어낸다. 비록 소란스러운 정치적 논쟁이 일어나고 정치적 난투극이 공공연하게 발생할지라도, 일단 내부적으로 합의가 이루어지면 정책 방향이 비교적 특징적인 규율하에 연속적으로 추진된다. 추진하는 주체는 대부분 실력이 뛰어난 엘리트층의 지도력과 행정력이며, 이 엘리트층은 너무 자주 부패로 얼룩지지만 그래도 유권자에게 호소하는 대중성에 의지하지는 않는다.

중국 지도자들은 이러한 시스템이 사회 전체로 볼 때 서구 민주주의보다 더 좋다고 생각하며, 무엇보다 더 포괄적이고 안정적이라고 여긴다. 공산당 최고 이론가 왕후닝王滬寧은 선거민주주의는 엉터리라고 주장한다. 그는 선거민주주의를 회사 주주들에 비교한다. 즉 이론상으로는 주식을 소유한 사람들 모두가 목소리를 낼 수 있지만 실제로 회사를 지배하는 것은 많은 주식을 가진 소수 주주라는 것이다. 정책을 가지고 경쟁하는 당내 민주주의야말로 다양한 목소리가 반드시 들리도록 하는 탁월한 방식이라는 것이 왕후닝의 생각이다. 그것은 또한 중국의 전통적인 문화적 맥락과도 맞아, 관리들 사이의 실력을 기반으로 하는 경쟁이 서구의 보통선거와 같이 거버넌스에서 중추적인 역할을 한다. 분명히 가까운 장래에 서구의 시스템을 중국에 이식하려는 시도는 잘못된 것이며, 왕후닝의 관점에서 그것은 '중국의 발전 단계에서 있을 수 없는 무례한' 처사이기 때문이다. 그는 중국 속담을 통해 자신의 생각을 밝힌다. "묘목을 땅에서 잡아당겨 자라게 할 수는 없다."[2]

서구 사회가 중국을 이해하기에 어려운 측면이 있지만 오늘날 중국의 지도자들이 마르크스주의 이념을 진지하게 받아들인다는 것에 주목할 필요가 있다. 그들이 믿는 생산력 발전의 과학 법칙에 따르면, 시장은 충분한 번영을 이루기 위해 필요하며 이렇게 창출된 부는 사회주의의 다음 단계에서 공유된다. 유물론자들의 로드맵에 의하면, 사회적 관계와 정치개혁은 이 로드맵의 '발전 단계'를 따른다. 그들이 생각하는 '중국식 마르크스주의'는 현재의 이행 단계를 정당화한다. 이 이행 단계에서는 치열하게 경쟁하는 시장이 경제를 지배하는 국가 소유의 기업들과 공존한다. 이것이 소위 말하는 중국 특성을 가진 사회주의 시장경제다. 1988년 당시 당의 이념 주석이면서 가장 젊은 중국공산당 중앙정치국 상무위원이었던 후치리胡啓立는 본 저서의 저자 중 한 명에게 다음과 같이 말했다. "시장은 자본주의에만 있는 특성이 아니다. 자본주의가 시장경제에 대한 특허권을 가진 것이 아니다. 우리가 만들고자 하는 모델은 국가가 시장을 통제하고 시장이 기업을 이끄는 것이다."[3]

중국에서 모든 최고지도자는 중국공산당 중앙당교를 거치며, 그곳에서 이러한 세계관을 주입받는다. 이렇게 교육받고도 유럽 국가 크기만큼 넓은 면적의 지방을 다스리면서 오랜 경험을 통해 스스로 증명해내지 못하면 최고위직 근처에도 가기 어렵다. 시진핑이 권좌에 오른 길을 보면, 산시성에 있는 소도시의 생산대대 지부 책임자로 시작해 당서기와 푸젠성(인구 3,700만), 저장성(인구 4,800만) 당위원회 서기를 거쳐 중국공산당 중앙정치국 상무위원회로 올라간 뒤 정치국을 거쳐 부주석과 국가주석으로서 최고의 지위에 올랐다.[4]

중국은 이러한 핵심적인 특성을 무기로 하여 기록적으로 짧은 기간 동안 후진국을 현대화시켰다. 거대한 고속철도 선로망과 더불어 여러 인프라를 구축한 놀라운 성취 업적들은 말할 것도 없고, 미국 인구의 대략 두 배에 달하는 7억 명을 단지 30년 만에 빈곤에서 벗어나게 했다. 중국과 인도에서 지난 수십 년에 걸쳐 이룬 발전을 비교하면, 서구적 형태인 민주적이고 서로 대립하여 주장하는 인도의 시스템에 비해 거버넌스의 대안으로서 중국 시스템의 장점을 볼수 있다. 인도는 영국에서 독립한 지 70년이 지난 지금도 전체 가구의 50%가 화장실을 이용하지 못하고 있다.[5]

중국 시스템이 가진 결정적인 결함은 당연히 그 권력과 단단하게 연결되어 있다. 즉 합의가 느슨해지는 것을 막기 위해 지나칠 정도로 억압적인 지시를 하고 자유를 통제한다. 이 시스템은 서구와 반대다. 서구 시스템이 가진 결점은 다양한 참여와 경쟁적인 선거의 위력에 있다. 즉 의견과 이해관계의 불협화음이 폭발하는 가운데 통치합의를 구축하면서 불평등이 확대된다. 오바마케어에서 기후변화에 이르기까지 미국의 정책들을 보면, 총력을 기울인 경쟁적 당파심이 정치적 통일체 사이에서 합의를 파괴할 때, 권력의 민주적 교체란 겨우 4년 전 유권자 대부분이 공개적으로 지지한 정책들을 완전히 결렬시켜버리는 것을 의미한다고 볼 수 있다. 실제로 임기 제한을 철폐함으로써 시진핑 주석이 무한정 통치할 수 있게 한 사람들이 주장하는 핵심 내용은 지속성과 예측 가능성인데, 이것은 정책 집행 과정에서 결정된 방침을 고수할 것임을 포함한다.

사적으로는 몇몇 고위직 관리조차 자유를 제한하는 분위기, 기술관료적 기질, 인맥 정치, 공산당의 부패가 중국의 정신을 파먹는다고 한탄한다. 돈과 조직화된 특수 이해집단들의 부패한 영향력, 선거주기에 얽매인 단기적 전망, 교착상태와 선동적 정치 성향을 내포한 미국의 민주주의와 마찬가지로, 중국은 이념에 따라 실천하는 데서 할 일이 있다. 그러나 그 결점을 들추어 중국이 가진 근본적인 특징을 모호하게 만드는 것은 잘못이다. 그 특징들이 중국의 근대 관료들을 일하게 하고 그 자체가 일을 한다.

국가주석의 권력을 제도적으로 교체하도록 한 그 제한을 2018년에 철폐한 것이 중국의 시스템을 불안정하게 할지 더 단단하게 할지는, 실력 있는 관리들이 서로 경쟁적으로 순환하고 통치자에게 비판적 충고를 하면서 위에서 임의적으로 내려오는 제안들에 대해 견제 역할을 계속할지 여부에 달렸다. 지도자에게 절대적인 충성 서약이 요구되는 한 그런 일이 일어날 것이라는 전망은 낙관적이지 않다. 견고한 피드백 메커니즘이 없으면 최고지도자는 현실과 격리된다. 검열은 '실사구시實事求是' 지도력의 발휘를 방해하고 현장에서 실제로 무슨 일이 일어나는지 환상에 불과한 생각을 갖게 한다. 아랫사람들이 실패라고 말하거나 비판적 충고를 할 경우 그 대가를 치를까봐 두려워한다면 '대안적 사실'의 문제가 심화될 뿐이다.

오늘날 이 시스템의 정점에 시진핑이 있다. 그를 붉은 황제Red Emperor라고 부르는 사람들도 있다. 주장컨대, 시진핑은 마오쩌둥보다 더 큰 권력을 갖고 있다. 마오쩌둥은 나약한 국가의 전능한 지도자였다. 시진핑은 곧 세계에서 가장 큰 경제를 주관할 국가의 전능한 지도자다.

2013년 우리와의 첫 대화에서 시진핑은 우리 외국인 손님을 위해 준비된 속이 두툼하게 채워진 의자들을 반원 모양으로 배열한 곳 중앙에 허물없고 느긋하게 앉아 있었다. 휑뎅그렁한 인민대회당에서 그의 뒤로 벽 크기만 한 만리장성의 풍경화가 어렴풋이 보였다. 시진핑은 서양인들이 베이징의 최고위 관리들에게서 이전에 자주 접했던 무신경한 기술관료적 태도를 취하지 않았다. 그 대신 통치에 대한 비전과 방식에서 신선한 신뢰감을 주었다. 그가 보여준 인상은, 세계 무대의 중심으로 중화의 역사적 회귀를 공고히 하는 것이 자신의 역할이라고 여기는 완벽하게 갖추어진 지도자, 앞에 놓인 매우 중대한 과업을 너끈히 파악하고 잘 처리할 뿐만 아니라 기꺼이 모든 힘을 축적하고 행사해 그런 난제들에 맞대응할 것이라고 확신하는 사람의 모습이었다. 그는 무자비하다기보다 조금도 거리낌 없고 단호해 보였다. 한때 제국의 영광에서부터 부패하여 서구에 정복당할 때까지, 중국의 오랜 역사에 대한 강한 신뢰는 그가 말하는 모든 것에 내재해 있었다.

그 이전의 덩샤오핑과 마오쩌둥처럼 시진핑은 발언할 때 고전적 풍자를 많이 인용했다. "우리 중국인들이 말하는 것처럼, 만 권의 책을 읽고 만 마일을 여행해야 이해할 수 있다." 그는 우리와 첫 번째 대화를 시작하면서 골똘히 생각에 잠겼다. "중국은 5,000년 이상의 역사를 가진 고대문명이기 때문에 때때로 우리 자신들조차 어디에서 시작된 것인지 알지 못한다. 루산盧山을 다른 방향에서 보면 각각 다른 감명을 받는다고 얘기하는 장시성의 루산에 관한 유명한 시가 있다. 내가 가진 관점도 한계가 있을 수 있다. 시인이 말했듯이 그 산에 있을 때는 산의 전체적인 그림을 보지 못한다.”

그렇더라도 그는 개인적으로 유리한 입장에서, 170년 전 아편전쟁을 통해 영국으로부터 받은 굴욕에서 벗어나 꾸준히 다시 오른 후 전성기를 회복하겠다는 중국의 꿈을 실현하는 것에 대해 “우리가 올라가야 할 산은 아직 높다”라고 선언했다. 무엇보다 어려운 상황에서 제 발로 서서 지금은 세계적 중요도 면에서 가장 상위에 오른 중국의 여정이 현재의 지도력에 활기를 불어넣어주고 있다. 중국의 미래가 세계에서 가장 위대한 문명 중 하나였던 과거의 위상과 같아질 것이라는 내적인 확신이 시진핑과 그의 동료들 사이에서 분명하게 감지된다.

중국이 저임금 수출 제조업 경제의 덫에 걸린 개발도상국으로서 “중진국의 함정middle-income trap을 피할 수 있으며” 2020년까지 1인당 국민소득을 두 배로 끌어올리겠다는 목표를 달성할 것을 확신하면서, 시진핑은 중국 경제가 다음 10~20년 동안 연평균 7%로 성장할 것이라고 내다보았다. 계속 진행 중인 시장 지향적 구조개혁, 가속화되는 도시화, 혁신과 내수시장 중심 정책으로의 전환 덕택에 이것이 가능할 것이라고 그는 주장한다. 수십 년간 급속하게 성장하는 과정에서 뒤처진 2억 명을 위해 불평등의 격차를 메우고 빈곤을 종식시키는 것이 의제의 맨 꼭대기에 올라 있다고 그는 말했다.

GDP를 올리는 것만이 목표가 아니라고 시진핑은 강조했다. 중국의 모든 문제는 뒤얽혀 있어 단편적으로 해결할 수 없다는 것에 주목하면서, 그가 도입하고 있는 '사람 중심의' 개혁은 "경제적, 정치적, 사회적, 생태학적인 면을 모두 포함하는 포괄적인" 접근이 될 것이라고 선언했다. 요컨대, 리커창李克强 총리가 별도 회의에서 요약한 것처럼 중국은 '양'에서 '삶의 질'에 초점을 맞추는 개혁의 길로 나아갈 것이다.

시진핑 주석이 간략하게 설명한 새 정책들은 2013년 우리의 첫 번째 만남 일주일 후 중국공산당 중앙위원회에서 채택되었으며, 그 내용은 노동 재교육 캠프 종료, 한 자녀 정책 완화, 유입되고 있는 시골 출신 노동자들이 그들의 출생지와 연결되어 사회복지 혜택을 누리지 못하는 도시 내 이주민 거주 요건의 폐지, 농민에게 재산권 부여, 사회의 많은 새로운 지역이 시장을 위해 '결정적 역할'을 하도록 개방할 것을 약속했다. 동시에, 시진핑 주석은 그의 최우선 정책이 '정당 건립'임을 분명히 했다. 이는 당의 부패를 척결하고 당의 내부 규율을 강화하며 사회에서 당의 장악력을 다시 공고히 하는 것이다.

시진핑 주석은 마지막 다짐을 열정을 갖고 확실하게 시행했다. 막강한 권력을 가졌던 전 중국공산당 서기 저우융캉周永康을 비롯해 수백 명의 고위급 공산당 '호랑이들tigers'이 그의 반부패 척결 그물망에 걸려들었다. 이 일은 쉽지 않은 과업이었다. 정치국원으로서 2018년까지 이 과업의 책임을 맡았던 왕치산王岐山은 개인적으로 다음과 같이 그 소회를 밝혔다. "암 환자가 스스로 자신을 수술하는 것과 같다." 가족과 친구 사이의 인맥과 사회적 신뢰를 뜻하는 '관시關係'를 매개로 한 강력한 유대관계 위에 쌓인 부패는 법이나 계약보다 훨씬 더 강력한 힘으로 작용하는 경우가 비일비재했다. 그와 같은 유대관계를 대체하거나 끊는 제도와 관례의 도입은 쉽지 않은 문제다. 토론하면서 우리는 당내에서 시진핑 주석의 인격주의적 규율에 매우 불편해하는 많은 사람도 강력한 조치만이 당뿐만 아니라 국가를 파괴하려고 위협하는 위에서 아래까지 구석구석 스며든 부패의 재앙을 제거할 수 있다는 것을 인정한다는 사실을 알게 되었다. 그들은 시진핑 주석의 거의 독재에 가까운 권력이 진저리나는 문화대혁명의 기억을 떠오르게 하지만, 그 권력의 목적은 정반대라고 지적한다. 즉 문화대혁명의 잔재를 없애기 위해 혼란을 불러일으키는 것이 아니라, 통치 계층이 가져야 할 덕의 부재로 인해 부패해버린 문명을 다시 일으켜 세우는 것이 그 목적이다. 어떤 사람들은 그것을 '필요악'이라고 부른다.

시진핑 주석에게 정당 건립은 사회의 모든 것을 포함하는 유일한 조직으로서 당의 역할을 공고히 하는 것을 뜻한다. 우리의 첫 번째 만남 이후 얼마 지나지 않아 그는 당의 최고 권위에 대해 최소한의 저항만이 가능한 인권변호사와 시민사회운동가들을 대상으로 기소 작전을 펴기 시작했다. 그는 또한 점점 더 자치적으로 운영되는 미디어가 '당을 아끼고 보호하여' 당의 역할에 반하는 어떠한 대안적 내용도 퍼뜨리지 말기를 요구했다.

우리가 만난 시진핑 주석과 당 지도자들의 관점에서는, 세계를 향해서는 문을 활짝 열고 계속해서 경제 자유화를 외치면서 정치적·사회적으로는 통제를 더 심하게 하는 것이 자가당착이 아니라고 여긴다. 사실 그들 생각으로는, 후자가 전자를 위한 조건이다. 환하게 밝히는 것과 단단하게 조이는 것은 동전의 양면이다.

이 점에서 시진핑 주석은 1970년대 후반과 1980년대에 세계경제를 향해 중국을 개방했던 그 누구보다 위대한 지도자로 불리는 덩샤오핑의 진정한 제자다. 덩샤오핑은 앞으로 나아가는 것과 안정 유지 양면에 대해 개방과 단속을 끊임없이 점검하고 조정하는 실용주의자였다. 그는 중국 경제에 대한 장악력을 느슨하게 풀어 번영을 향한 길로 나아가도록 개방하면서, 철권 주먹으로 톈안먼 광장 시위대를 뭉개버렸다. 시진핑은 중국이 지금, 전임 지도자 덩샤오핑이 "100년간 지속될 것"이라고 말했던 개혁의 "새롭고 어려운 국면"에 접어들었다는 것에 주목하면서 자신이 덩샤오핑의 뒤를 이어 걸어가고 있다는 것을 분명하게 전달하기 위해 덩샤오핑을 지나치게 자주 언급했다. 물론 한 가지 주목할 만한 점에서 시진핑은 덩샤오핑과 다른 길을 가고 있다. 덩샤오핑은 최고지도자의 임기 제한을 통해 권력이양과 제도적 승계 체계를 시작했으며, 이는 처참했던 대약진운동과 문화대혁명을 초래한 마오쩌둥에 대한 숭배와 같은 개인숭배로의 회귀를 방지하기 위함이었다.

'중국의 꿈Chinese Dream'은 중국이 오늘날 상호 의존적인 세계에 발을 담그고 있어야만 실현될 수 있다고 시진핑은 첫 번째 만남에서 강조했다. "중국이 발전하면 할수록 중국은 더 많이 개방할 것이다. 중국이 이미 개방한 문을 닫는 것은 불가능하다"라고 그는 말했다.

이 점에 관한 한, 중국은 세계 문제에서 "더 적극적으로 활동할 준비가 되어 있으며" 게임의 새로운 규칙을 만들기 위해 다른 나라들과 함께 일할 준비가 되어 있다고 말했다. 전 영국 총리 고든 브라운이 중국이 G20 의장국을 하면 어떻겠냐는 말에는 "우리는 국제적 의무를 더 많이 부담할 것이고 국제 문제와 국제 시스템의 개혁에 더욱 앞장서서 주도적 역할을 할 것이다"라고 대답했다. 중국은 그다음 2016년 G20 정상회의를 개최했다. 사실상, 2017년에 도널드 트럼프 대통령이 보호무역주의를 말하고 무역협정을 해체하면서 미국 우선America First 정책을 정교하게 가다듬었을 때, 매년 다보스에서 개최되는 세계적인 엘리트들의 비공개 회의인 세계경제포럼에서 시진핑은 세계화를 지키는 주역으로 떠올랐다.[6] 결국 중국은 이전 미국의 모든 행정부가 제2차 세계대전으로 회귀한 덕분에 세계무역과 통합의 최대 수혜자가 되었다.

우리가 2013년에 만난 중국 인민해방군 장군들의 공격적인 민족주의적 억양에도 불구하고, 그리고 몇 달 뒤 남중국해와 동중국해의 주도권 다툼이 벌어지는 섬들에 대한 시진핑의 단호한 주권 선언에도 불구하고, 시진핑은 중국 지도자들의 오랜 조언자인 정비젠의 '화평굴기和平崛起' 정책을 언급했다. 발전을 저해하는 갈등을 피하는 것이 '시대의 동향'이라고 그는 말했다. 그 대신 중국은 개방 무역에서부터 금융 안정, 기후변화 해결 영역에서 "이해관계를 수렴해 공감대를 넓히고 동반 성장하는 이익공동체"를 만들고자 한다. 공격성은 "우리의 긴 역사와 문화적 배경을 고려해볼 때 중국의 DNA에 존재하지 않는다"라고 시진핑은 말했다. 그는 놀랍게도 역사적 참고 자료로 스파르타와 아테네를 언급했다. "우리 모두는 투키디데스의 함정을 피하기 위해 함께 일해야 한다." 투키디데스의 함정, 신흥 권력과 기존 권력 사이의 파괴적인 긴장이 전쟁으로 이어진다는 의미의 용어다. 중국의 지도자들은 남중국해 섬의 사슬을 지배하는 것은 '공격'이 아니라 중국의 영향력이 커지는 만큼 점점 더 적대적으로 보이는 배타적인 미국 주도의 동맹에 대항하는 주위 방어선 구축이라고 본다.

우리가 2015년에 다시 만날 때까지 시진핑은 자신의 힘을 상당히 강화했다. 1년 내 중국공산당 중앙위원회는 그를 '핵심' 지도자 역할로 승격시켰다. 한때 덩샤오핑도 이 지위에 올랐었다.[7] 그 외 많은 것이 변했다. 시진핑이 중국의 꿈의 토대라고 생각한 지난 30년에 걸친 급속한 경제성장 속도가 2015년에 눈에 띄게 느려지기 시작했다. 중국의 경제성장률은 현재 시진핑이 말하는 6.5% 정도의 '새로운 규범new normal'에 머물러 있다. 이 6.5%는 많은 경제학자가 격동의 세계경제 상황에서 여전히 상당히 낙관적으로 평가하는 수치다. 시진핑은 단연코 긍정적이었다. 바로 발표한 제13차 5개년 계획을 언급하면서 중국이 전체 경제 구조를 개조하는 대담한 시도에 착수했다는 것을 강조했다.

중국 지도자들이 높은 성장과 평화적 의도를 계속 이어가는 중국의 역량을 국제사회에 납득시키는 것을 매우 중요하게 생각한다는 것이 2015년 만남을 통해 명백해졌다. 우리의 만남을 알리는 옥

외 광고판과 현수막이 공항에서부터 회의 장소까지 줄지어 서 있었다. 만남을 알리는 뉴스가 연이틀 중국중앙텔레비전방송인 CCTV의 저녁 메인 뉴스 시간에 톱 기사로 나갔다. 시진핑은 우리 회담의 무게를 알리는 표시로 그의 핵심 그룹 멤버들을 대동했다. 시진핑의 수석보좌관 리잔수栗戰書와 당 이론가 왕후닝이 동행했다. 훗날 이 둘은 중국을 다스리는 중국공산당 중앙정치국 상무위원회의 7인 위원으로 올라갔다. 왕이王毅 외교부장과 양제츠杨洁篪 국무위원도 우리 회담에 함께했다.

이번에는 만남의 기조와 구성 방식을 황제와 함께하는 관중이 아니라 실무자 회담으로 진행하자고 제안했다. 우리는 그런대로 갖추어진 방에서 말발굽 모양으로 놓인 테이블 주위에 이름표를 앞에 두고 앉았다. 배경은 현대적인 베이징 속의 자금성을 그린 벽화였다. 시진핑 주석이 중앙에 앉았다. 개막 논평을 한 후 그는 전임 국가와 정부 수반들, 전 멕시코 대통령 에르네스토 세디요, 전 싱가포르 총리 고촉통, 전 호주 총리 케빈 러드, 전 미국 재무장관 로런스 서머스의 발언을 들었다. 시진핑은 메모하고 대답했다. 그는 세계경제가 성장하지 않는 한 중국은 성장할 수 없으며 중국 없이 세계경제는 성장할 수 없다는 서머스의 발언에 동의했다. 중국은 그 책임을 인식하고 있다고 시진핑은 말했다. 그 일환으로 아시아인프라투자은행을 세우고 시진핑의 최고 우선순위 사업 중 하나인 베이징에서 이스탄불로, 아프리카로 이어지는 소위 '일대일로一帶一路' 프로젝트라 불리는 무역과 상업 루트였던 실크로드를 부활시키기 위한 일환으로 유럽을 거쳐 아프리카까지 인프라를 개발하기 위해 헌신하고 있다는 것이다. 중국이 일대일로 루트에 인접한 작은 국가들이 나타내는 우려를 세심하게 헤아려 해당 국가들의 지역 경제가 일대일로 프로젝트를 통한 혜택을 누리도록 할 것이며, 그 지역들이 단지 중국의 산업 과잉 생산의 배출구 역할만 담당하게 하지는 않을 것이라고 시진핑은 전 싱가포르 총리 고촉통에게 확언했다. 테이블 주위에서는 이 점에 관한 한 의심할 수밖에 없다는 표정이 역력했다.

시진핑이 설명한 5개년 계획에 구체화되어 있는 중국의 미래 청사진은 마오쩌둥의 사망과 1978년 덩샤오핑이 이끈 개혁·개방의 시작 이후 가장 중대한 방향 전환을 예고한다. 그 당시 경제의 책임을 맡은 중국공산당 중앙정치국 상무위원인 부총리 장가오리張高麗는 우리를 위해 5개년 계획의 포괄적인 규모를 자세하고 명확하게 설명했다. 장가오리는 중국인들이 일명 '인터넷 플러스Internet Plus'라 부르는 '사물인터넷'을 활용해 끌어올릴 수 있는 자원과 물류 효율성을 통해 중국의 제조업과 인프라를 최신식화하겠다는 생각을 품고 있다. 그는 폐기물을 재활용하는 자원의 '순환적' 활용과 수도를 둘러싼 북부지방에 분산적이고 스마트한 인프라를 구축함으로써 "베이징의 도시 집중화를 감소시키는 것"에 대해 얘기했다. 새로운 계획에 따라 시장, 성장省長(중국에는 현재 23개의 성이 있다—옮긴이), 당서기의 승진 평가 시 최고로 우선시되는 기준은 환경을 보호하고 청정에너지를 장려하는 의미에서, 그들의 '환경보호green' 업적이 될 것이라고 그는 말했다.

중국은 '혁신'과 '대중의 기업가정신'을 포용하고 있다. 장가오리는 중국의 구석구석 모든 간부단과 관료가 줄곧 입에 달고 사는 이 주문 같은 이야기를 또렷이 말했다. 비록 어떻게 공산당 기관원들이 이러한 단어들의 의미를 실제로 완전히 이해하는지는 미심쩍지만, 그럼에도 그 주문과 같은 설명은 노동과 자본을 엄청나게 투입한 덕택에 지난 수십 년간 높은 성장률을 가져온 수출-제조업 모델이 이제 기력이 다했다는 시진핑과 그의 동료들의 인식을 반영한다. 그들은 지금 새로운 부와 지속가능한 성장은 정보기술의 적용을 통한 산업의 재활성화를 통해서만 가능하다고 이해한다.

물론 슬로건으로 경제적 혁명을 이룩하는 것은 아니다. 경제계획에 대해 중국에 조언한 노벨 경제학상을 수상한 마이클 스펜스는 경제개발 역사상 "중국이 지금 성취하고자 하는 규모, 범위와 같은 선례가 없다"고 조심스럽게 중국의 핵심 그룹에 말했다. 중국 지도자들이 제안하는 거대한 도약에 관한 큰 의문은 혁신을 계획할 수 있는 것인지 여부와 '대중의' 기업가정신에 매우 중요한 원동력으로서 그들이 과연 어느 정도까지 기꺼이 '시장에 결정적인 역할'을 부여할 것인지 여부다. 그리고 시장이 더 많은 역할을 할수록 중국 경제는 지속적인 성장보다는 더욱더 확연한 경기 순환, 즉 호황과 경기 하락의 순환을 경험할 것이다.

중국이 첨단기술 분야에서 성공한 것을 보면 중국 사회에 기업가적 천재성이 분명히 존재한다. 구글과 다르다고 할 수 없는 검색엔진 바이두는 세계 최대 인터넷 기업 중 하나다. 전자상거래 사이트 알리바바는 아마존의 중국 버전이다. 실제로 링크트인의 공동 창업자이며 벤처 기업 투자가인 리드 호프먼은 미팅에서 "그들은 훨씬 열심히 일하고 이기려고 무엇이든 할 것이기" 때문에 중국의 신생 벤처 기업들이 실리콘밸리의 기업가들보다 유리한 위치에 있다고 말했다. 혁신 장려책으로 회사 설립 초기 몇 년간 무상 임대와 감세, 국영 은행의 저금리 융자를 포함해 다양한 방식으로 국가가 상당히 많은 금액의 보조금을 신생 벤처 기업에 지급한다. 중국은 2015년에 다른 어느 국가보다 많은 특허를 신청했다. 중국은 '월드 클래스 2.0' 계획을 통해 2020년까지 중국의 6개 주요 대학을 세계 최고 반열에 올려놓으려 한다. '메이드 인 차이나 2025Made in China 2025' 노력을 통해 10년 내 전기차에서부터 반도체에 이르는 최신 기술을 정복하고자 한다. 2017년 7월에 중국 국무원은 중국을 2030년까지 인공지능 분야에서 세계의 리더로 만들겠다는 야망 찬 노력을 할 것이라고 발표했다.[8]

지난 수십 년이 서막이라면, 중국이 가장 마지막으로 언급한 목표를 달성할 것이라고 믿을 이유가 있다. 상하이에서 활동하는 관리 전문가 에드워드 체Edward Tse는 "중국은 강력한 하향식 정부 지시와 활기찬 민초들의 혁신을 결합하는 능력에서 우위에 있다"고 말한다. "나아가 중국은 7억 명 넘는 거대한 인터넷 사용자 덕택에 엄청난 양의 데이터를 갖고 있으며 이를 이용해 AI 학습 알고리즘을 충분히 훈련할 수 있다. 중국의 번창하는 모바일 인터넷 생태계는 AI 연구가들이 외국의 업무 파트너들보다 훨씬 더 높은 수준과 더 빠른 속도에서 가치 있는 인구 특성 자료, 거래와 행동과학적 빅데이터를 수집 및 분석하고 대규모 실험을 수행하는 시험대를 제공한다."⁹ 알파벳/구글의 에릭 슈밋은 기술혁신의 리더로서 중국이 2018년 말에 AI 발전에서 미국을 따라잡을 것이라고 생각한다.

'인터넷 플러스'와 '인터넷 마이너스'가 함께 갈 수 있을까?

그러나 높은 굴뚝의 제조업으로 대표되는 제2차 산업혁명에서 정보기술 기반의 제3차 산업혁명으로 변화를 추구하면서 공산당은 심각한 자가당착에 빠진다. 혁신은 끊임없이 파괴를 불러오는데, 당은 무엇보다 안정을 유지하고자 하기 때문이다. 시진핑이 '인터넷 플러스' 혁신을 극찬하면서 필요하다고 했는데, 어떻게 중국이 정보의 흐름을 제한해 인터넷을 단속하고 '정제'할 수 있는지 이해하기가 쉽지 않다. '인터넷 플러스'와 '인터넷 마이너스'가 함께 갈 수 있는 것인가? 우리가 당시 중국의 인터넷 황제 루웨이魯煒에게 지적했던 것처럼, 중국 당국자들이 '자유'와 '질서' 사이에 선을 긋기로 결정한 상황이 혁신을 기반으로 하는 번영의 범위를 결정할 것이다.

스마트 기술과 인프라의 통합을 포함하는 중국의 야망 중 일부는 효과적으로 실현될 가능성이 좀 더 높다. 그 전략은 일당체제의 강점 중 하나인 정책과 목표의 장기적인 연속성 덕분에 가능하다. 제13차 5개년 계획은 중국의 경제 관리들이 메이드 인 차이나 2025

이니셔티브를 통해 완성하기를 희망하는 이행의 시작을 나타낼 뿐이다.[10] 독일은 그 비슷한 계획인, 인더스트리 4.0Industry 4.0을 계획해 인터넷을 산업에 통합시켰다.[11] 실제로 앙겔라 메르켈 총리가 우리가 머물렀던 2015년 당시 베이징을 방문해 두 제조업 강국 간에 조정을 강화하는 협정에 리커창 총리와 함께 서명했다.[12] 제조업에서 독일과 중국은 확실히 미국보다 우위에 있고 풍부한 대중적 기업가 정신이 있으나 미래의 인프라를 쌓아 올릴 정치적 역량은 상당히 부족하다.

중국 앞에 놓인 길이 순탄할 것 같지 않다. 시진핑 주석은 메이드 인 차이나 2025를 19세기 후반 명나라와 청나라 때처럼 서구에 뒤처지지 않도록 하겠다고 다짐한 중화민족의 활기 회복을 위한 로켓 연료로 생각한다. 반면에 미국의 무역 강경론자들은 군사력과 지정학적 영향력 면에서 메이드 인 차이나 2025가 함축하는 모든 것을 미국의 기술 우위에 대한 실존적 위협으로 여긴다. 실제로, 미국과 중국 사이의 모든 경쟁적 이슈 중에서 기술이 투키디데스의 함정을 촉발할 가능성이 가장 높다.[13]

중국은 계획대로 집행해나가는 과정에서 역시나 다른 여러 도전에 직면하고 있다. 최근 몇 년 동안 정체된 성장을 불러일으키기 위해 중국은 엄청난 금액의 융자금을 경제에 풀어 부동산과 도처에 생산과잉을 낳고 있다.[14] 중국 내 제2, 제3단계 도시들과 공동으로 건설하곤 했던 거대하고 텅 빈 아파트 건물들이 베이징과 같은 주요 도시들 주위에도 넘쳐난다. 대규모 국영기업들은 지출에 관한 한 기

강이 해이하다. 일부 통계를 보면, 국가채무비율이 GDP의 260% 이상이다.[15]

중국의 수출 모형이 의존하는 세계시장의 수요가 활력을 잃어가기 때문에 이렇게 부채를 퍼부어 경제성장을 이어가는 노력이 필요하다고 여겨졌다. 시진핑이 로런스 서머스에게 한 답변을 통해 인정했듯이, 중국은 지금 세계시장에 깊숙이 들어앉아 있다. 그러나 산업에서 부채 부양에 의한 성장은 수출시장 또는 산업에서의 진정한 혁신을 오래 대체할 수 없다. 당연히 이러한 어려움을 깨닫고, 중국 당국은 2017년에 융자 확대를 억제하기 위해, 이른바 회색코뿔소Gray Rhinos(개연성이 높고 파급력이 크지만 쉽게 간과하는 위험 요인—옮긴이)라 불리는, 거대 기업이 외화자산을 매입해 축적한 쉽게 번 돈에 대해 엄중히 단속하고 느슨한 지방정부의 지출에 고삐를 죄는 등 다양하고 광범위한 조치를 이행하기 시작했다.

우리의 2015년 회담에서, 시진핑 주석은 그다음 해에 의장을 맡을 G20 정상회의에 희망을 걸었다. 그는 G20을 글로벌 성장을 이끌기 위해 공통의 정책을 조정할 수 있는 최고의 통치기관으로 '정착시키기'를 원했다. 2016년 9월 G20 정상회의 당시 그는 중국의 5개년 계획과 그 옛날 실크로드 루트를 부활시키려는 '일대일로' 이니셔티브를 반영하는 성장 공유의 길을 제안하면서 이 점을 되풀이해서 강조했다. 부를 창출하는 핵심 수단으로 혁신의 중요성을 강조하는 의미에서 정상회의는 항저우에서 개최되었다. 항저우는 마윈馬雲의 고향이자 중국 제3차 산업혁명 최고의 상징인 알리바바 본부가 있는 곳이다.

중국의 손꼽히는 경제학자 중 한 명이며 21세기위원회 위원인 프레드 후Fred Hu는 좀 더 소비자 중심적, 혁신 주도 경제로의 변화가 이미 시작되었다고 주장한다. 전임 국제통화기금IMF 경제학자인 후에 따르면, 전체적인 GDP 성장에서 소비가 차지한 비율이 "2014년에 50%를 상회했고 2015년 상반기에 60%이었다. 신문의 헤드라인을 장식하는 GDP 성장률은 떨어지는 추세인 반면에, 지금의 성장이라는 의미는 훨씬 거대해진 경제에서 10년 전에 비해 더 광범위한 기반에 근거하며, 동시에 더욱더 균형적이고 고품질이며 베이징에서 청명한 하늘을 볼 수 있는 날 수가 증가하는 것으로만 판단한다면 보다 더 환경친화적인 의미를 내포한다."[16]

성장률이 연간 5~7% 범위로 누그러든 것은 높아진 1인당 국민소득과 변화하고 있는 중국의 성장 패턴이 반영된 결과라고 후는 생각한다. 그의 표현을 빌리면, "적절한 둔화는 중국이 더욱 효율적이고 지속가능한 성장이라는 새로운 궤도로 이행하는 데 필요하고 건실한 조정이다". 후는 이행이 순탄하도록 도울 일련의 개혁을 제시한다. 최초 주택 구매자에 대한 세금과 융자 인센티브, 의료보험과 사회보장 범위 확대, 직업학교 학생들을 위한 학자금 지원 등, 요약하자면 금융자원을 산업에서 가정으로 돌리는 정책들이 그 개혁에 포함된다. 무엇보다 그는 '통탄할 정도로 투자 부족'에 시달리는 '환경 인프라'에 투자할 것을 제안한다.

산업과 수출에 대한 많은 투자에서부터 내수와 가계소득 증진에 이르기까지 중국의 경제 모형이 휘청거리고 있기 때문에 경기 둔화가 불가피할 것 같더라도, 경기 둔화 자체로 인해 공산당의 합법성에 근거가 되는 전권全權 행사 측면에서 보면 신뢰가 훼손되었다.

중국 학자 야오양姚洋은 개발도상국의 포용적 성장을 위한 가장 최상의 거버넌스로 '사욕이 없는disinterested', 무당파 또는 '일당'체제 옹호론을 펴왔다.[17] 그는 한국, 대만과 같은 민주주의 국가들과 싱가포르, 중국처럼 좀 더 권위적인 국가들이 모두 급속한 경제발전이라는 '아시아의 기적'을 이룰 수 있게 한 공통 요소는 스스로 칭한 '사욕이 없는 정부disinterested government'라고 생각한다. 그는 맨슈어 올슨Mancur Olson(1998년에 작고한, 이익집단 연구로 유명한 미국의 경제학자—옮긴이)의 '모든 것을 망라하는 조직encompassing organization' 개념을 인용한다. 이는 사회 전체의 이익을 대변하는 개념으로, 성장의 기준을 제공하지 못하는 엘리트 도둑정치 또는 포퓰리즘 재분배제도를 대신한다.[18] 정부의 목표는 모든 국민에게 혜택을 주고 사회 전체를 섬기는 것이다.

모든 것을 망라하는 조직이 성장하는 세계경제에서 수출용 저임금 제조업을 위한 자본과 노동 투입을 효과적으로 세심하게 계획할 수 있다는 야오의 주장은 당연히 맞지만, 동일한 '사욕이 없는' 개발 방식이 디지털 시대의 소란스러운 붕괴에 직면해 어떻게 작용할까? 노벨 경제학상 수상자 조지프 스티글리츠는 대규모 경제적, 기술적 이행 단계에서 시장은 유익하지 않다고 언젠가 우리에게 말했다. 지금 중국이 참여하고 있는 엄청난 실험을 통해, 모든 것을 망라하는 일당체제가 그와 같은 변화를 정치적으로 관리하는 것이 조금이라도 더 성공적일지 여부가 드러날 것이다.

슬로건을 진지하게 받아들여라

2017년 11월 개최된 제19차 중국공산당 전국대표대회에서 시진핑은 우리와 두 번에 걸친 회담을 통해 개략적으로 설명한 계획을 공개적으로 선언했다. 당 대회는 시진핑의 목표를 헌법에 '시진핑 사상Xi Jinping Thought'으로 기록함으로써 그를 마오쩌둥과 역사적으로 동등한 위치에 올려놓았다.

'새로운 시대, 중국식 사회주의에 대한 시진핑 사상' 홍보와 경직된 당이 반복해서 말하는 슬로건은 서양인들을 매우 지루하고 무감각하게 만든다. 우리는 그런 진부한 표현을 보거나 들으면 뚜렷하게 소설『1984년』의 조지 오웰식 울림이 담긴 공허한 수사修辭로 여겨 묵살하는 경향이 있다. 그러나 마르크스주의, 레닌주의, 유교가 앙상블을 이루고 있는 중국에서는 그러한 슬로건들이 거대한 국가를 일원화하여 앞으로 나아가도록 사람들을 결집하는 역할을 한다. 그들이 끊임없이 쏟아내는 과장된 말씀 전례를 조롱하는 많은 사람을 위해서조차 그들은 사회가 나아갈 방향과 시간표에 따른 기대치를 피력한다.

수많은 슬로건을 모두 합쳐보면 중국이 지금 선언한 '새로운 시대'에 어느 방향으로 향하고 있는지 매우 잘 이해하게 된다. "중화민족의 위대한 부활", "중국식 사회주의 시장경제", "대중의 기업가정신", "2020년까지 모든 점에서 알맞게 번영한 사회", "2035년까지 사회주의 현대화로 이 세기 중반에 번영하고 강하고 민주적이고 문화적으로 선진화하고 조화롭고 아름다운 국가로 도약", 슬로건들이다. 여기에 최근 "생태문명"이 추가되었다. 물론 무엇보다 중요한 슬로건은 "당의 지도를 받들고 당의 진행 방향을 계속 따라가며 당의 숭고한 뜻을 유지한다"이다. 글로벌 최전선에서 내건 슬로건은 "일대일로 이니셔티브로 세계 성장의 공유를 위한 새로운 토대를 약속하는 글로벌 성장의 다음 단계를 열다", "새로운 유형의 위대한 권력 관계" 그리고 "공유의 미래 공동체"이다.

이러한 방향 지시적 슬로건들이 어떻게 민주적 선거운동에서 하는 것과 흡사하게 의제의 틀을 짜는지는 누구나 알 수 있다. 오바마의 "할 수 있다Yes We Can" 또는 트럼프의 "미국을 다시 위대하게Make America Great Again"를 생각해보라. 서구와 마찬가지로 중국에서도 슬로건은 말을 행동으로 실천했는지 여부를 판단하는 기준이 된다. 가장 큰 차이는, 중국에서는 통솔이 잘되는 정당이 규율의 연속성 속에서 중단 없이 수십 년에 걸쳐 슬로건 내용을 시행한다는 점이다.

'색깔 혁명'에 대해 중국이 느끼는 두려움의 이면

2015년 시진핑과의 회담과 별도로 가진 우리의 토론을 통해 많은 최전선에서 공산당이 직면한 난제들이 명백해졌다. 우리는 중국공산당 중앙기율검사위원회의 한 지도급 인사에게서 철두철미한 반부패운동에 관한 정보를 직접 들었다. 중국 최고인민법원 부원장과 함께 서구의 '법의 지배', 그 법규에 따라 독립적인 사법부가 시민들을 보호하는 것과 중국의 '법의 지배', 그 법규에 의해 사법부가 효과적으로 공산당의 도구가 되는 것 사이의 차이에 대해 기탄없이 토론하는 기회를 가졌다. 전 스웨덴 총리로 현재 인터넷 거버넌스 글로벌 위원회 의장을 맡고 있는 칼 빌트Carl Bildt는 당시 중국의 인터넷 황제 루웨이와 정보가 일단 중국의 경계를 넘어 내부로 들어오면 통제하려는 중국의 '인터넷 주권' 정책을 가지고 티격태격했다. 빌트는 통제가 아니라 중국이 '일대일로One Belt, One Road'를 요청하는 것과 같은 정신으로 '하나의 네트워크, 하나의 세계one net, one world' 정책을 채택할 것을 요구했다.

우리의 회담에서 도출된 일관된 메시지는, '부활賦活'하기 위해 해결해야 하는 모든 문제, 즉 부패, 공해, 경제적 불평등, 대규모 국내 인구 이동, 모든 사람이 동일한 정보에 접근할 수 있는 폭발적인 기술 증진 등에 직면해 시진핑은 자신의 방침을 고수하고, 모든 것을 잘 통솔되는 공산당에 걸며, 사회의 모든 이해관계를 포용하면서 자신의 조국을 꿰뚫어 보고 있다는 것이었다. '외국 손님'으로서 우리가 들은 모든 것에서, 시진핑과 그의 중추 세력들이 말은 안 했으나, 서구의 민주국가들은 중국이 가진 유일하고 실질적 희망인, 국정을 이끌고 있는 시진핑과 공산당의 지속적인 지배를 깎아내림으로써 중국을 약화시키려 한다고 확신했다. 서구 사회가 중국 통치자들의 이러한 사고방식을 확실하게 또한 중국 인구 중 많은 사람, 아니 적어도 중요한 다수의 사고방식을 인정하지 않는 한, 즉 중국의 계속되는 성공이 공산당의 규율과 밀접한 관계가 있는 것으로 보는 그들의 사고방식을 인정하지 않는 한, 서구는 예측할 수 있는 미래를 만드는 힘을 매우 잘못 해석할 것이다.

2015년 우리의 회담 이후 2016년 8월, 중국은 우려할 정도로 증가하는 국가에 대한 법적 도전 속에서 '외국 세력'(미국으로 해석됨)과 결탁하기 위해 '체제 전복'을 시도했다는 죄명으로 여러 명의 변호사에게 유죄 판결을 내렸다. 변호사들은 '아랍의 봄'의 대중 봉기, 우크라이나의 독재자에 대항한 '색깔 혁명'(현수막이 오렌지색이었고 반대파들이 다른 색깔들을 사용했기 때문에 그렇게 불린다)처럼 베이징에서 정권 교체를 선동해왔다는 혐의를 받았다. 억지로 연기하는 것이 분명한 상황에서, 피의자 중 몇 명이 텔레비전에 출연해 그들이 서구 사상의 해로운 영향력을 받아들이는 행동을 자초했다고 고백했다. 재판과 함께 그 메시지를 충분히 강조하기 위해 대검찰청 격인 중국 최고인민검찰원은 서구 세계가 민주주의를 심으려고 노력한 세계 여러 지역, 주로 중동과 북아프리카의 혼란, 폭력, 불안정을 보여주는 동영상을 공개했고 중국 시청자들에게 그들이 누리는 안정은 중국의 일당체제 때문이라는 것을 전달하고 있었다. 동영상이 잘 받아들여졌던 것 같다. 최근 퓨리서치센터 조사에 따르면 여론조사에 참여한 중국인의 77%가 그들의 생활방식이 '외세'로부터 보호받아야 한다고 생각한다.[19]

베이징의 최고 권력자 중 많은 이가 확신하는 것 같음에도 불구하고 중국의 정권교체는 미국의 살아 있는 정책이 아니다. 버락 오바마 대통령 당시 소식통에 따르면, 그는 개인적으로 또 상세한 내용의 서신을 통해 시진핑이 가진 이런 오해를 바로잡아주려고 노력했다. 특히 오바마는 미국이 학생들을 선동해 홍콩에서 서양식 선거와 독립을 요구하도록 만든다는 중국 정부의 비난을 지적했다. 시진핑은 납득하지 않았다. 그는 미국의 정치 세력들 사이에 중국의 통치체제는 '역사의 잘못된 측면'상에 있으며 실패하게 되어 있다고 한때 빌 클린턴이 말했던 뿌리 깊은 이념적 기대가 있다고 믿는다.[20]

전 호주 총리 케빈 러드는 이 문제가 세계 두 경제강국의 관계에 놓인 영원한 방해물이라고 언급했다. 그의 하버드 대학교 벨퍼센터(미국 하버드 대학교 케네디 스쿨 벨퍼과학국제문제센터. 국제안보, 외교, 환경, 자원문제, 과학기술정책 연구 및 교육기관―옮긴이) 보고서에 따르면, 중국은 "미국이, 중국이 자유민주주의 체제가 아니기 때문에 중국 행정부의 근본적인 정치적 합법성을 받아들이지 않으며 앞으로도 결코 받아들이지 않을 것이다"라고 결론 내렸다.[21] 2018년까지 전국인민대표대회 외교위원회 위원장으로 막강한 힘을 행사한 푸잉傅瑩은 이 점을 중국 입장에서 다음과 같이 확실히 했다. "서방세계는 우리가 고르바초프를 탄생시키지 않는 한 우리가 개혁을 단행하고 있다는 것을 결코 인정하지 않을 것이다." 중국의 지도자들은 미하일 고르바초프가 표현의 자유와 민주적 개혁을 불러와 소련공산당과 소련이 몰락했다고 생각한다.

도널드 트럼프 대통령의 초기 현실정치적이고 거래적이며 협상가적인 사고방식을 중국 지도자들이 안도하며 받아들였을 것이다. 그러나 늘 그래왔듯이 그들의 문명인이라는 자긍심이 트럼프 행정부의 곤두박질치는 듯한 무역전쟁 개시, 중국은 '전략적 경쟁 상대'라는 공식적인 선언과 맞물려 그들로 하여금 서구 민주주의 국가들이 자신들에게 적대감을 계속 가지고 있다고 생각하도록 만든다. 실제로, 2017년 10월 펜스 부통령의 연설은 이러한 관점을 확인해주었다. 이 연설은 중국을 언급하며 개인 및 종교의 자유를 증진시킬 것을 요구했고, 이러한 미국의 시각이 확인되면서, 신냉전이 도래할 것인지 판단할 잣대로 널리 인정되었다. 따라서 중국의 지도자들은 외부인들이 중국의 체제를 변화시키려 한다고 생각되는 것에 사후 대응하고 자신들의 합법성을 주장하는 데 선제적으로 행동한다.

이 정치적 합법성 문제는 서방 세계, 특히 미국과 중국 관계의 모든 측면을 계속 따라다닌다. 이는 두 강대국이 서로 더 견실하게 포용하는 것에 제약을 주고, 모든 기획이나 사업마다 의심을 불러일으키게 한다. 중국인들이 위협으로 보는 한 그들은 계속해서 '서구의 가치'를 맹비난할 것이고, 전복을 두려워한 나머지 변호사들과 인권운동가들을 지속적으로 강력하게 탄압할 것이다. 그렇게 되면 중국의 시스템은 본래 억압적이므로 도전받아야 한다는 서구 사회의 인식이 강화된다. 이러한 이야기를 전환시킬 '타당성의 대칭'을 인정하지 않으면, 이 공생하는 적대감의 파괴적인 순환은 계속될 것이며 냉전의 기미는 향후 어떠한 형태의 새로운 관계에 대한 모색이든 틀어지게 할 것이다. 확실히, 시진핑의 인격주의적 규율의 출현은 너무도 근본적으로 서구의 거버넌스 개념에 도전하는 것이어서 그 갈라진 틈을 더 깊게 만든다.

제국주의로 인한 상처를 마치 어제 당한 것처럼 기억하는 중국인들은 국내외의 비판(예를 들어 검열은 덩샤오핑 이후 개혁을 위한 노력을 이끈 '실사구시實事求是'의 실용주의를 방해한다는 비판)이 합법성에 대한 기본적 인식에서 나왔고, 따라서 그들의 거버넌스 시스템을 전복시키려는 계략이나 음모가 아니라고 판단되면, 그 비판을 덜 방어적으로 덜 분개하며 받아들일 것이다. 유럽인들은 총기 소유권, 도시에서 일어나는 인종 간의 다툼, 높은 감옥 수감자 비율을 들어 미국의 정책을 사사건건 비판한다. 미국인들은 이민자를 동화시키지 못하는 유럽의 무능력을 꼬박꼬박 비판한다. 그와 같은 비판은 비판을 받는 사람들에게는 항상 성가신 것이지만 특별히 당혹스러워하지 않고 받아들인다. 그 이유는, 그들이 그 비난을 서로의 정치 시스템의 기반에 대한 공격으로 생각하지 않기 때문이다.

공산주의 정권의 억압적인 성향은 중국의 마르크스주의, 레닌주의, 유교가 결합된 통제적 사고방식에 이미 맞추어졌다. 서구 사회가 중국을 향해 그들의 방식을 변화시키라고 끊임없이 압박하는 것은 중국에 더욱더 정당한 명분을 제공할 뿐이며, 중국은 이 명분을 들어 민족적 감상으로 채색한 채 탄압을 계속할 것이다.

'시민사회'에 대한 탄압

반부패 운동, 반체제 인사와 정치·사회운동가에 대한 탄압을 강화하는 시진핑의 행위는 수천 년간 중국 문화를 중단없이 지속시켜온 중앙정부, 사회, 개개인의 역할에 대한 전통적인 신념에서 비롯된 것이다. 정치학자 판웨이潘維가 말한 중국의 '제도적 문명'의 역사적 울림을 이해했다고 해서 탄압이 정당화되거나 용서되는 것이 절대 아니다.[22] 특히 죽어가는 반체제 인사인 노벨 평화상 수상자 류샤오보劉曉波를 2017년 쇠락한 상태임에도 매우 잔인하게 취급한 것과 같은 지독한 인권유린은 어떠한 기준을 들이대도 동양이건 서양이건 정당화될 수 없는 만행이다. 이는 마치 시진핑의 인격주의적 규율이 동양이건 서양이건 절대권력에 제한을 가하는 헌법적 표준을 위반한 것과 같다. 그러나 중국의 역사적 궤적을 이해하면 변화가 외부에서 일어날 수 있다는 서구 비평가들의 독선적인 환상을 떨쳐버리게 된다. 서구의 이상인 무한경쟁 시민사회와 경쟁적 선거가, 특히 소셜미디어와 포퓰리즘 시대에 그 어두운 면을 보여주었듯이, 모든 사람을 위한 것은 아니다. 그리고 비록 그러한 이상이 보편적인 것으로 여겨져도, 여러 국가가 동일한 속도로 또는 동일한 궤도를 따라 모든 곳에서 발전을 이어나가지는 않는다. 변화는 변화를 이끄는 주체가 그 변화를 감당할 수 있을 때 이룰 수 있다.

중국공산당은 최근 수십 년간 대체로 약속을 이행해왔기 때문에 국민 대부분의 충성심을 끌어모았으며, 이는 서구에서 몇몇 사람의 생각처럼 불만을 가진 대중이 반란을 일으킬 분위기가 무르익은 땅과는 거리가 먼 중국을 만들었다. 이는 심지어 서구의 여론조사 기관들의 설명이다. 2013년 퓨 리서치 센터의 한 연구에 따르면, 비록 공산당의 고압적인 가부장주의에 대해 냉소적인 태도를 취하기도 하지만, 여론조사에 참여한 중국인 중 80% 이상이 자신들의 조국이 올바른 방향으로 가고 있다고 응답했다. 해당 여론조사에서는 미국인의 31%만이 미국이 올바르게 나아가고 있다고 답했다.[23] 2015년 한 여론조사 결과를 보면, 공해와 공직사회의 부패에 대한 심각한 우려에도 불구하고 응답한 중국인의 77%가 5년 전보다 형편이 더 나아졌다고 답했다.[24] 이러한 수치는 적어도 지금은 공산당이, 20세기로 접어든 시기에 활동했던 이탈리아의 공산주의 정치이론가 안토니오 그람시Antonio Gramsci가 묘사한 '이념적 헤게모니ideological hegemony'를 쥐고 있다는 것을 시사한다.[25]

오래전에 하버드의 조지프 나이Joseph Nye(미국의 정치학자. 하버드 대학교 석좌교수―옮긴이)는 그람시가 헤게모니 또는 지배의 두 가지 종류라고 기술했던 '연성권력soft power'과 '경성권력hard power'의 차이를 제시했다.[26] 그람시에게, 국가의 헤게모니는 힘으로부터 나온다. 사회에 질서를 지킬 의무를 부과하고 질서를 유지하기 위해 국가는 폭력의 수단을 독점해야 한다. 그러나 '시민사회'에서 헤게모니는 동의가 있어야 한다. 즉 마음과 머리, 감성과 지성에 기반을 두어야 한다. 공동 세계의 관점과 가치에 대한 충성은 노력해서 얻어야 한다. 강제로 가질 수 있는 것이 아니다. 대중이 통치 이야기를 자발적으로 믿어야 한다. 그렇지 않으면 그 이야기는 정당성이 결여된다. 그람시에게는 경성권력에 합법성을 부여하는 것이 연성권력이며, 그 반대는 성립하지 않는다. 따라서 그람시는 그가 속한 이탈리아 공산당을 국가가 아닌 시민사회의 한 부분으로 구상했다. 그는 시민 사회가 공산당의 이야기를 납득해야만 공산당이 국가 권력을 갖게 된다고 믿었다.

그람시가 설명한 시민사회와 국가 간의 분명한 차이를 중국은 역사상 결코 전개한 적이 없다. 중원中原, Middle Kingdom은 결코 종교적 권위와 정치적 권위 사이의 경쟁을 경험한 적이 없다. 이 두 권위는 각자 노력해서 자율적인 영역을 만들었으며, 이는 서양사에서 볼 수 있는 특징이다. 그러나 중국은 언제나 사회의 모든 것을 포함하면서 그 영향력 밖에 별개의 영역을 두지 않은 단일국가였다.[27]

오늘의 중국에서, 일당체제 국가는 그람시가 설명한 두 종류의 헤게모니가 합쳐진 것으로, 권력과 권력을 유지하는 데 있어서 합의의 역할을 모호하게 만들었다.

어떠한 형태로든 권력분립을 오래 지속적으로 유지한 전통이 없는 중국은 현재 독립적인 사법부에 관한 논쟁도 불러일으키고 있다. 시진핑 주석이 반부패운동을 시행할 때 주요한 영감을 받은 것으로 알려진 진나라(기원전 221~기원전 206)의 법가法家 학파는 단일국가의 행정권 확립을 목표로 했다.[28] 법가의 '법에 의한 지배rule-by-law' 철학에 따르면, 개인적 정직, 청렴, 강직함에 대한 명확한 유교적 설명에 기반을 둔 윤리적 필요충분조건이 충족되지 못하는 상황이 발생할 경우, 통치자와 시민 모두 국가가 발표한 법에 반드시 복종해야 했다. 서구의 법치주의 전통과 달리, 중국의 법가사상은 결코 개인에게 독립적인 사법기관에 소송 등을 통해 권력 남용을 바로잡을 수 있는 길을 제공하지 않았다. 법가사상은 국가가 사회를 규제하는 것에 더 가깝다.

포용적 헤게모니

싱가포르에 기반을 둔 중국 학자 정융녠鄭永年은 이 모든 것을 실제로 어떻게 이해할지, 최고의 설명을 제공한다. 그가 지적한 것처럼, 중국에서 시민 영역의 발전은 서구에서는 그 누구도 보지 못한 것이었다. 그는 이것을 공산당과 시민사회 간 서로를 변화시키는 '합법성과 지배의 이원적 과정'으로 특징짓는다. 정융녠이 기술한 바에 따르면, "여타 사회적 영향력의 이해관계를 고려하고 그것을 자신의 영향력과 관련시키면서" 공산당 스스로 필연적으로 "자기 변형 self-transformed"을 일으켰다. 이때 일종의 제도적 책임성도 만들어냈다.[29] 호주의 중국 연구 학자인 존 킨John Keane도 다음과 같이 주장한다. 중국은 일종의 "유령 민주주의phantom democracy"이며, 그 안에서 역설적으로 "민주주의에 대한 두려움 때문에 어쩔 수 없이 여러모로 선거민주주의를 반영하고 모방한 정치적 관리 방식을 만든다. 선거에 대한 두려움이 지도자들을 끊임없는 선거운동 상태로 몰아간다".[30]

　이러한 상호 역학관계는 전통적인 유교적 통치 풍조에 뿌리를 두고 있다. 피지배자의 동의가 합법성을 부여하는 현대 서구의 정신과 대조적으로 전통적인 유교적 관점에서의 합법성은 통치자의 덕德에서 비롯된다. 통치자는 국민과 함께 쌍무적雙務的 관계에 묶여 있다. 국민이 통치자의 명령에 복종하는 것처럼 통치자는 국민의 요구를 들어주어야 한다. 공자는 『논어』에서 도덕적인 계층적 질서에서 서로의 의무를 설명한다. "사람은 옳다는 확신이 있을 때 명령하지 않아도 복종할 것이다. 그러나 옳다는 확신이 없으면 명령해도 복종하지 않는다."

합법성을 지탱하기 위한 이러한 대응의 역학관계는 변화하는 실제 상황에 따라 정책을 실용적으로 조정함으로써 공산당이 중국에서 생존할 수 있도록 하는 '적응형 권위주의adaptive authoritarianism'와 '포용적 헤게모니'의 핵심이다. 정책은 변한다. 그러나 공산당 체제는 이전 수천 년간의 황제제도처럼 변하지 않는다. 따라서 공산당은 마오쩌둥이 창당할 당시 지배적이었던 소작농 조직에서부터 오늘날 불교신자임을 공개적으로 밝히는 억만장자 갑부들도 포함해 9,000만 명 이상의 당원이 활동하는 광범위한 사회적 천막으로 끊임없이 조금씩 변해왔다.[31]

그 결과는 일당체제 국가와 국민 사이에 상호 의존하는 일종의 불분명한 권력의 정비다. 일당체제 국가는 사용자에 의해 만들어지는 공익사업체와 같다. 포괄적인 서비스 제공자로서 국가의 합법성은 상품을 전달하고 사회적 관심에 대처하는 능력에서 파생된다. 국가가 국민의 다양한 욕구에 반응하지 않으면 이념적 헤게모니와 공산당 권력의 결합이 흔들릴 것이다. 체제의 합법성은 검열을 포함한 물리력이 동의를 대체할 정도까지 약화될 것이다. 적응하는 대신 탄압하고 헤게모니가 아래에서부터 포용함으로써 합법화되는 대신 위에서부터 강화된다면, 지금까지 존립하고 있는 중국의 일당체제가 미래에도 지속될 것이라는 보장은 없다.

이러한 관점에서 보면, 중국이 취하고 있는 현재의 과정은 사실 걱정스럽다. 권력 교체를 제도화시킨 임기 제한 철폐, 중국 헌법에 '시진핑 사상' 삽입, 14억 인구 감시용 전체주의 시스템으로 사용될 수 있는 디지털 연결성의 변질로 사방에서 경종이 울린다. 현재 모든 것은 공산당 내 실력 위주 경쟁의 질에 의존한다. 이는 사실상 중국식 견제와 균형으로, 위에서부터 내려온 잘못된 이니셔티브를 누그러뜨리거나 그에 저항할 수 있다. 또한 모든 정부 차원에서 그리고 웹을 통해 네티즌들이 만들고 순환하는 강하고 건강한 피드백 고리에 의존한다. 그러한 견제와 균형을 통해 바로잡을 수 있는 장치가 없어지면 효과적으로 작동해온 중국식 거버넌스는 불안정해져 위기가 닥치면 붕괴할 수 있고, 필연적으로 그럴 것이다.

사회에서 권력의 유동적 균형에 의존하는 모호한 권력의 행사는 흔히 임의적 부과賦課와 넘을 수 없는 레드 라인red line(정책 전환의 한계선―옮긴이)의 변화를 의미한다. 예술가 아이웨이웨이艾未未는 스튜디오를 짓기 위해, 나중에 동일한 정부 당국이 불도저로 밀어버린 바로 그 스튜디오를 갖기 위해, 필요한 허가를 당당하게 받아냈다. 어느 날 그는 투옥되어 두들겨 맞은 뒤 가택연금되었고 여권을 빼앗졌다. 그리고 그다음 날 여권을 돌려받고 유럽에서 개최된 세간의 이목을 끄는 전시회에서 정치적 작품을 전시하도록 허락받았다. 2015년 3월에는 개인적으로 제작한 중국의 공해를 다룬 동영상을 허가받고 유튜브의 중국 버전인 유쿠에 올렸다. 그러나 이 동영상이 너무 급속도로 퍼지자 당국은 정부가 대기를 깨끗하게 만들려고 노력한 것을 인정받은 마당에 살 수 없을 정도의 대기오염 수준까지 이르른 것에 대한 비판을 우려해 그 동영상을 삭제하도록 했다.[32]

자율적인 시민사회의 출현?

그러나 중국의 권력체계에서 진행되고 있는 것처럼 보이는 이러한 불분명함을 서구와 연관된 종류의 시민사회를 위한 자율적인 영역의 등장으로 해석하는 예리한 정의가 내려지고 있는 것인지도 모르겠다. 오랜 기간 안정과 변화를 균형 있게 유지해온 시스템이 전에 없던 도전을 받고 있다.

지금 중국이 2,000여 년간의 제도 문명과 다른 점은 정보 시대의 침범으로, 광범위하고 예측하기 어려운 검열 관행에도 불구하고 거의 모든 사람이 지배자들이 가진 것과 동일한 정보에 접근한다는 것이다. 소련공산당의 전철을 밟지 않기로 결심한 중국 공산당 최고 관료들의 지도력 불안이 부적절해 보이는 이유가 바로 이 점이다. 그들은 잘못된 비유의 영향력 아래서 힘들어하고 있다.

시진핑과 그의 동료들이 알듯이, 소련공산당은 고르바초프의 글라스노스트(구소련의 정보 공개, 개방정책), 즉 투명한 정보 때문에 종말을 맞이했다. 따라서 그들이 생존하는 길은 접근할 수 있는 정보를 조종함으로써 사람들이 믿을 수밖에 없는 이야기를 구성하는 것이라고 결론 내렸다. 실제로 소련공산당은 사람들의 실제 경험과 아귀가 맞지 않는 이야기로 현실을 위장하려는 듯한 노력 때문에 붕괴했다. 글라스노스트 아래서 거짓말이 걷히자 남는 것이 아무것도 없었다.

중국공산당 또한 별반 다르지 않다고 할 수도 있다. 중국에서 황제는 벌거숭이 임금님이 아니다. 공산당은 빠르게 회전하는 현실 대신 '실사구시'라는 실용적 격언을 친밀하게 따르면서 지난 30년에 걸쳐 국민을 위해 분명하게 약속한 바를 실천해왔다. 재난과 같은 수년간의 마오이즘정책으로부터 중국을 구해낸 것은 이념적 눈가리개를 벗고 현실을 인정하고 사람들을 움직이는 자기 이익 추구, 자기 개선 장려를 고집스럽게 밀고 나가겠다는 덩샤오핑의 강경한 주장이었다. 덩샤오핑에게는, 그의 유명한 격언 "검은 고양이든 흰 고양이든 쥐를 잡는 한 문제 될 것이 없다"와 같은 방식으로 사회를 조직하는 것이 열매를 맺을 수 있는 유일한 희망이었다.

미숙한 시민사회 운동가들과 소셜미디어에 의해 정부 관리들의 잘못이 드러날 때 은폐하지 말고 인정하며 바로잡는 것이 어차피 모든 사람이 세상 돌아가는 일을 훤히 알 수 있는 정보 시대에 합법성을 확립하는 길이다. 한때 권위적인 이야기를 믿도록 강요할 수 있었던 위계적 통제라는 낡은 시스템은 정보민주화로 파멸할 수밖에 없다.

유럽에서 부르주아 계급이 왕의 절대주의에 대해 시민사회 영역을 만든 것처럼, 그리고 오늘날 이슬람 세계에서 여성이 신권정치와 가부장제에 대해 민주적 공공의 영역을 만든 것처럼, 그렇게 또 소셜네트워크와 소셜미디어가 지금의 중국에서 시민사회를 만든다.

2015년 3월 회담에서 당시 중국의 인터넷 황제 루웨이는 경쟁적인 선거가 없는 상태에서 웨이보나 위챗WeChat(트위터 같은 중국의 마이크로블로그), 여타 미디어상의 자유로운 표현을 통한 탄탄한 피드백이 권위에 대해 필요한 사정司正 역할을 한다고 상당히 솔직하게 인정했다. 지도자 중 누구도 수억 명의 네티즌이 있는 중국의 사이버 공간이 현대의 신新톈안먼 광장이라는 사실을 간과하지 않는다. 정부 당국이 웹상의 자유로운 표현이 균형을 이루도록 애쓰고 있으나 당국은 또한 웹 때문에 정부가 어쩔 수 없이 균형 잡힐 거라고, 그리고 실제로 웹이 특히 부패와 공무상 책임에 관한 한 '참가자활동 감시체계(수스베일런스sousveillance)' 또는 대중에 의한 아래로부터 감시의 핵심 메커니즘이라는 것을 완전히 인지한다. (베이징에서 있었던 에피소드다. 한 작가가 고위급 여성 관료와 점심을 같이했다. 식사를 마쳤을 때 그녀가 보좌관에게 다음과 같이 지시했다. "누군가가 사진을 찍어 고위급 간부들이 사치스럽게 살면서 음식을 낭비하고 있다고 웨이보에 올릴 수도 있으니 남은 음식을 모두 싸서 가져가라.") 중국의 일당체제가 2020년까지 인터넷 속도를 높이기 위해 현재 1,820억 달러를 지출한다는 사실은, 공산당이 약속 이행을 할 수 없을 경우 불만족을 표출하는 거대한 플랫폼을 대중에게 제공함으로써 자신들의 무덤을 파는 것이거나 체제의 조정 능력을 강화함으로써 국가와 네티즌 사이의 정치적 균형에 변화를 줄 새로운 유형의 감시 인프라 구축을 위한 기반을 다지는 것 중 하나를 의미한다.[33]

　이러한 모든 발전은 중국과 같은 문명에서는 새롭고 선례가 없는 것이다. 중국이 역사의 실패로 마감할 것인지 아닌지 여부는 위로부터의 통치와 아래에서 떠오르는 시민사회 사이 균형을 찾는 능력에 달렸다. 중국 정부 당국이 2017년 여름에 가상사설망VPNs에 대해 엄중하게 단속하면서 노력을 배가하고 있는 것이 확실하다. 많은 연구기관, 학자, 외국 기업은 이 가상사설망을 통해 인터넷 자율권을 통제하는 검열관을 피해 전 세계와 연결한다. 전 중국 최고검열관이며 현재 전국인민대표대회 위원인 류빈지에柳斌杰는 만리방화벽Great Firewall(중국의 인터넷 감시·검열 시스템—옮긴이)은, 가상사설망으로의 확장은 말할 것도 없고, 지속불가능하다고 생각한다. 역사가 장리판章立凡과 같은 사람들은, 돌이킬 수 없으며 검열은 확장될 것이라고 믿는다.[34]

　중국에는 다른 나라와 마찬가지로, 비록 '제도 문명' 때문에 더욱 그렇긴 하지만 어두운 면이 있다. 미국 국가안보국의 전 세계 스파이 프로그램을 폭로한 에드워드 스노든에게서 터득한 것처럼, 연결되어 있는 곳에는 감시 역시 존재한다. 구글, 페이스북, 여타 데이터 기업은 마케팅 담당자에게 소비자들의 일상적인 습관에 관한 정보와 취향을 팔기 위해 개인의 온라인 프로필을 추적한다. 서구에서는 그러한 영리기업들이 개인의 사생활을 침투해들어가는 반면, 중국에서는 정부가 개인의 사생활에 더 깊숙이 침투한다. 가장 찜찜한 개발 중 하나가 국가 단위의 빅데이터 수집 및 분석 시스템 구축이다. 긍정적으로 보면, 이 프로젝트를 통해 사업관행, 식품안전성, 소비자가 인지하는 관리들의 행동이 드러날 것이며 이로 인해 쌍방 감시가 가능하다는 것을 인식할 것이다.[35] 2020년까지 교통수단, 사회보장, 천연자원을 포함해 20개 이상의 시민 복지와 혜택 관련 영역에서 정부 데이터를 대중에게 공개할 예정이다. 불길한 측면은, 모든 시민을 대상으로 혼합된 지표에 근거해 '사회적 신용도social credit' 점수를 매기는 것이다. 이 혼합 지표에는, 한 사람이 거리에 뿌린 이웃의 보고서에서 쇼핑 중독, 공산당이 운영하는 국가에 대해 불충을 표현하는 즉흥적인 발언에 이르기까지 모든 것이 포함될 수 있다. 전체주의로 갈 가능성이 너무도 명백하다.

앞으로 중국이 서구 사회에서 많은 단서를 취할 것 같지는 않다. 그러나 중국이 소중히 여기는 많은 유교적 가치를 높이 평가하는 중국의 연성-권위주의의 사촌인 싱가포르에서 실마리를 취할 수 있다. 전 싱가포르 외교부장 양룽원楊榮文은, 반얀나무의 포괄적 우산 속이 너무 빽빽해 많은 빛이 차단되어 땅 아래에서 새로운 성장이 허용되지 않을 때는 가지치기가 필요하다고 썼다.[36] 성과를 올림으로써 국가의 이야기에 국민이 충성하도록 만들면서, 유모 같은 복지국가 싱가포르는 자신 있게 빛을 환하게 밝히고 숨을 쉴 더 넓은 공간을 신흥시민사회에 제공했다. 실제로 이 열대 도시국가의 2015년 9월 선거에서는 1965년 독립 이후 집권해온 인민행동당이 의회에서 그 점유율을 올렸다. 언제나 한발 앞서 시대를 알리는 전 리콴유 공공정책대학원장 키쇼어 마부바니Kishore Mahbubani는 '참여'를 리콴유 이후 시대에 연구의 새로운 초점으로 부각시켰다.[37]

중국의 지도자들은, 불안정하다는 지적에 대해 엄중하게 대처하는 대신 그리고 아시아 방식과 공통되는 점이 거의 없는 구소련 공산당의 붕괴에 대해 강박관념을 갖는 대신, 그들 자신의 문명권인 싱가포르에서 적절한 비유를 가져와 그 영향력을 활용해 그들의 대의명분을 더 잘 섬기곤 했다.

이 전투는 중국 내에서 개방과 폐쇄 세계의 교차로에 있는 사람들이 끝까지 싸워야 할 싸움이다. 서양의 우리들은, 결함이 있음에도 불구하고 중국이 서구의 유산을 자신들의 미래에 투영시키려 하지 않고 자신들의 경험에서 새로운 평형을 구축하려는 노력을 격려해야 한다. 중국에서 더 많은 자유를 누릴 수 있도록 우리가 유일하게 할 수 있는 기여는 권위주의적 수단이 아닌 다른 방식으로 어떻게 포용적 정치와 통치합의를 이룰 수 있는지 제도적 혁신을 통해 보여주는 것이다.

대안적 세계질서 구상

적어도 수사학적으로 보면 시진핑 주석은, 중국은 기존 질서를 '전복시키고' 대안적 글로벌 시스템을 구축하는 것을 원하지 않으며, 그가 우리에게 말했듯이 오히려 세계에서 무엇보다 유엔과 세계무역기구WTO처럼 다자간 토론의 장에서 일을 잘해온 현 제도를 '보완하기'를 원한다고 주장한다. 2015년 11월 베이징에서 열린 베르그루엔 연구소의 두 번째 '중국 이해하기' 콘퍼런스에서, 푸잉 당시 전국인민대표대회 외교위원회 위원장은 다음과 같이 중국식 세계질서를 설명하는 듯한 언급을 했다. "현재의 국제질서는 그 효능과 실행 면에서 불완전할지라도 인류가 이룩한 공정함에 가장 근접했다. 그러나 변화를 이끌기 위해 회원국 모두의 지혜와 추진력을 사용해 개선할 필요가 있다. 중국은 평행하는 질서를 만들 의도가 없음을 재확인했다. 그러나 중국은 모든 국가를 수용하기에 충분히 큰 하나의 지붕 아래 하나의 '국제 세계world of nations'를 보려 한다."

중국이 서구의 방식대로 하지 않는 분야는 안보 영역이라고 그녀는 주장한다. "중국의 가치가 미국 주도의 세계질서에서 '외계인' 취급당하면서 묵살된 채 중국은 서구의 군사 연합으로부터 외면당했다. 자국의 안보와 안정을 보호하기 위해 중국은 서구 사회가 권장하는 정치적 안보 의제를 경계해왔다. 그러나 최근 몇 년에 걸쳐 막강한 힘을 가진 중국은 국제적으로 더 많은 권위를 부여받고 영향력을 행사하며 오랫동안 기다려온 개혁과 개선을 통해 더욱 균형 잡힌 세계 발전을 촉진하는 데 도움을 줄 수 있게 되었다. 그러나 이러한 행보가 근거 없는 의심을 낳아, 중국이 오랫동안 지켜온 수동적 자세에서 탈피한 것을 두고 미국 주도의 세계질서에 도전하는 신호라고 여기는 사람들이 있다." 시진핑이 언급했던 투키디데스의 함정, 즉 신흥 세력이 기존 세력과 충돌할 수밖에 없음을 넌지시 말하며, 그녀는 다음과 같이 경고한다. "세계 역사를 보면, 질서가 일직선으로 진화하지 않는다. 시간이 흐르면서 주축 세력들 사이의 충돌 때문에 혹은 초강대국의 쇠락을 통해 낡은 질서가 새로운 질서에 길을 내준다. 승리를 거둔 질서는 모든 회원국의 증가하는 이해관계를 조정할 수 있어야 한다."

이 점에 관한 한 중국은 몇 가지 선택할 수 있는 상황을 만들어 자신들이 성공할 기회를 늘린다. 북대서양조약기구NATO가 우크라이나에서 새로운 주장을 펼치는 러시아에 대항해 동맹을 강화하고 중국과 러시아를 '전략적 경쟁자'로 공식 선언하면서 중국은 상하이협력기구를 통해 새로운 반서구 동맹을 강화하는 데 러시아와 함께 주도적 역할을 하고 있다. 중국은 또한 필리핀과 같은 미국 동맹국들을 미국의 궤도에서 이탈시키기 위해 고안된 양자 간 접촉에도 노력을 아끼지 않는다. 해양법에 관한 유엔 협약UNCLOS을 중재하는 유엔재판소가 2016년 필리핀의 손을 들어주고 중국의 주장을 무효화시켰음에도 불구하고 중국은 계속 밀고 나가고 있다.[38] 필리핀 로드리고 두테르테Rodrigo Duterte 대통령이 반발하지 않는 것은 중국의 영향력이 커지고 있다는 증거다. 두테르테는 반대로 남중국해에서 미국과의 여러 연합 군사훈련을 취소하면서 그 지역에서 합동 순찰을 위한 초기 계획을 세우는 것도 거부했다. 그 답례로 중국은 수십억 달러의 인프라 투자 보따리를 제공하고 필리핀 군대에 5억 달러의 차관을 제공했다.[39]

중국은 또한 대안적 경제질서를 계획함으로써 미국 주도의 세계

질서에 도전하는 위험으로부터 스스로 보호하고 있다. 우리가 시진 핑 주석과 논의한 것처럼, 중국은 아시아인프라투자은행을 설립하 고 13~14세기에 개척했던 팍스 몽골리카Pax Mongolica(몽골제국의 정 복 후 사회문화, 경제적으로 13~14세기에 유라시아의 안정을 가져온 기간— 옮긴이)의 고대 실크로드 교역 루트를 부활시키기 위해 1조 달러의 인프라 투자 사업을 시작했다. 미국이 트럼프 대통령 주도하에 세계 화의 주동자 비용을 절감하는 동안, 중국은 극동에서부터 유라시아 를 통과해 아프리카와 유럽에 이르기까지 세계를 함께 묶으려고 애 쓰면서 앞으로 빠르게 질주하고 있다.

공산당의 최고 전략가이면서 베르그루엔 연구소 21세기위원회 위원인 정비젠은, 중국이 일대일로 사업을 정비한 것을 두고, 부를 창출하는 기존의 혁신 세력을 더욱더 균형 있게 분포하도록 함으로 써 "'온 인류를 위한 운명공동체' 정신"을 북돋우고자 하는 "세계화 의 새 국면"을 이끄는 선봉장이 된 것이라고 여긴다. 구매력 평가지 수 측면에 관해 정비젠은 설명한다. "전체적으로 선진 경제국들의 규모 대비 개발도상국들의 규모는 1980년에 64:36이었으며 2007 년에는 50:50이었다. 2018년에 이 비율은 41:59로 역전되어 저울 추가 개발도상국으로 기울 것으로 예상된다." 그는 계속 이어갔다. "이런 추세가 지속될 수 있다면 그것은 전체적으로 개발도상국들에 의해 움직이는 세계경제가 이 세기의 두 번째, 세 번째, 네 번째 10년 동안 성장을 위한 새로운 추진력을 지속적으로 모아나갈 것임을 의 미한다. 개발도상국 경제가 점점 더 급속하게 성장하면 선진국의 상품과 서비스를 위한 보다 큰 시장이 됨으로써 그다음 순서로 선진 세계에서 성장 재개를 촉진할 것이다. 따라서 세계화의 새로운 국면은 선진 세계가 성장 동력이었던 과거와 반대가 될 것이다." 이를 개발도상국 지역의 인프라에 대규모로 투자함으로써 중국은 성장 잠재력을 끌어올려 모든 사람에게 혜택이 돌아가도록 할 수 있다고 정비젠은 주장한다.[40]

푸잉이 생각하는 '한 지붕 아래 모든 국가'와 정비젠이 생각하는 '온 인류를 위한 운명공동체' 둘 다 중국의 문화사에 깊은 뿌리를 두고 있다. 철학자 자오팅양趙汀陽은 3,000년 전 주나라에서 천하의 고대 개념, 즉 '하늘 아래 모든 것'이 조화롭게 공존한다는 개념을, 세계에서 중국의 역할에 대해 현재 진행 중인 토론에서 부활시켰다. 자오팅양이 기술한 바에 따르면, 주나라는 "전 세계를 하나의 천막 아래 함께 모이도록 하여 당시 문명화된 세계로 여겨진 곳 안에서 부정적인 외부의 영향력과 그에 따른 갈등을 없애고자 했다". 자오팅양에 따르면, 천하는 "'정치적임the political'의 개념을 적대감을 환대로 바꿈으로써 공존하는 기술로 정의한다. 이 기술은 더욱더 현대적 개념인, 독일의 법 이론가 카를 슈미트Carl Schmitt의 '우리 대 그들'로서의 정치 인식, 한스 모건도Hans Morgenthau의 권력을 위한 '현실주의자'의 투쟁, 새뮤얼 헌팅턴의 '문명의 충돌'에 대한 분명한 대안이다."[41]

자오팅양의 설명에 따르면, 천하 개념의 철학적 근거는 '살고 살게 하자live and let live'는 유교의 개념으로, 자신의 이익을 극대화하는 대신 갈등을 최소화하는 것을 추구한다. 자오팅양에게는 그와 같이 공존하는 것이 오늘날의 다양한 세계에서 평화와 안정을 위한 가장 합리적인 방식이다. "우리의 초超연결 상호 의존적 세계를 위한 '하늘 아래 평화'는 (…), 어떤 하나의 문명에 보편성을 부여하는 배타적이며 일방적인 주장이 아닌, 모든 문명을 포함하는 양립할 수 있는 보편주의의 더욱더 광범위한 토대 위에서 조성되어야 할 것이다."[42]

중국의 '비보편주의적nonuniversalist' 세계관이 서구의 보편주의보다 조화롭고 포용적인 세계질서를 조성하며 앞으로 나아가는 데 더 적합하다고 지적하는 학자들이 있다. 베이징 대학교 철학과 교수 장상룽張祥龍은 '문명의 충돌'이나 '역사의 종말'은 "보편주의적 문화가 서로 맞닥뜨리거나 서로 우세할 때만 발생할 수 있다. 두 개의 비보편주의적 문화가 만날 때도 마찰은 있겠지만 서로 궤멸시킬 목적의 전면전은 보통 피한다. 그러나 두 개의 보편주의 문화가 만날 때는 일시적으로 안전을 확보하기 위해 타협하고 협상할 수도 있으나 결국에는 원칙적으로 죽을 때까지 투쟁한다"고 주장한다. 실제로 장상룽이 말했듯이, 불교와 도교는 중국에서 수천 년간 공존했다. 수년간 자와할랄 네루 대학교 동아시아연구소장과 델리 중국연구소장을 지낸 탄청Tan Chung은 2008 베이징 올림픽을 새로운 중국을 위한 데뷔 잔치로서뿐만 아니라 세계 문제에서 유교적 감수성의 재현을 위해서도 의미 있는 행사로 보았다. 당시 그가 말하기를, "베이징 올림픽의 매우 감동적인 성공은 세계가 '지정학적 패러다임'에서 중국이 주도적 역할을 하는 '지역-문명적geo-civilizational 패러다임'으로 이행移行하는 것을 객관적으로 보여주었다". 탄청의 관점에서, 중국은 그 역사와 일관되게 "초강대국처럼 영토 또는 이념적 공간을 정복해 권력을 극대화하는 데 관심을 두지 않으며 조화로운 공존을 통한 문명의 통합에 관심을 가진다". 그는 심지어 다음과 같이 주장한다. "바빌로니아, 이집트, 그리스, 로마와 같이 (서구의) 찬란한 고대문명 모두 계승되지 않은 채 폐허가 되었다. 그 이유는 그들 사이에 '지역-문명적 패러다임'이 없었기 때문이다. '지정학적 패러다임'은 공간 쟁탈전을 벌이고 서로 파괴하는 데 몰두하도록 그들을 밀어붙였다. 동반구와 서반구의 근본적인 차이가 여기에 있다."⁴³

이러한 뭔가 이상화된 중국 고대사의 해석이 지금 우리 동시대에 시험대에 올랐다. 조화는 다른 나라들이 중화Middle Kingdom에 종속된 속국으로 행동할 경우 작동할 수 있다. 다른 나라가 늘 자신들의 길을 가거나 그들의 이익이 중국의 이익과 일치하지 않는다고 생각하면 다툼이 일어날 가능성이 더 높다.

"중국은 지금 세계화에 적응하는 입장에서 세계화의 운전자로 변하고 있는 것 같다." 경제학자 스티븐 로치Stephen Roach(예일 대학교 잭슨국제문제연구소/경영대학원―옮긴이)는 다음과 같이 이어갔다. "사실상 차기 중국the Next China은 점점 더 통합되는 세계에 연결된 상태에서 분담금을 늘려가고 있으며 세계화 과정에서 새로운 일련의 위험과 기회를 만들고 있다." 세계관은, 아무리 철저하게 문화사에 기반을 두고 있다 할지라도, 언제나 현재의 이해관계에 따라 구체화된다. 로치는 일대일로 사업을 중국이 영향력을 발휘할 새로운 지역을 도표화하여 그리는 방법일 뿐만 아니라 중국 내 개혁이 느리게 진행되는 것을 보상하기 위해 필요한 것으로 파악한다. "중국의 지도자들은, 현실적인 목표임에도 불구하고, 소비자 주도의 성장전략을 성공적으로 해내기가 원래 생각했던 것보다 더 힘들다는 것을 지금 인정한다." 그는 계속해서 언급한다. "GDP의 소비 점유율이 2010년 이후 단지 2.5% 증가하는 데 그쳤다. 이는 동일 기간 7.5% 증가한 서비스 부문 점유율과 7.3% 증가한 전체 인구 대비 고임금 도시 근로자 점유율을 통해 기대할 수 있는 개인소득 상승분에 비하면 상당히 부족한 수치다." 로치의 주장에 따르면, 이렇게 서로 연결이 안 되고 일관성이 없는 것은 "자유재량적 소비의 성장을 가로막는, 두려운 나머지 예방적 차원에서 최고 수준으로 저축하는 분위기를 지속적으로 조성하는 구멍이 숭숭 뚫린 사회안전망 때문이다. 여전히 도시화와 서비스 부문 개발에 전념하고 있지만, 중국은 내수 부족을 메우기 위해 새로운 외적 자원에 의지하여 성장을 이어가는 것을 선택했다." [44]

전 싱가포르 외교부장 양룽원은, 그가 기대한 것처럼 동남아시아에 새롭게 활력을 불어넣어줄 것이라는 점에서 새 실크로드 사업이 긍정적인 성과를 낼 것으로 본다. [45] 전 파키스탄 총리 샤우카트 아지즈Shaukat Aziz 역시 열성적이다. "이것은 파키스탄에 어마어마한 전환점이 될 것이다." 그의 말은 계속 이어진다. "과다르 항구가 다른 나라를 통과해 중국과 연결되면 우리의 인프라 역량이 상당히 강화될 것이다. 도로, 철로, 전기통신 연결망이 건설될 때 이전에 어떠한 것과도 거의 연결되지 않았던 나라 전 지역이 개방될 것이다." [46]

옥스퍼드 대학교 역사학 교수 피터 프랭코판Peter Frankopan은 중국의 이니셔티브를 역사적 맥락으로 기술한다. "지적인 신뢰성을 제공하고 주요 현안懸案에 영향을 미칠 비전을 발전시키는 데는 선례와 유사한 예가 중요하다." 그가 일대일로 프로젝트를 언급하면서 쓴 내용이다. 2017년 5월 중국의 시진핑 주석이 베이징에서 말한 것처럼, "고대 비단길에는 평화와 협동, 개방과 포용, 상호 배움과 상호 혜택의 정신이 담겨 있다". 프랭코판은 계속해서 중국의 이니셔티브를 팍스 몽골리카 시대와 비교한다. "물론 강조해야 할 것이 실크로드를 따라 실현될 수 있고 촉진되는 긍정적인 변화지 질병, 환경의 변화, 폭력 또한 동서를 연결하는 동맥을 따라 흘러들어갈 수도 있다는 부정적 측면이 아니라는 것은 새삼스러울 것도 없다. 그런데도 눈에 띄는 점은, 실크로드를 따라 흐르는 리듬이 항상 매끄럽지만은 않으나 그치지 않을 것 같은 대립과 전쟁으로 점철된 역사를 지닌 유럽의 통로와 나란히 달릴 때 실크로드는 전혀 손색이 없다는 것이다."⁴⁷ 프랭코판에게는, 유라시아가 다시 한번 세계경제의 무게중심으로 우뚝 설 때 "모든 길은 베이징으로 이어질 것"이라고 기대하는 것이 터무니없지 않다.

전 인도 중앙은행 총재 라구람 라잔Raghuram Rajan은 중국의 실크로드 프로젝트를 지지하면서 동시에 경계한다. "일대일로 사업이 인프라를 증축하기 위한 더 장대한 시도의 일환이라면 좋은 일이다. 확실히, 이 사업에는 중국 중심주의가 어느 정도 존재한다. 그러나 인프라를 확장하는 동안 조성되는 역량을 통해 개발을 위한 추가적인 일련의 연대가 여러 지역을 연결하는 물류 네트워크와 시민 네트워크상에서 이루어져야 하고, 그렇게 되어야 경제활동을 부양시키는 데 도움을 줄 수 있다." 그러나 라잔은 다음과 같이 경고한다. "중국인들은 이 프로젝트가 정치적 영향력을 내포할 수 있다는 점을 유념해야 한다. 이 프로젝트는, 어떤 집단을 고립시킨다든지 다른 나라를 희생시키는 대가로 어떤 나라에 뭔가 할 기회를 주는 것처럼, 정치적 영향력을 발휘하면 안 되고 발휘하는 것처럼 보여도 안 된다. 나는 인도에 대해 얘기하는 것이 아니라 세계를 두고 하는 말이다. 한 국가가 어떤 제도를 밀고 나갈 때, 포용성과 사심 없음을 보여주는 것이 중요하다."[48] 실제로 남아시아 몇몇 지역에서 중국의 일대일로 사업은 이미 '채권자 제국주의'로 가고 있다고 혹평받고 있다.[49] 이 고발에서 증거물 제1호는, 중국 자금이 들어간 스리랑카의 함반토타 항구다. 재정적으로 쪼들리는 스리랑카가 채무를 갚을 수 없는 것으로 판명되자 중국인이 그 항구를 인수했다.[50]

말레이시아의 마하티르 모하맛Mahathir Mohamad이 2018년 권좌로 돌아왔을 때, 그는 이전 정부와 결탁했던 부패한 리베이트와 불리한 계약조건을 조사하면서 즉각적으로 중국의 주요 사업들을 보류했다. 누구도 그의 입을 막지 못하면서, 그는 또한 중국에 의해 조성되는 '신식민주의'에 대해 공개적으로 우려를 표명했다.[51] 마찬가지로, 2018년 선출된 파키스탄의 새 정부도 부채에 대한 부담과 최초 협정문상의 불공평한 계약조건 때문에 중국과의 사업 이행을 재고할 것이라고 발표했다.

분명히, 중국은 서구 현대사에서 이전까지 결코 경험해본 적 없는 경쟁 세력이다. 중국이 어떻게 스스로 통치하고 어떻게 그 힘을 해외로 뻗치는지가 우리 중 나머지가 우리 자신의 사회를 어떻게 통치할지에 영향을 줄 것이다. 세계화하여 앞으로 나아가는 것은 더 이상 서구 지역만의 문제가 아니며, 반드시 중국과의 공동 노력이 필요하다. 서구 사회와 중국 둘 다, 어떻게 세계화의 고삐를 조절하여 자국의 국민을 위해 패자보다 승자를 더 많이 만들어내면서 수렴된 이해관계가 요구할 때마다 동반자로서 협력할지, 생각해야 한다.

긍정적인 민족주의

향후 수십 년 내 가장 긴급한 문제 중 하나는 궁극적으로 세계화와 소속감을 확실히 갖게 해주는 사회적 신뢰가 아귀가 딱 맞는 완전체로 정착할 수 있을지 여부다. 현대 사회에서 그러한 신뢰는 국경으로 둘러싸인 민족국가와 공동체 안에 존재해왔다. 기후변화, 전 세계적 유행병, 금융 흐름의 불안정, 교역로와 통신망 개방 같은 상황을 스스로 해결하기 위해 민족국가의 역량을 초월하는 도전에 직면한 상태에서 자주권과 긴요한 국제협력이 상호 균형을 유지하는 것이 마침내 가능할까? 서로 다른 정체성을 가진 국가들 사이에서 수렴된 이해관계에 기반을 둔 글로벌 운명공동체가 세워질 수 있을까?

"민주주의, 국민주권, 글로벌 경제통합은 공존할 수 없다. 이 셋 중 둘씩 결합할 수는 있으나 셋 모두를 동시에 가질 수는 결단코 없다." 하버드 대학교의 대니 로드릭Dani Rodrik(터키 출신의 경제학자―옮긴이)이 주장한 유명한 말이다. 세계화의 방향을 조절해서 민주주의의 원칙에 맞게 적용해야 한다. 그 반대, 즉 민주주의를 왜곡하여 세계화에 맞추면 안 된다. 로드릭의 생각이다. "우리는 세계화를 포퓰리스트들뿐만 아니라 세계화의 열렬한 지지자들에게서도 구해내야 한다. 세계화 전도사들은 이 세계의 트럼프가家가 번창하는 것에 대한 진정한 두려움과 우려를 덜 심각해 보이도록 만들었을 뿐만 아니라 더욱 온건한 형태의 세계화가 가져다주는 혜택을 간과함으로써 그들의 대의명분에 엄청난 손상을 입혔다. 우리는 국가의 자주성과 경제적 세계화 사이의 균형 상태를 재평가해야 한다. 간단히 말해, 우리는 경제적 세계화를 극단적으로, '초세계화hyper-globalization'라고 부를 수도 있는 비현실적인 형태로 밀어붙였다."[52]

로드릭의 생각이 옳다. 초세계화의 배경인 소위 신자유주의적 워싱턴 합의를 떠받치는 주요 기둥이 너무도 당연히 반발을 불러왔다. 그 기둥은 공정무역 대신 자유무역, 규제받지 않는 글로벌 자본 흐름, 가장 많이 영향받는 산업과 지역에서 일어나는 실직에 대한 보상 조정을 목적으로 하는 사회안전망과 공공부문 투자에 대한 정부 예산 삭감 등이다. 무엇보다 로드릭의 주장에 따르면, "국가는 자신들의 제도적 정비와 규정의 완전성을 보호할 권리를 가진다." 또한 그러면서 번영을 위한 다양한 길을 모색할 것이다. 무역 전선에서 세계화가 작동하게 하려고, 로드릭은 WTO의 전신인 관세 및 무역에 관한 일반협정GATT과 유사한 일련의 규칙으로 돌아갈 것을 요청한다. 로드릭의 말이다. "GATT 규정은 내용이 많지 않고 뜻이 분명하다. 그런데도 지극히 잘 작동되었다. 나는 GATT의 성공 비결은, 국가에 훨씬 더 큰 정책 공간을 제공할 필요가 있음을 이 오래된 무역 규정이 당신에게 이해시켰기 때문이라고 생각한다. 건강한 국제 경제를 위해서는 건강한 국내 경제와 정책이 필요하다."[53]

로드릭은 널리 두루 적용되는 세계화는 없다고 단언한다. "나는 산업정책을 시행할 때 국가의 훨씬 큰 자유재량에 맡기는 것에 찬성한다. 성공하면, 해당 국가를 위해서뿐만 아니라 다른 국가들을 위해서도 좋은 것이다. 왜냐하면 그것으로 경제적 성장을 이룰 수 있고, 그러면 더 많은 교역 기회를 만들 수 있기 때문이다. 실패하면, 그 비용을 국내 소비자와 납세자가 우선적으로 부담해야 한다." 로드릭은, 첨단기술 분야에서 패권을 차지하기 위해 미국과 분쟁이 일고 있는 '메이드 인 차이나 2025' 프로젝트 역시 이에 해당한다고 생각한다.[54]

한편 에르네스토 세디요Ernesto Zedillo는 경제이론가 데이비드 리카도와 무역에서 비교우위 철학을 옹호한다. 무역에서 불평등과 중산층 압박을 비난하는 것은 자신들의 소임을 다하지 않은 통치 엘리트들에 의한 '교묘한 책임 회피'라고, 세디요는 주장한다. 멕시코 대통령이었던 그는 말한다. "원칙적으로, 불평등을 증가시킨 세 가지는 기술technology, 개방openness, 정책policy(Top)이다. 그러나 숙련 편향적 기술 변화와 자본 및 최고 소득에 대한 과세와 같은 정책을 펴다 보니 세계화로 이어졌다는 주장이 제기됨으로써, 결국 후자인 정책이 최종 주범이다. 이러한 결론이 받아들여질 때, 원상태로의 회귀를 포함해 세계화의 속도를 조종하는 것이 힘을 균등하게 만드는 데 효과적일 수 있다고 선언하고 싶은 유혹을 강렬하게 느낀다." 더욱이, 그는 주장을 이어간다. "세금 및 기타 여러 가지를 포함하는 정책들이 세계화의 구속 안에 당연히 존재한다고 생각하는 것 역시 불쾌하다. 역진세정책, 사회안전망 예산 축소, 허술한 조정 지원, 불량한 교육 및 연수정책, 허물어진 인프라, 이외에 다른 많은 것은 세계화가 가져온 피할 수 없는 결과가 아니다. 이것들은 분명한 정치적 선택이지 상호 의존의 냉혹한 결과가 아니다."[55]

세계화는 사실 주로 스칸디나비아에서 보상정책을 추구하는 국가들을 위해 작동해왔다. 인프라와 교육 같은 공공재를 대상으로 하는 폭넓은 투자를 통해, 아시아의 많은 국가가 글로벌 경제하에서 잘해왔다. "세계화는 실패하지 않았다." 싱가포르의 키쇼어 마부바니는 말한다.

세계화에 관한 모든 논의는 왜곡됐다. 그 이유는 서구의 분석가들이 세계 인구의 대략 15%를 차지하는 서구에 사는 사람들에게 초점을 맞추기 때문이다. 그들은 나머지 85%의 사람을 간과한다. 인류의 역사에서 지난 30년은 그 나머지 간과한 사람들이 누려온 최고의 30년이었다. 왜? 그 답은 세계화다. 아시아에서 중산층의 탄생으로 부가 확산되고, 인류 대다수에게 혜택을 주는 공정한 국제 제도와 안정적인 규칙을 기반으로 한 시스템이 실행될 수 있다는 믿음이 퍼져나갔다. (…) 그런데 왜 세계화가 실패했다는 것인가? 그 답은 간단하다. 세계화의 열매를 향유하는 서구의 엘리트들이 그 열매를 서구의 대중과 나누지 않았기 때문이다.[56]

따라서 앞으로 세계화가 서구 사회를 위해 일하게 하는 것은, 비난 일색의 대외 강경론적 주장을 발표하고 세계를 향해 자기 나라의 문을 굳게 닫음으로써 '교묘하게 책임회피하는' 대신, 세계화의 혜택이 확실하게 공유되도록 조정하는 정책을 수행하는 것을 의미한다.

전 미국 재무장관 로런스 서머스는 이러한 과정에 '책임 있는 민족주의'라는 명칭을 붙였다. "새로운 해결방법은, 정부의 기본적 책임은 국민의 복지를 최대화하는 것이라는 생각에서 출발해야 한다." 서머스는 우리와의 인터뷰에서 다음과 같이 계속 이어갔다.

(…) 세계의 선善이라는 추상적 개념을 추구하는 것이 아니다. 사람들은 자신들이 사는 사회를 스스로 만들어간다고 느끼고 싶어 한다는 생각이 이것과 밀접하게 관련되어 있다. 기술과 변화하는 글로벌 경제 환경이라는 특정 개인과 상관없는 세력이 뜻하지 않게 중대한 결과를 낳을 수도 있다. 그러나 정부가 합의할 때 더 나아가 이런저런 종류의 국제재판소에 조정을 양도하는 것은 일을 더 어렵게 만든다. 특

히 법적인 이유나 실용성의 이유로 기업들이 국제협정을 체결하는 데
서 불공정한 영향을 받을 때 바로 그렇다.[57]

책임 있는 민족주의적 해결 방법으로, 서머스가 별도의 기사에
서 주장한 것은, "국제협정의 내용을 판단하는 기준은 얼마나 많이
조화를 이루었는가 또는 국제통상에 대해 얼마나 많은 장애물이 허
물어졌는가가 아니라 사람들이 근로자로서, 소비자로서, 유권자로
서 권한을 부여받았는지 여부다".[58] 서머스는 다음과 같이 한 예를
든다. 기업들의 조세 회피로 인해 발생한 청구서에 실제로 돈을 지
급한 보통 시민들에게 실질적으로 혜택을 주는 어떤 것, 즉 조세 회
피처의 폐쇄보다 대형 제약사의 지식재산권 보호가 미국의 국제정
책에서 우선적으로 처리되어왔다. 그는 또한 무역과 기술 변화로 파
생되는 일자리 대체를 위한 장기적인 대응 전략으로 직업훈련과 공
공 고등교육에 대한 공공투자를 지지한다.

라나 포루하Rana Foroohar(미국의 비즈니스 칼럼니스트, 「파이낸셜 타임
스」와 CNN의 언론인─옮긴이)는 또 다른 방향에서 유사한 생각을 밝
히면서, 미국에서 대부분의 고용과 혁신은 대규모의 공기업보다 생
산성 향상과 고용 확장을 위해 더 많은 투자를 하는 중소 규모의 민
간기업에서 일어난다고 주장한다. 포루하에 따르면, 지난 20년에
걸친 그 증거가 해외에서 자본을 본국으로 보내는 데 목적을 둔 감
세정책을 통해 기업이 보유하게 된 돈 중 많은 금액이 결국 투자보
다 자사주 매입으로 흘러들어갔음을 시사한다. 주로 미국의 공급 체

인으로부터 투입물을 공급받는 중소기업에 훨씬 더 중요한 것은 연구개발을 위한 개방적 이민 규정과 세액공제다. 간단히 말해, 일자리 창출과 생산성 부양은 다국적 기업의 우선적 이윤추구를 만족시키는 것이라기보다 지역을 기반으로 하는 민간기업의 요구에 초점을 맞추는 것이라고 할 수 있다.[59]

세디요와 마찬가지로 2008년 금융위기 이후 세계적인 불황의 깊은 수렁에서 G20 회원국들이 탈출하도록 이끌었던 고든 브라운 전 영국 총리는 세계화 이야기를 정의하기 위해 민족주의를 허용하는 것에 반대한다. 그의 관점에서 보면, 세계화는 확실히 잘못 관리되었다. 그러나 올바른 이야기의 틀은 그가 본 저서 저자들에게 말한 것처럼 "민족국가들에 가능한 한 많은 자치권을 부여함과 동시에 그들이 필요한 만큼 많은 국제협력에 동조하게 하는 것"이다. 어떤 방식으로든 민족주의 이야기에 머무는 것은 잘못된 것이라고 그는 주장하며 이렇게 지적한다. "오로지 민족국가 지렛대를 당기는 것에만 초점을 맞추는 정책으로는 공해, 불평등뿐만 아니라 거시경제적 불균형, 이웃과 파트너를 거지로 만드는 무역정책과 그 여파, 사이버 공격, 전 세계적인 유행병에 대처하지 못할 것이다. 이들 각각은 초국가적인 문제로 국제적 대응이 필요하다."

각국이 지역 문화와 환경에 맞게 자국의 조세 방식을 결정하려 한다는 점을 인정하면서도 브라운은 해외의 조세회피처를 폐쇄하지 못할 경우 국가 수익의 토대와 교육, 건강, 안보를 위한 지출 계획이 돌이킬 수 없을 정도로 손상을 입을 것이라고 주장한다. 그는 더 나아가 "각국의 중앙정부는 과도한 적자와 흑자를 제한하고 환율 조작을 방지할 의무가 있다. 그러나 동시에 거시경제적 불균형은 통상적으로 G20을 통하는 것처럼 협력행동cooperative action에 의해 가장 잘 관리될 수 있다"고 주장한다.

글로벌 거버넌스와 관련해 브라운은 "자본, 유동성, 투명성, 책임에서 세계적으로 적용 가능한 금융 기준에 의해 뒷받침되는 금융시장에 대한 전 세계적 조기 경보 시스템"을 제안한다. 2008~2009년 금융위기 당시 영국 총리로서의 경험을 통해 그는 서로 연결된 경제에서 부동산 거품 당시와 같이 자산 가격이 급속하게 상승할 때 발생할 수 있는 부채의 상한을 정해야 한다는 것을 배웠다. 그와 같은 감시체계가 모든 금융기관을 망라해 준비되어 있지 않은 한, "다음에 위기가 찾아올 때, 우리는 여전히 누가 어디에서 어떠한 근거로 무엇을 소유하고 있는지, 아니면 빚지고 있는지 모를 것이고, 사람들은 왜 우리가 2008년의 금융위기라는 전염병에서 교훈을 얻지 못했는지 물으며 비난할 것이다".

도널드 트럼프 대통령이 2018년 중국과 더불어 미국의 가장 가까운 동맹인 일본, 독일을 포함해 여러 국가에 부과한 일종의 보호무역주의적 관세는 세계화의 위협에 대처하는 매우 잘못된 방식이다. 중국이 자국의 발전 전략에서 중상주의重商主義적인 면을 벗겨내야 하며 시장을 더욱더 호혜적으로 개방해야 한다는 트럼프의 생각은 옳다. 그리고 중국의 엄청난 태양광 패널 보조금이 세계시장으로 흘러들어가 미국에 있는 동종 업계 기업과 근로자들이 밀려나는 것 역시 분명한 사실이다. 그러나 신기술의 발전과 더불어 알루미늄이나 강철에 대한 논란에서 훨씬 더 좋은 해결책은, 예를 들면 전 세계 생산자들이 모여 회의를 하고 세계경제 전반에 걸쳐 폭포수처럼 쏟아지는 의도치 않았던 역효과에 벽을 세워 분리해놓고 균형 잡힌 시스템으로 복구될 때까지 함께 과잉생산을 억제하는 것이다. 캐나다, 멕시코와 함께 북미자유무역협정NAFTA이 개편되었듯이, 중국과도 협상을 못 할 이유가 없다.

앞으로 도전은 다자간 무역 시스템으로 뒷받침되어 지난 수십 년간 지속되어온 오랜 평화가, 실패한 현재의 관행과 새로이 발생한 변화에 대응해 그 시스템을 재조립하면서 깨지지 않도록 하는 것이다. 대체로 이 다자간 무역 체제는 특히 아시아, 그중에서도 일본과 한국, 그다음 중국에 번영을 가져오는 데 성공했다. 확실히 이러한 발전은 서구의 특정 산업과 공동체의 희생 위에서 이루어졌고, 지금 이 희생자들은 정치적으로 민감해져 있다. 물론 서구의 다른 산업과 공동체는 이러한 발전으로 혜택을 누리고 있다. 일이 진행되는 중 어느 시점에서 단계마다 가치가 부과될 때 결손과 혜택을 어떻게 산출하고 관리하는가는 현재로선 복잡한 문제로, 국정관세라는 무딘 18세기 도구와는 맞지 않는다.

공급 체인의 상호 의존성이 전 세계적으로 확장되면서 수출용 완제품은 세계 여러 지역에서 들여온 다양한 수입품으로 구성된다. 중국 수출용으로 미국에서 만들어지는 독일 자동차, 미국 부품을 가지고 멕시코에서 조립한 후 미국으로 다시 수출되는 자동차, 미국에서 설계하고 중국에서 조립한 후 전 세계로 수출되는 아이폰을 그 예로 들 수 있다. 실제로, 2014년 전 세계로 수출된 전체 중국 제품의 46%가 외국인 투자 기업의 제품이다. 이렇게 선적된 제품의 60%가 미국으로 향했다.[60]

더 나아가, 통합된 하나의 세계에서 무역의 비교우위를 구성하는 내용이 바뀌었을 것이다. 왜냐하면 한때 첨단을 달렸던 제조업 파워가 진화해 탈공업화 사회로 접어들면서 금융에서부터 엔터테인먼트, 디지털 네트워크 영역에 이르기까지 서비스와 정보가 경제 활동과 수출 품목으로서 엄청난 규모를 차지하기 때문이다. 미국은 이 영역들에서 세계를 대상으로 대규모 무역 흑자를 거두고 있다.[61]

그렇게 많은 변화 속에서 오랫동안 평화를 지키는 것은 결국 모든 플레이어가 그들 사이의 상호작용을 다스리는 포괄적인 규정에 기초하는 질서 위에서 정착할 때만 가능할 것이다. 전 WTO 사무총장 파스칼 라미Pascal Lamy는 급속하게 진화하는 21세기 경제에 적합한 질서는 '하나의 세계, 세 개의 시스템'이라는 현실에 맞물려야 한다고 통찰력 있게 지적했다. 그가 표현한 것처럼, 미국 시스템은 초超자본주의적, 개인주의적, 기업가적이며, 중국은 탄탄한 시장경쟁이 병행된 강력한 집산주의集産主義적 국가이고, 유럽과 많은 여타 국가는 이 둘 사이 어딘가에 있다. 전 이탈리아 총리 마리오 몬티Mario Monti가 한때 그 질서를 명쾌하게 표현한 것처럼, 유럽의 사회적 시장 시스템은 중국의 사회주의적 시장경제와 상당히 잘 공존할 수 있고 상호작용할 수 있음이 틀림없다. 깊숙하게 상호 의존적인 시스템에서 상호 혜택을 넘어 일방적인 이득을 취하려는 행동은 당연히 평화를 유지시키는 질서를 위협한다. 경제 전쟁이 터질 때마다 그에 결코 뒤지지 않게 결과도 비참하다는 것을 역사는 보여주었다.

그와 같은 규칙에 기반을 둔 시스템이어야 세계화는 모든 사람에게 유리한 성공 기회가 될 것이다. 전 미국 대통령 빌 클린턴은 본 저자들과 가진 한 인터뷰에서, 여기에 제시된 방식, 그가 '긍정적인 민족주의'라고 칭한 이 방식으로 각자 국가를 세우는 것은 국제협력의 당위성과 상충하지 않는다고 주장했다. 긍정적인 민족주의는 국제협력의 전제조건이다.

경계선 설정이 필요한 개방사회

초超세계화로 인한 실제적인 또는 인지된 경제적 혼란이 반체제적, 민족주의적, 이민 배척주의적 반발을 불러온 하나의 핵심 동인이었다면, 이민은 나머지 핵심 동인이다.

디지털 시대의 부를 더욱더 포용적으로 확산시키는 어떠한 새로운 사회계약도 민족국가와 그 공동체의 관할권 내에서 피통치자의 심의적 합의를 통해 채택되어야 한다. 왜냐하면 민족국가는 민주적 정당성의 가장 중요한 장소로 남아 있기 때문이다. 피통치자 모두가 혜택과 부담을 공정하게 공유하도록 균형을 유지해주는 사회계약으로 생각하지 않는 한 그 사회계약은 유지되지 않을 것이다. 사회와 문화는 닫힌 시스템이 아니지만, 복지와 공공투자 역량은 국경을 가진 영토의 재정적 현실성에 묶여 있다. 그러한 이유로 민족국가에는 이민자들이 정착한 나라의 가치와 규범에 따를 것인지, 그들이 속한 지역의 경제와 과세 기준에 확실히 긍정적으로 기여할 것인지, 그들이 반드시 한정된 자원을 빼먹기만 하면서 살지 않을 것인지, 이러한 기준에 따라 이민을 통제할 권리가 있다. 서로 다른 문화와 종교적 배경을 가진 이민자들이 살아가고자 도착한 해안가에서 그 나라 안으로 들어가 잘 적응할지, 정착한 국가의 경제생활과 사회복지 제도에 잘 통합될지, 이 두 가지 이슈가 그 어느 때보다 인력의 이동이 빈번한 세계에서 가장 먼저 풀어야 할 중요한 관심사가 되었다.

유명한 논문『문명의 충돌』의 저자 새뮤얼 헌팅턴은 글로벌 문화정치에서 또 다른 일촉즉발의 상황을 분명히 지적한다. 그는 2004년에 다음과 같이 앞을 내다보고 기술했다. "이민 문제는 엘리트 그룹들 사이에서 심각한 분열을 낳고, 이민을 반대하며 이민자들과 맞서는 여론을 들끓게 하고, 민족주의와 포퓰리즘 정치인과 정당이 이런 감정을 이용하도록 만들어줄 수 있다."[62] 거의 매주 난민들을 꽉 채워 실은 배가 유럽으로 향하는 도중 지중해에서 익사 직전에 구출될 때마다 우리가 떠올리는 것은 가장 늙고 가장 빨리 감소하고 있는 유럽 인구가 유엔이 예측하기로 2100년에 40억 명에 달할 가장 젊고 가장 급속하게 증가하는 아프리카 인구의 등에 양다리를 쫙 벌리고 업혀 있는 모습이다.[63]

헌팅턴은 이 점에 관한 한 전적으로 옳다. 지구상에서 가장 자유로운 사회가 난민과 이민을 참을 수 없어 하는 편협성의 위기에 직면해 있다는 것 자체에 대해 우리는 성찰의 시간을 가져야 한다. 다소 히틀러의 망령이 부활하는 것 아닌가 생각할 수도 있을지 모르나 귀속된 '운명공동체'를 소중히 여기고 보호하려는 모든 사람을 단순히 비난하는 것은 옳지 않을 것이다. 개방성, 다양성, 관용을 핵심 원칙으로 고수하면서 우리는 인종차별주의나 외국인 혐오의 동기로 아무렇지 않게 소속감을 지킨다는 핑계를 대지 않도록 신중해야 한다. 결국 이것이 역사적으로 서구 사회에서 문화적 다원주의가 의미하는 것이다. 공격적인 민족주의와 결합되지 말아야 한다.

냉전 시대 동안 이념적 경쟁으로 얼어붙은 세계에서 민족주의적 감정은 대부분 꽁꽁 얼어붙었다. 여전히 제2차 세계대전의 공포와 밀접하게 연관된 고삐 풀린 민족주의는 널리 터부시되어왔다. 더욱더 위대한 통합으로 최고 지위에 있는 경쟁자들을 제어하기 위해 역사적인 유럽 프로젝트를 설계한 사람 중 한 명인 전 프랑스 대통령 프랑수아 미테랑이 남긴 유명한 표현이 있다. "민족주의는 전쟁을 의미한다."

다원주의: 문화의 방어에서 타인에 대한 관용에 이르기까지

소련과 동유럽 공산권이 붕괴하고 냉전이 녹아내리자 민족주의의 뜨거운 열정이 되살아났다. 냉전 종식 후 첫 번째 폭발인, 1990년대 초에 일어난 발칸 전쟁으로 해체된 유고슬라비아에서 서로 다른 민족들이 맞붙어 싸웠다. 그 충돌 와중에 1991년 본 저서의 저자 중 한 명이 위대한 다원주의 철학자 아이자이어 벌린Isaiah Berlin과 이 옥스퍼드 교수가 여름을 보낸 이탈리아 포르토피노의 해변 카페에서 마주 앉아 이러한 새로운 현상에 대해 토론했다. 당시 거의 90세에 가까웠던 라트비아 태생의 벌린은 『자유의 두 개념Two Concepts of Liberty』, 『고슴도치와 여우The Hedgehog and the Fox』와 같은 후대에 큰 영향을 미친 저술로 말미암아 널리 존경받았다. 이 두 저서는 자유주의 사상의 기본서가 되었다.

이탈리아 해변에서 가진 우리의 대담에서, 벌린은 공격적인 민족주의와 공격적이지 않은 민족주의를 구별하고자 했다. 그의 관점에서 보면, 그가 히틀러의 독일에서 목격했고 오늘날 우리가 블라디미르 푸틴의 러시아에서 보는 것과 같은 공격적 민족주의는 굴욕감에 대한 반발로 인해 생겨난다. 그는 공격적 민족주의를 다음과 같이 표현했다. "구부러져 휜 잔가지처럼, 너무 심하게 내리누르다 탁 놓았을 때 격분해서 되돌려 후려친다."

반면에 공격적이지 않은 민족주의는 굴욕감으로 인해 더 활성화되지 않는다. 비공격적 민족주의는 민족적 순수성이나 성스러운 땅에 관한 얘기가 아니다. 그것은 자기 부류만 가지며 남들과 어울리지 않는 생활양식, 특별한 민족정신volksgeist, 언어와 공통의 추억과 관습을 공유하는 공동체에 자신이 속해 있다는 소속감에 관한 얘기다. 이처럼 세심하게 정의 내리는 데 있어서 벌린은 18세기 독일의 낭만주의적 사상가 요한 고트프리트 헤르더Johann Gottfried Herder의 영향을 받았다. 헤르더에게 '역사상 악인'은 위대한 정복자들로 알렉산드로스 대왕, 카이사르, 샤를마뉴, "자국의 토착문화를 파괴한" 프랑스 계몽사상의 보편주의자들과 같은 사람들이었다. 벌린은 자신의 시대에서 할리우드의 영향을 받은 대중문화를 뽑아 악인으로 추가했다. 벌린은 다음과 같이 말했다. "사실상 헤르더가 소속감이라는 개념을 만들었다. 헤르더는 사람들이 먹고 마시고 안전과 이동의 자유를 갖는 것이 필요한 것처럼 한 집단에 속하는 것이 필요하다고 생각했다. 이 소속감을 빼앗기면 사람들은 쫓겨났다고, 쓸쓸하다고, 별 볼 일 없게 되었다고, 불행하다고 느낀다. (…) 인간이 된다는 것은 자신의 부류와 함께 어딘가에서 편안한 마음을 가질 수 있는 것을 의미한다."[66]

벌린이 생각하기에 헤르더에게서만 볼 수 있는 독특한 점은 그가 진정한 가치의 소유자라는 것이다. 헤르더의 관점에서 볼 때, 세계주의는 텅 빈 그릇이었다. "인간이 된다는 것은 소속감을 느끼는 것을 의미한다"고 벌린은 주장했다. "개울이 바싹 마르면 (…) 남자와 여자가 문화의 산물이 아니면, 그들에게 친지와 친척이 없고 다른 사람들보다 더 가까이 느끼는 사람들이 없다면, 모국어가 없다면, 그것은 인간적인 모든 것이 쩍쩍 갈라지는 엄청난 건조함으로 이어질 것이다."

냉전 종식 이후 무너져 내린 국경은 사람들의 자유로운 왕래를 포함해 통합에 대한 노력으로 더 느슨해졌다. 이민자들은 합법적이건 불법적이건 유럽의 한가운데로 들어와 풍요로움을 약속받을 수 있는 더 나은 삶을 추구하고 있었다. 당연히, 대규모 이민은 문화적 다원주의에 대한 벌린의 정의에 이의를 제기한다. 21세기 초기 몇 년까지 문화적 다원주의는 완전히 다른 어떤 것을 의미했다. 즉 유입되는 이민자들의 문화에 대한 관용이었으며, 이민자들의 생활방식과 구분되는 자신들의 생활방식을 보존하는 의미는 약했다. 그러나 공통의 추억을 가진 친지와 친척들 사이에서 함께하는 특유의 생활방식에 대한 소속감이 인간이 되는 것을 의미한다면, 벌린의 말처럼, 어떻게 문화적 다원주의의 이 두 가지 개념이 조화를 이루며 공존할 수 있을까? 정체성에 관한 이 질문이, 이민 배척주의적 포퓰리즘과 현대화하고 있는 서구 사회의 한가운데서 분출된 세계화하는 자유민주적 문화가 충돌하는 핵심이다.

다른 각도에서, 『분노의 시대The Age of Anger』를 쓴 인도 작가 판카지 미슈라Pankaj Mishra는 이 충돌 과정을 제국주의와 미국이 군림하던 시대에 서구 사회 밖에서 그 충돌이 시작되었을 때부터 오늘날 베를린과 런던에 그 충돌이 도착할 때까지 추적한다. 인도의 대학에서 공무원으로 일하기 위해 준비하던 이 개성 강하고 독립적이며 체게바라를 닮은 모습의 학자는 그 준비 과정을 바꾸고 물러나 마쇼브라의 아주 작은 히말라야 마을에서 5년 동안 버터 치킨 커리에서부터 불교에 이르기까지 여러 주제에 대한 책을 읽고 저술했다. 그렇게 사물을 잘 볼 수 있는 위치에서, 그는 지역 문화가 세계화로 인해 심하게 훼손되는 것에 대해 강경한 의견을 전개했다.

오늘날의 헤르더는 이렇게 주장한다. "자유시장주의자들과 세계화 추진자들, 이 순진한 사람들은 그들이 무엇을 하고 있는지 모른다. 그들은 서로 맞물려 있는 전체 시스템을 해체하고 신의 죽음 이후 삶에 어느 정도 의미와 목적과 안정을 부여하기 위해 사회와 개인들에게 꼭 필요해서 만들어낸 가상의 이야기를 없애고 있다."[65] 미슈라의 관점에서 보면, 그가 개발도상국 주변에서 목격했던 모든 것을 같거나 비슷하게 만드는 보편주의로 인한 광범위한 민심 이탈이 지금은 서구 사회 대선거구들로 확산되었다. "그들 역시 지금, 멀리 있는 정체불명의 엘리트들이 그들의 생활방식과 소속감에 위협을 가하고 있다고 생각한다." 미슈라는 계속해서 기술한다. "체제의 권위를 수용할 것을 거부하는 그들의 저항이 이러한 결과를 낳았으며, 이 저항이 현재의 포퓰리즘 파도의 원동력이다. 이러한 붕괴된 공동체를 위해, 세계화의 약속은 이행된 적이 없다. 그들의 일자리는 사라졌다. 그들의 공동체는 모든 내적 친밀감을 상실했다. 그들은 자신의 운명에 대한 통제 권한을 되찾기 위해 브렉시트와 트럼프를 받아들였고 르 펜의 추종자가 되었다."

엘리프 샤팍Elif Shafak, 런던과 이스탄불을 오가며 활동하는 이 다작의 터키 소설가는 원과 면적이 같은 정사각형을 만들고자 한다. "절대적 보편주의는 문화적, 민족적, 언어적 다양성을 지워버린다는 점에서 문제가 많았다." 그녀는 한 인터뷰에서 말했다. "그 반대인 문화적 상대주의 역시 문제가 많았다." 이러한 역사적으로 이미다 사용한 대안 중에서 그녀가 선택한 세 번째 방법은 스스로 칭한 '진보적 휴머니즘'이다. 샤팍에게 이 중도적 방식은 "민족성, 인종, 성, 계층 또는 종교가 아니라 인간 그 자체를 가장 중요하게 생각하는 사고 체계다. 다양성, 다수성과 차이성을 모두 인정하고 동시에 공유되는 보편적 가치와 공존 필요성을 강조하면서 국경을 초월하여 동료들과 관계를 맺는 방식이다". 그녀는 이어간다. 균형을 바로잡는다는 의미는 "우리는 애국심을 민족주의자들에게 넘길 수 없다. (…) 우리는 감정을 포퓰리즘 선동 정치가들에게 넘길 수 없다"는 것이다.[66] 샤팍의 생각은 베르그루엔 철학상 심사위원장인 철학자 콰메 앤서니 아피아Kwame Anthony Appiah의 생각과 아주 유사하다. 아피아가 그의 2018년 저서『사람들을 묶어주는 거짓말The Lies That Bind』에서 주장한 것처럼, 우리 모두 정체성을 '가볍게' 입어야 한다. 왜냐하면 우리는 모두 사실상 개인적 역사에서 혼합된 상황으로부터 내려온 혼혈이기 때문이다.[67]

윤리적 보편주의

그러나 어떻게 실제로 그러한 균형을 이룰 수 있을까?

슬로베니아의 철학자 슬라보이 지제크는 이 논쟁에서 도발적인 불량소년이다. 지제크는, 그들의 문화는 새로 온 사람들로부터 보호할 가치가 있다고 생각하는 사람들의 자유민주적 악마화와, 결혼을 주선하고 동성애자를 짐승 취급하고 아이들을 공립학교에 보내지 않는 것과 같은 몇몇 무슬림 이민자의 관행을 못 본 체하는 세계주의적 엘리트들의 '관대한' 가부장주의에 짜증을 낸다. 헤르더와 벌린에 찬성하며, 그는 다음과 같이 주장한다. "가장 위대한 좌파 터부 중 하나가 여기서 깨져야 할 것이다. 그것은 다름 아닌, 한 사람의 특정한 생활방식의 보호는 그 자체로 파시스트의 원형 또는 인종차별주의자 범주에 속한다는 생각이다. 이 생각을 포기하지 않으면, 우리는 유럽 전역에서 창궐하는 반이민의 물결을 향해 길을 열게 된다."[68] 이러한 물결을 차단하기 위해, 샤팍처럼 지제크는, 한 사람의 고유한 생활방식을 지키는 것은 이민자들과 거주국 문화 양쪽 모두에 의해 생활화된 '윤리적 보편주의'를 배제하는 것이 아니라고 주장한다.

우리는 이러한 이원적 사고방식에 익숙해져야 한다고 그는 말하면서 다음과 같이 헌팅턴의 말을 반복한다. 그 이유는, 우리는 지금 대규모 방랑의 이주가 세계화가 초래한 "어떠한 형태로든 쉽게 변형되는 플라스틱" 미래의 일부인 세계에 살고 있기 때문이다. 그가 표현한 것처럼, 난민과 이민자들은 "세계경제가 치러야 하는 대가다". 프란치스코 교황이 이 새로운 세계에서 '조화를 이룬 다양성'이라고 부른 것을 지제크가 정의한 내용을 여기에 소개한다.

어떤 쪽에서 행사하더라도 종교적·성차별주의적 또는 민족적 폭력에 대해 무관용, 한쪽의 고유한 생활방식 또는 종교를 다른 사람들에게 강요할 권리 없음, 모든 사람 각자가 그/그녀의 공동체적 관습을 포기할 개인적인 자유 존중. 한 여성이 자신의 얼굴을 가리기 원하면 그녀의 선택은 존중되어야 한다. 그러나 그녀가 얼굴을 가리지 않기로 선택한다면 그렇게 할 자유가 보장되어야 한다. 그렇다. 그와 같은 일련의 규칙들은 서구 유럽의 생활방식에서 누리는 특권이다. 그러나 그런 규칙들은 유럽을 환대해 받아들일 때 가능한 하나의 대가다.[69]

2016년 베르그루엔 철학상을 수상한 캐나다의 철학자 찰스 테일러Charles Taylor[70]는 다양성이 존재하고 빠르게 이동하는 세상에서 타협을 통해 생활양식을 확립하기 위한 가장 눈에 띄는 접근방법을 제시한 것 같다. 트럼프, 브렉시트, 이슬람 여성의 전신수영복 착용 금지, 이민에 반대할 권리가 대두하는 이 시대에 테일러의 방법이 그래도 일리 있다고 보는 것은 다수의 정체성이 존재하는 상호 의존적인 세계에서 더 이상 단순화할 수 없는 다양성의 인식에 대한, 그리고 어떻게 하면 사회가 이러한 현실에 대처할 수 있을까에 대한 86세의 연로한 철학자의 성찰이기 때문이다.

합리적 순응

테일러의 접근방법은 자신의 조국 캐나다에서 프랑스어를 사용하는 퀘벡 지방 사람들이건, 대체로 세속적인 유럽에서 살아가는 경건한 이슬람 사람들이건 문화의 충돌을 부정하지 않는다. 오히려 그의 접근방법에서는, 그가 칭한 '명쾌한 대조의 언어' 또는 분명하게 표현된 차이성의 묘사를 통해 정면으로 충돌하는 마찰을 다른 사람(들)에 대한 각자의 화해와 '합리적인 순응'을 위한 근거로 인정한다. 이러한 서로 다른 문화 간의 동의는 통합 대신 분리, 적대감, 분노를 키우는 다문화 정체성 저장고와 뚜렷한 대조를 이룬다. "중대한 문화적 모순들이 전혀 없고, 일들이 모두 순조롭게 진행될 것이고, 우리 모두가 단지 세계화될 것이고 (…) 이처럼 느슨한 신자유주의적 견해를 갖는 것, 이것은 맹목적이라는 최악의 순간을 의미한다." 테일러는 말했다.[71] "우리는 이러한 차이점들을 상이한 집단들 사이의 긴장과 함께 어떻게 우리가 함께 살 것인지에 대해 이성적이고 침착한 토론을 할 수 있는 영역으로 내보내기를 원한다. 그러한 언어에 다가가야만 우리는 다른 사람들을 낙인찍는 행위(…)로 퇴행하지 않는 토론을 할 수 있다. 우리의 다양한 사회에서는 그것이 간절하게 필요하다." 테일러에게, 지역 고유의 생활방식에 적응하는 이방인의 존재를 포함해 새로운 경험을 표현하고 흡수하기 위해 진화하는 언어는 그 자체로 인간의 다양성을 틀에 넣어주는 도구다.

테일러는 말한 것을 실천한다. 그는 중요한 1995년 국민투표에서 취지를 인식하고 퀘벡을 캐나다의 일부로 지키기 위해 노력했다.[72] 더 최근에 퀘벡 주정부는 주로 새로운 이슬람 이민자들을 어떻게 수용할지 조사하기 위해 한 위원회의 공동 의장에 그를 임명했다.[73] 그 어려운 담론은 여전히 진행 중이며, 해결되려면 아직 멀었다. 2017년 보수적인 퀘벡 주정부는 여성들이 얼굴 전체를 가리는 이슬람 복장을 금지했다. 그럼에도 불구하고 테일러의 공식적인 입장표명과 곧 이은 쥐스탱 트뤼도 총리의 후속 조치 결과, 캐나다는 전 세계적으로 통합과 관용의 모델로 인식된다.

그러나 이민자들과 함께 이루어낸 캐나다의 성공이 좀처럼 알려지지 않은 것은 캐나다의 정책들이 가지는 제한적 특성이다. 비록 캐나다가 끔찍한 내전에 답하여 2015~2016년에 2만 5,000명의 시리아 난민을 받아들였지만, 캐나다는 색다르게 엄격한 성과 기반 점수제 운영을 통해, 노동시장의 요구에 부합하는 재정자원 유입과 이민자의 기술숙련도를 가족과 친척 요인보다 우선시한다. 하버드 대학교의 폴 메이Paul May(하버드 대학교 국제문제연구소 연구원―옮긴이)가 언급한 것처럼, "미국에서, 영주권자의 3분의 2 정도가 가족 구성원들과 재결합을 이유로 거주가 허용되었다. 전문적 기술을 가졌기 때문에 영주권을 받은 경우는 20% 미만이다. 그와 대조적으로 캐나다에서는 거의 그 반대다. 영주권자의 60% 이상이 항공기 이코노미석을 통해 들어왔고 4분의 1만이 가족과의 재결합 때문에 입국했다".[74]

2017년 미국에서 이민에 관한 논쟁이 진행되는 동안, 도널드 트럼프 대통령은 미국이 스웨덴처럼 대규모 통합되지 않은 공동체가 되는 것을 원치 않는다고 말해 언론의 맹비난을 받았다. 그러나 트럼프가 틀리지 않았다. 스웨덴 말뫼 대학교 인류학자 아제 카를봄 Aje Carlbom은 그의 국가 문제를 다음과 같이 기술한다. "스웨덴은 통계적으로 외국인 통합에서 최악의 국가 중 하나다. 왜? 그 주된 이유는, 스웨덴은 교육을 받지 않았으면 직업을 가질 수 없는 아주 복잡한 국가이기 때문이다. 스웨덴으로 들어오는 많은 사람이 교육을 받지 못한 상태다." 통계가 그의 주장을 뒷받침한다. 스웨덴과 그 이웃 나라 노르웨이에서 외국인들은 그 지역 주민들보다 3배 이상 직업을 갖지 못할 가능성이 높다.[75] 한마디로, 취업 결정 요인은 교육이지 이민 상태가 아니다.

인도주의적 정책으로 명성이 높은 이러한 선진국들조차 이민에 대한 개방정책이 경제적 필요와 맞물리지 않음으로써 동일 민족으로 구성된 사회에서 그렇게 성공적으로 사회를 이끌었던 바로 그 통치 모델을 파괴할 수 있다. 정치학자 파브리치오 타시나리 Fabrizio Tassinari는 노르딕 국가의 성공은 정치를 행정에서 분리하고 모두가 맡은 바 제 할 일을 하기 때문에 사람들에게 신뢰받는 '관료적 자율성'을 겸비한 '효율적이고 공정한 기술관료제' 덕분이라고 강조하는 몇 사람 중 한 명이다. 그에 따르면, 그러한 신뢰는 지금은 느슨해지고 있는 시민과 국가 간의 '빈틈없는 사회계약'에 기초해서 성립되었다. 그러나 대규모 이민자 집단의 등장으로, 사회구성원 누구나 동일하게 권리를 누리는 동시에 규범을 지키고 의무를 이행하는 사회적 관행이 파괴되면서, 사람들은 이민자들이 혜택을 누리기만 하고 사회에 기여하는 바가 없다고 생각할 수밖에 없다. "유럽의 난민 위기 대처에서 스칸디나비아 국가들 사이에 나타나는 갑작스럽고 격렬한 변화와 광범위한 이견이 그 위험을 증명한다"고 타시나리는 기술했다.[76] 노르웨이 총리 에르나 솔베르그 Erna Solberg는 똑같은 주장을 다른 각도에서 펼친다. "당신이 풍족한 복지 시스템을 갖춘 잘사는 나라라면 (…) 당신은 가장 매력적인 목적지다." 누구에게? 이민자들에게, 라고 그녀는 경고한다.[77]

결합과 전진

올바른 균형을 찾기 위해 민주주의 안에서 담론을 이어가야 할 것이다. 전 미국 대통령 빌 클린턴은 특별히 미국이 향후 긴 안목에서 선택할 수 있는 여러 이민정책을 계속 이어나가기 위한 도덕적, 역사적 틀을 제시한다. "인간의 유전자 정보에 따르면 모든 사람은 99.5% 같다." 그는 한 인터뷰에서 본 저서 저자들에게 주장했다. "나머지 같지 않은 5%를 걱정하는 데 자신들이 가진 시간의 99%를 소모하는 사람들이 있는 것 같다. 큰 실수를 저지르고 있는 것이다. 우리가 공통적으로 가지고 있는 것에 초점을 맞춰야 한다. 동질적인 사회보다 다양한 사회에서 더 좋은 결정이 이루어진다. 미국이 가진 최고의 장점은, 우리가 아이디어지 장소가 아니라는 것이다. 우리는 단일민족도 아니고 획일적인 문화를 갖고 있지도 않다. 이민 배척주의적 관점을 부추기는 사람들은 미래로 가는 가장 비싼 입장료를 내면서 러시안룰렛 게임을 하고 있다."[78]

"비록 일자리를 창출하는 것보다 더 많은 일자리를 없앨 로봇과 디지털 기술을 동반한 산업혁명 이후 최초의 거대한 변화로 가고 있다고 믿을지라도, 우리는 여전히 다양성이 필요할 것이다." 클린턴은 이어간다. "우리는 창조적인 협동을 해야만 할 것이다. 창조적으로 협동하기 위해 우리와 같지 않은 사람들과 공정한 논쟁을 펼쳐야한다. 분노에 기반한 분열된 정책은 잘못된 것이다. 이것이 바로 가장 오래된 인간 역사의 드라마—우리 대 그들—에서 바로 가장 최근의 장이다. 그러나 곧 우리는 결합하여 전진한다."[79]

서로 '합리적으로 순응'하지 않으면 문명이 충돌하는 '야만의 상태'로 돌아갈 수밖에 없다. 그러나 이러한 원주민 보호주의를 불러오는 반발을 피하면 거주하고 있는 국가의 경제적 현실과 함께 인도주의적 충동이 나란히 정렬한다. 도덕적 주장을 수용하고 실행하는 역량이 부족하면, 선한 의도가 불신을 낳는 결과를 초래한다. 어떤 국가라도 이러한 양상을 간과하면 효과적인 거버넌스의 기초가 되는 사회계약을 약화시킨다.

하나의 세계, 수많은 시스템

각국이 국권을 자체적으로 재확립하고 단일 규모의 세계화가 모든 국가에 딱 맞게 적용되지 않기 때문에, 향후 몇십 년 동안 세계 질서의 특징은 많은 시스템을 가진 하나의 세계가 될 것이다. 상호 의존망 속에서, 세계경제의 무게중심이 한때 군림했던 선진 세계에서 신흥 경제국들로 옮겨가고 있는 지금, 그 어느 때보다 강하게 결부된 서로 다른 문화와 문명들 사이에서 이러한 현실을 수용하는 새로운 타협이 모색되어야 한다.[80]

약간의 안정과 함께 이러한 진화가 전개되려면, 다수의 문명적, 문화적 상황에서 만들어진 다양한 거버넌스 모형이 성공했는지 실패했는지 여부의 판단 근거가 결과에 대한 경쟁이어야 하며 지배적 이념의 도그마나 타인에 의한 간섭 또는 힘에 의한 부과여서는 안 된다. 요컨대 '다양한 평형'의 글로벌 시스템은 그 안에 힘의 사례가 아닌 사례의 힘이 존재한다. 그것이 '단일 규모가 모든 것에 딱 맞게 적용되지 않는' 세계화의 모습일 것이다.

역설적으로, 도널드 트럼프의 '미국 우선' 자세는 그와 같은 새로운 평형을 낳는 산파 역할을 할 수도 있다. 파리기후협약 거부, 무역 협정에서 철수, 유럽 동맹국들과 작별, 긴 세월에 걸친 자유민주적 국제주의 축소를 통해 트럼프는 국민국가로서 미국이 더는 주도적 행위자가 되지 않는 대안적 질서를 준비하고 있다. 자연스럽게 그 진공 상태를 메우기 위해 움직여 들어가는 사람들이 새로운 힘의 균형을 결정할 것이다. 세계화를 형성하는 데 지도자의 역할에서 물러남으로써 미국은 세계화의 과정을 중단시키지 않고, 단지 새로운 행위자들을 위해 길을 열어줄 뿐이다.

예를 들어 기후변화에 대해, 우리는 이미 그 반응으로 중국과 유럽연합에서부터 캘리포니아주 같은 국가 하부단위 독립체에 이르기까지 세계적인 협력을 수행하겠다는 '흔쾌한 참여 네트워크'가 출현한 것을 보았다. 미국 정부가 공식적으로 포기했음에도 불구하고, 주지사 제리 브라운의 지도력을 통해, 6개 대륙 39개 국가 188개 국가 하부단위의 독립체들이 파리기후협약의 수행을 밀고 나가고 있다. WTO 전 사무총장 파스칼 라미조차 국민국가들에 기반한 다자간 질서 대신 비정부조직, 기업, 국가 하부단위 독립체의 '다원적 plurilateral' 세계질서에 관해 얘기한다.

모든 국가와 네트워크가 어떠한 형태로든 국제적으로 포용하는 방식으로 그들이 존중받는 장소를 가져야 하는 반면에, 결국 그러한 질서의 핵심 기둥은 미국과 중국이다. 그 질서 안에서 수렴된 이해관계가 공통적으로 합의된 규칙에 의해 관리된다. 이 두 세계적 경제 대국은 상당히 차별화된 문명의 영역을 대표하기도 한다. 세계화가 작동하기 위해서는 지도력이 필요하다. 그러나 고인이 된 즈비그뉴 브레진스키Zbigniew K. Brzezinski가 지적했듯이, 미국도 중국도 단독으로 이끌기는 어렵다. 미국의 힘은 줄어들었고, 중국은 아직 준비가 안 되었거나, 책임을 맡을 수 없거나, 역할을 맡을 준비가 결코 안될 수도 있다.[81]

미국과 중국 두 나라가 없어서는 안 될 파트너로서 제안한 것들을 수용하지 않는다면 그와 같은 질서가 세계를 장악할 수 없다. 심히 우려되는 상황은 두 거인이 서로 반대 방향으로 향하는 것이다. 전 호주 총리 케빈 러드는 다음과 같이 설득력 있게 기술했다. "미국과 중국이 공유하는 공통의 이야기가 없으면, 두 나라는 더 급속하게 멀어질 수도 있다. 불신이 자체적으로 쌓여 시간이 흐르면서 깊은 원한으로 악화되는 것처럼 신뢰 역시 자체적으로 쌓인다."[82] 시간은 짧고 불신은 쌓여가고 있다.

가장 영향력 있는 두 나라의 동반자 관계에 닻을 내린 세계질서의 대안이 암울해 보인다. 흔쾌한 의지가 연결된 새로운 네트워크와 함께, 뜨악한 의지로 인해 조성된 대혼란이 휙 쓸고 지나간 지역들이, 일종의 세계적 인종분리정책 시스템 안에서, 서로 연결되어 있으나 그들 행성의 내륙 지역과 단절된 문 닫힌 전초기지들을 둘러쌀 것 같다.

독재자들이 국민을 학대하고 지하디스트(이슬람 근본주의 무장투쟁 단체—옮긴이)나 범죄집단들이 재산을 빼앗긴 사람들을 공포에 떨게 하기 위해 활개 치는 몇몇 지역에 새로운 암흑의 시대가 도래할수 있다. 딱 들어맞는 가장 비극적인 사건인 시리아 내전의 잔혹한 대학살처럼 이러한 많은 것이 익숙하게 들리는 것은 위험이 얼마나 현실적으로 존재하는지 알리는 무서운 징조다. 그리고 더 나아가 지속되는 난민 위기와 대규모 이주에서 보았듯이, 도망칠 수 있는 사람들은 다른 쪽에서 더 나은 삶을 찾아 그 문들을 뚫고 들어가려 할 것이다. 여러모로 이것은 효과적인 협력이나 통치기구 없이 그 자체의 역동적인 힘에 맡겨진 리더가 없는 세계화가 치르는 값이다.

2015년 시리아 난민 위기가 절정에 달했을 때, 당시 국제연합 난민 고등판무관이었으며 현재 UN 사무총장인 안토니우 구테흐스Antônio Guterres는 그러한 세계가 이미 만들어지고 있다고 경고했다. "우리는 더 이상 단일 극단의 세계 또는 양극단의 세계가 존재하지 않는 시기에 살고 있다. 다극화한 세계조차 존재하지 않는다. 지금은 힘의 관계가 불분명한 혼돈의 세계다. 힘의 관계가 불분명할 때, 처벌 면제 또는 예측 불가능이 득세하는 경향이 있다. 나는 그것이 오늘날 세계에서 발생하고 있는 고도의 타의적 이탈과 대체 뒤에 숨은 현실이라고 믿는다."[83]

그러나 미국과 중국의 파트너십은 말은 쉽지만 실제로 행하기는 어렵다. 공통의 문화적, 정치적 기반에 의해 그 중심에 함께 묶여 있으나 현재 약해지고 있는 대서양 연안 국가들(미국, 캐나다, 유럽연합)의 질서와 달리 미국과 중국이 태동한 문명의 뿌리는 매우 다르다. 중원은 역사적으로 수천 년을 거슬러 올라가면서 세계의 중심, 유일함으로 그 자체를 정의해왔다. 비교적 젊은 미국의 정체성은 보편성 및 그 가치를 확산하는 사명과 연관되어 있다. 중국은 지정학적으로 언제나 속국에 둘러싸인 지배 세력이었다. 대조적으로 미국은 베스트팔렌 조약 이후 유럽이 국민국가를 탄생시킨 경험을 따라 국가들 간 세력의 국제적 균형을 추구함으로써 국제관계를 유지해왔다. 이 두 전통 사이 '문명을 뛰어넘는' 파트너십은 선례가 없다.

자신이 속한 지역에서 중국의 역할에 관한 한 헨리 키신저의 공식이 향후 20년간 가장 현실적인 방안이다. 그는 말한다. "중국이 외국인들의 중국 국경 접근을 차단하려 하고, 따라서 방어를 위한 노력을 떠맡아서 하는 것은 이해할 만하다. 나는 특히 중국의 역사에 비추어 중국을 이해한다. 미국이 막강한 힘을 앞세워 어떤 지역이건 지배하려 하지 않고 그럼으로써 균형을 확실하게 유지하고자 하는 점 역시 이해할 수 있다. 그러한 균형에서 두 요소, 즉 중국과 미국이 협력하면서 이끌어야 한다."[84] 키신저는 오늘날 연결된 세계에서 우리에게 새로운 접근법이 필요하다는 점을 올바르게 이해하게 되었다. 즉 어떠한 새로운 지정학적 처리방식이든 파트너십이 힘의 균형을 이루는 필수적인 부분이 되어야 한다.[85] 힘의 균형이 단지 군사적 차원으로만 축소되면 전쟁의 위험이 가장 위협적으로 곧 닥칠 것처럼 보인다. 어떠한 전선에서도 공통적인 의지가 없으면 모든 측면에서 자신의 이득만 취하고자 하는 불신이라는 어두운 그림자 안에 머무를 것이다.

일을 하는 데 미국과 중국의 파트너십을 위해, 푸잉이 한때 키신저에게 말한 것처럼, 미국이 중국을 '동등한 형제'로 받아들일 수 있어야 한다.[86] 그러나 그것은 양방향으로 진행되는 길이다. 중국 역시 서양인 동호회의 명예회원이 아니라 세계질서의 공동 설계자로서 이제껏 갖지 않았던 책임감에 대해 세계적인 안목을 갖고 앞으로 나가야 한다. 이러한 인식은 점진적으로 변화하고 발전하는 가운데 안정을 이루는 전략, 즉 변화가 서서히 진행되는 동안 질서를 유지함으로써 권력의 공백을 피하는 전략을 전개하는 데 초석이 된다.

역사적으로 전쟁과 갈등의 원인은 승자가 누구인지를 놓고 벌인 기존 세력과 신진 세력의 충돌만이 아니었다. 그 원인은 세계적 공공재公共財를 공급했던 낡은 세력이 새로운 세력이나 대체 세력 없이 약해졌을 때 '세계적 공공재'의 공급에서 나타난 세력의 공백이기도 했다.

시진핑과 오바마의 기후변화 규제 합의가 아시아 · 태평양 경제협력체APEC 2014년 11월 정상회의에서 공표되었으며, 이는 세계 공동의 이익을 제공하기 위한 파트너십의 방향을 제시하는 가운데 역사적 발걸음으로 환영받았고, 추후 파리협약에서 그 내용이 강화되었다. 오바마 시대에, 중국과 미국은 두 가지 가장 중요한 난제, 북한과 이란의 핵무기 확산 방지 해결을 위한 파트너가 되기도 했다.

또한 사이버 보안 등 다양한 영역에서 미국과 중국은 잠정적으로 협력해왔으며, 처음으로, 오바마가 대통령으로 재직 중이던 시기에 시진핑의 공식 방문 기간 동안 중국과 미국은 서로의 필수적인 인프라를 공격하지 않는다는 기본 원칙에 합의함으로써 사이버 긴장 완화의 긴 여정을 출발했다. 인터넷상 표현의 자유에 대한 차이, 기술의 진보와 더불어 사이버 첩보와 사이버 전쟁은 두 나라 사이를 틀어지게 할 가능성이 가장 높은 문제다.

비록 절박한 현실주의가 트럼프 대통령이 북한에 대한 미국과 중국의 파트너십을 추구하게 했으나, 그의 미국을 위한 화석연료 미래에 대한 수용, 파리기후협약 탈퇴, 이란 핵 합의 철회는 오바마가 이룬 협력의 수준을 후퇴시켰다. 다른 모든 국가는 파리협약을 그대로 유지하기 때문에, 미국이 트럼프 이후 시대에 필연적으로 원래대로 복귀하는 것은 단지 시간과 기후변화가 가져올 많은 양의 누적 결과의 문제일 따름일 것 같다. 현실이 궁극적으로 트럼프 임기 후반이나 그 이후 무역 문제와 어떠한 형태로든 이란과의 합의에 대해 협상과 협조로 돌아가도록 만들지는 지켜볼 일이다.

분명한 점은, 양편에서 관망하고 있으면 득 될 것이 전혀 없다는 것이다. 주변에서 경제 대국이 되고자 하는 이유만으로 중국이 지배적인 지역 세력으로서 역할을 재개하기 때문에 중국은, 바로 그 사실로 인해 일본을 중심에 두고 주변 국가들을 그 궤도로 끌어당기는 동아시아 동맹 체제 내 미국의 주도적 역할에 도전할 것이다. 두테르테 대통령이 한때 불쑥 내뱉은 한마디 "미국이여 안녕"[87]과 함께 미국 동맹에 대한 필리핀의 충성이 떨어져나간 것을 우리는 이미 보았다.

지금까지 미국 주도의 안보 체계는 북한과 중국에 대항해 일본에 방어 우산을 제공함으로써 안정을 유지해왔고, 따라서 일본은 재무장할 이유가 없었다. 이 우산을 접으면 일본은 핵무기를 추가하면서 자체 군사력을 강화할 것이 확실하다. 이 사이에 낀 미래의 큰 문제는 미국이 그 지역에서 균형 유지 역할을 계속할 것인가 혹은 미국의 보호에서 풀려난 일본이 중국과 서로를 억제시키기 위해 서로 의지할 것인가 하는 점이다. 최적의 대안은, 외부의 위협과 그 지역 내 군사 불균형에 대항하여 항해의 자유와 안보를 확실하게 보장하는 공동 조약에 미국과 함께 일본과 중국이 합류하는 것이다.

결국 신흥 세력과 그 동맹들, 기존 세력과 그 동맹들 사이에서 충돌이 일어난다는 투키디데스의 함정을 피할 수 있는 최고의 희망은 한반도와 함께 일본과 중국을 긴장을 완화시키는 공동의 제도적 틀 속에 단단히 고정시키는 것에서 찾을 수 있다. 이는 제2차 세계대전 후 역사적으로 적국인 프랑스와 독일이 유럽에서 했던 것과 다르지 않다. 공식적인 평화조약의 체결, 서방 측보다는 평양이 더 많이 신뢰하는 중국 주도의 조사관에 의해 검증된 어느 정도의 핵군축을 이끌어내는 북한 위기 해결을 위한 결의안을 만들어낸다면, 이는 지역적으로 포괄하는 안보체계의 시작이 될 수 있다.

　미국이 수십 년 동안 군림해온 아시아·태평양 지역에서 리더십을 공유하기가 어려울 수 있듯이, 중국이 일련의 속국들 위에 군림하는 대신 힘의 균형이라는 개념을 받아들이는 것 역시 큰 양보일 것이다. 결국, 여전히 입장 차이가 남아 있는 상황에서, 두 나라는 힘의 사용 억제, 서로 혜택을 주고받는 행동 수행, 의도의 투명성, 공격받을 경우 확실하게 반격하고 평정을 회복할 수 있는 충분한 역량과 회복력을 포함하는 안보 원칙과 더불어 서로 순응함으로써 상호 이익을 확보해야 한다.[88]

　필수불가결한 동반자로서 미국과 중국이라는 기반 위에서 우리가 생각하는 새로운 세계 질서는, 첫째, 헤게모니의 긴 공백에서 비롯된 다양성의 회귀에 순응하는 것이다. 역사상 처음으로 '실시간으로 연결되는 다양성'이다. 그리고 둘째, 지정학적으로 '하나의 세계, 수많은 시스템'으로 체계화되는 것이다. 이러한 새로운 규칙 기반 시스템은 일종의 '베스트팔렌 그 이상'일 것이다. 즉 우려를 낳는 글로벌 이슈에 대해 파트너십을 맺고 국가 간 및 국가 간 힘의 균형의 '구성 요소' 일체를 만드는 것이다. 다시 말해, 신뢰 구축 협동 방식과 제도를 가진 시스템은 전체적인 힘의 배치에서 하나의 대안이 아니라 그 자체가 하나의 요소다.[89]

　이러한 조건에서 세계질서를 안정시키기 위해 미국과 중국은 공개 교역과 투자, 안정적인 금융 흐름, 기후 보호, 여행과 항해의 자유, 건강지식과 과학 발전의 공유와 같은 글로벌 공공재의 보증인 역할을 해야 한다. 수렴된 이해관계에 기초해 세워진 '비가치 기반' 파트너십이라는 이 주춧돌은 필연적으로 동류 사람들 사이의 '가치에 기반한 다수 강대국주의'와 공존해야 할 것이다. 이 주춧돌의 역할은, 국가나 국가 내 조직화된 집단에 의한 묵과할 수 없는 인도주의적 원칙 위반은 예외로 하고, 타인들에 대항해 무력을 사용하거나 조직적으로 전복을 꾀하지 않으면서 그들의 가치가 공동의 목표 추구와 방향을 같이하는 사람들의 연합 노력을 동원하는 것일 터이다. 가치가 충돌할 때, "편들지 않고, 자신의 입장을 밝히는 것"이 행동 방식일 것이다.

더욱더 평등한 힘의 세계에서 제국주의, 중재, '상대국가 건설'은 시대착오적인 발상이고, 반드시 역효과를 낳는다.

관여와 투명성을 특징으로 하는 정책들은 안정감을 낳지만, 원주민 보호주의, 격리, 검열은 의심과 오해를 낳는다. 실제로 진행되고 있는 것에 대해 동일한 정보를 공유할 경우, 모든 참가자 사이에서 합의가 이루어지지 않을 수는 있으나 그 대신 인간적 이해를 불러온다. 다른 사람들의 동기와 의도를 모른 채 암흑 속에서 살게 되면 사건들을 '잘못된 비유의 힘'에 내맡긴다. 예를 들어 '뮌헨 같아' 또는 '냉전 같아'와 같은 비교는 모두 너무 쉽게 갈등을 초래한다. 다른 한편으로, 다른 사람들에 대한 두려움이 적어지면, 시야가 넓어지고 문화는 외부의 영향력을 더욱더 반갑게 받아들인다. 이것은 모든 참가자에게 돌아가는 혜택의 합이 증가하는 긍정적 합계의 생태계로 이어진다. 이 생태계에서는 각자 구별되는 형태의 거버넌스로 운영하고, 이들은 다른 것들과 경쟁함으로써 한층 더 완성된다.

그와 같은 안정적인 틀 안에서만 사회는 충분히 안심한 상태에서 개방하고 공동의 이익을 인정하고 협력을 추구할 것이다. 그렇게 되면 과학과 기술의 진보를 모두가 공유할 수 있고 동시에 다양한 문화들이 새로운 세계문명이 만들어지는 과정에서 타화수분에 의해 풍성해지면서 번성할 수 있다.

에필로그

우리의 미래상이 현재를 만든다

우리는 이 책을 통해 무엇보다 새로운 문제에 낡은 해결책을 들이대는 상상력이 부족한 일반적 제안을 하지 않으려고 노력했다. 우리는 또한 지금과 같은 붕괴 시대에는 문제를 바로잡을 최종적 해결책이나 명확한 종착점은 없으며 단지 지속적인 혁신을 통해 끊임없이 진화하는 상황에 적응해야 한다는 것을 보여주고자 했다. 중국의 지혜가 오랫동안 이해해온 것처럼, 문제 하나를 풀면 다른 문제가 생긴다. 거버넌스의 목표는, 안정과 변화의 균형을 유지하는 것, 즉 우리가 붙인 용어인 '진화론적 안정성evolutionary stability'을 이루어 사회적 변형의 속도와 범위가 우리의 점진적으로 풍성해지는 사고에 의해 받아들일 수 있게 하는 것이다. 사회의 제도를 새로운 상황에 맞추어 조정하는 장기전에서는 통치 이야기가 없는 권위의 공백이 가져오는 갑작스러운 휴지기가 더 유용할 수 있다. 그와 같은 진공 상태는 희망사항, 무관용, 빈번하게 포퓰리즘을 동반하는 폭력까지도 번식할 수 있는 공간이다.

민주주의의 쇄신에 관하여, 현재 시스템의 가장자리를 약간 수정하고 권력의 전당에서 '우리의' 열렬한 지지자들의 부활에 기대를 거는 대신 우리는 통치제도의 구조적 재설계에 대해 생각하는 방법을 제시한다. 미국 건국의 아버지들이 영구적인 공화국의 필수적인 보호 장치로서 머릿속에 그린 국민주권에 대한 일종의 심의적 성격의 밸러스트의 부활이라고 할 수 있는, 포퓰리즘적 참여가 아닌 새로운 무당파적 중재기관을 설립함으로써 소셜네트워크 참여세력 및 직접민주주의와 대의정치의 통합을 제안한다.

　근본적이고 영속적인 변화는 현실적으로 아래에서부터 시작할 수 있다. 그 아래에서 사람들은 정부에 한층 더 가까이 다가가고 위를 향해 발전해간다. 미국은 역사적으로 모든 중요한 제도적 혁신이 각 주에서 시작되었다.

　우리는 또한 진실하고 신뢰할 수 있는 정보의 확산보다 급속한 전파를 우선시하는 소셜미디어 거대기업들의 사업 모델이 유권자들에게 정보를 제공해 알린 뒤 동의를 받아내는 방식에 뿌리를 둔 민주주의를 전복시킨다고 주장한다. 또한 견제와 균형을 전제로, 객관적인 관찰과 입증된 사실에 의해 냉정하게 민주적 담론을 이끌어가야 한다.

　디지털 시대, 혁신이 진행되면서 꾸준히 붕괴가 일어나는 이 시기에 위태로운 고용 문제를 해결하기 위해 특정 일자리가 아닌 근로자를 보호하는 유연 안전성, 즉 보편적 안전망을 제안한다. 불평등을 해결하기 위해, 우리는 소득 재분배라는 산업 시대의 만병치료제를 뛰어넘어 로봇을 소유하게 되어 주식 지분을 모두에게 제공함으로써, 즉 기본소득 대신 '보편적 기본자본'으로 그리고 상향 이동의 사다리를 강화해 널리 기회를 조성함으로써 부를 공유하는 새로운 길로 향한다. 이러한 것들을 선분배정책이라고 한다. 확실히, 공정성은 진보적이고 재분배적인 조세제도에 영향을 주지만 시장경제에서 불평등 증가에 대한 근본적 대응은 소액 저축자들의 부를 사전분배를 통해 증가시키고 디지털 시대의 기술을 공공 고등교육과 인프라에 대한 투자를 통해 확산시키는 것이다. 이 모든 것은 잘살지 못하는 층이 더 많은 혜택을 누리게 만든다.

세계화는 현대의 상업, 통신, 기술, 운송과 연결된 개방 시스템으로 인한 멈출 수 없는 결과다. 세계화로 인한 문화와 문명의 타화수분이 전체적으로 인류를 풍요롭게 만든다. 그러나 통치되지 않고 지도자가 없으면 세계화는 승자보다 패자를 더 많이 만들어낼 수 있다.

세계화를 통제하기 위해, 국민국가와 공동체는 무역에서 공정성과 상호주의를 확보하고 다국적 기업들의 조세 회피를 단속하고 거시경제 정책들을 조정해 자산 거품과 국제적 금융의 흐름이 상호 연결된 경제 시스템 전반에 동시다발적, 연쇄적으로 피해를 가하지 않도록 해야 한다. 개방무역 체제의 혼란 때문에 보완하고 조정하는 세금, 규제 및 사회정책들은 각 나라 안에서 민주적 심의에 따라 합법적인 과정을 통해 성립되어야 하며 멀리 있는 기술관료 기관의 지배를 받지 말아야 한다. 모두가 무역의 비교우위를 통해 번영할 수 있으나 통치 엘리트들이 '책임을 회피'하지 않고 그들의 국민들을 위해 그러한 이득이 반드시 공유되는 적절한 국내 안전망과 기회망을 마련하는 경우에 한한다. 동시에, 최근 수십 년간의 세계화로 인해 상호 의존성이 체계적으로 연결됨으로써, 각국의 국익을 수렴해야 하거나 기후변화 등 한 국가가 단독으로 처리할 수 있는 역량을 넘어선 공통 난제를 해결하기 위해 국제적 차원에서 조정과 협동이 요구된다. 주로 자국민의 복지에 신경 쓰는 '긍정적 민족주의'는 국제협력과 상반되지 않으며, 국제협력을 위한 전제조건이다.

재정적으로 구분된 국가는 자국의 국경을 넘어오는 이민을 통제할 권리를 가진다. 따라서 한 국가의 국민으로서 느끼는 소속감을 결속시키는 사회계약이 약화되거나 과도해지지 않는다. 이민자들의 기술과 교육이 수용국 경제의 요구에 부합할 때 성공적인 통합이 가능하다. 개방사회에서 다양성의 가치를 수용하는 반면, 인간의 존엄과 성 평등이라는 윤리적 보편성을 고수하면서 각자 다른 쪽에 행하는 '합리적인 순응'은 새로 들어온 사람들과 수용국 문화 중 후자를 향해야 한다고 우리는 주장한다.

신흥 세력과 기존 세력이 갈등과 전쟁으로 갈 수밖에 없는 함정에 떨어지는 대신, 서로에게 합리적으로 순응하는 것 역시 서구 사회와 중국 사이의 새로운 균형 유지를 위해 우리가 제시하는 특징적인 접근법이다.

중국이 미국 주도의 세계화를 이용해 글로벌 경제의 최고 지위에 올랐기 때문에, 중국을 냉전 시대의 경쟁자처럼 심지어 적으로 생각하는 반응이 자동으로 튀어나온다. 우리는 기후변화, 핵 확산

방지, 글로벌 금융 안정, 개방 및 공정무역 등 수렴된 이해관계를 둘러싸고 파트너십을 구축할 것을 촉구한다. 이는 세력 간 균형의 필수적인 부분으로, 또다시 지정학적 진영과 세력 범위로 분열되는 위험한 세계로 빠져들지 말아야 한다.

평화를 위해, 전략적 경쟁국들 사이에서 힘의 균형을 유지하는 것은 어느 국가를 위해서라도 현명한 처사다. 그러나 상호 이해관계의 문제에 관한 파트너십이 그 균형을 만드는 여러 요소를 결합하지 않고 이루어지는 한, 군사력만으로 그 측정 기준을 삼으면 전쟁의 위험을 불사하는 경향이 있다. 즉 서로 방위를 내세워 다른 측보다 유리한 위치를 점하려 할 것이다. 어떠한 상황에서든 공동의 의향이라는 의식이 없으면 다른 모든 것은 불신의 어두운 그림자 속에 머물게 된다.

21세기의 우월한 지도자들은 정책을 간결하고 분명하게 설명하기보다 어떻게 하면 미몽에서 깨어난, 환멸을 느끼는, 권리를 박탈당한 사람들이 다시 한번 그들의 삶을 스스로 지배할 수 있을지에 대한 비전을 제시해왔다. 도널드 트럼프, 블라디미르 푸틴, 헝가리의 빅토르 오르반과 같은 포퓰리즘적 지도자들은 이상적인 과거에 심어진 불만의 자세를 취한다. 이러한 외국인 혐오적, 폐쇄된 사회식 접근법과 대조적으로 캐나다의 쥐스탱 트뤼도, 프랑스의 에마뉘엘 마크롱 같은 젊은 지도자들은 복합적인 미래에 뿌리를 둔 열망을 담은 정책들을 쏟아낸다. 그러나 이들도 재임 동안 정치적으로 휘청거릴 수 있으나, 후자 부류에 속하는 지도자들은 올바른 방향으로 나아가고 있다. 이들은 개방성, 포용성, 다양성, 혁신성, 지속가능성을 담은 정책들을 사회의 핵심적인 저력이며 쇄신을 향한 길로 인식하고 수용한다.

중국에서, 시진핑 주석은 날씬하지도 않고 말쑥하게 꾸미지도 않는다. 그는 또한 문화적으로 보수적인 독재자다. 그러나 그는 자신을 이상적인 과거를 염원하는 지도자라기보다는 그가 부활시키고자 하는 고대 문명의 현재 관리인으로 생각하는 것처럼 보인다. 어떻게 하면 중국 유산의 재활성화를 다른 사람들의 관심을 불러일으키면서 분명하게 설명할지, 예를 들어 베이징에서 유라시아를 거쳐 아프리카까지 상업과 문화를 함께 묶기 위한 노력의 일환으로 예전의 실크로드 무역 루트를 부활시킴으로써 시진핑이 추진하고 있는 '세계화의 새로운 국면'을 통해 중국 유산의 부활을 설명하는 것이 핵심적인 관심사다. 이는 앞으로도 쭉 중심이 되는 관심사일 것이다. 이것이 세계의 나머지 지역에 좋을지 나쁠지는, 즉 시진핑이 그것을 두고 표현하기 좋아하는 것처럼 "모두가 득을 보는 윈윈" 전략이 될지는 중국이 자신들의 이익과 함께 다른 사람들의 이익을 어느 정도 향상시킬 수 있을지 그 정도에 따라 결정될 것이다.

세계가 허물어지지 않고 함께 갈지 여부는 대조적인 비전들이 이렇게 경쟁한 결과, 우리가 원하는 미래에 관한 선택사항들을 이런 식으로 구성한 결과에 따라 결정될 것이다.

더 강해지고 단호해지기 위해, 꾸준히 끊임없이 실현될 수 있는 기회가 함께하는 비전은 국민과 국가에 다음과 같은 확신을 주어야 한다. 즉 그들은 또다시 자신들의 운명을 책임지게 된다는 확신, 그들의 삶에서 무엇인가를 이룰 때 다른 사람들과 마찬가지로 시도할 기회를 공정하게 갖게 된다는 확신이다. 노벨 화학상을 받은 과학자 일리야 프리고진Ilya Prigogine에 따르면, 현재가 미래를 결정한다기보다는 우리가 가진 미래의 이미지가 우리가 지금 무엇을 할지 결정한다. 이러한 통찰력을 지니면서, 오늘날 우리 사회를 성공적으로 쇄신하기 위해, 우리는 모든 사람이 각자 존재할 장소를 갖게 되는 설득력 있는 미래상을 그려야 한다.[1]

감사의 말

먼저 이 책이 형태를 갖추어가는 초창기부터 열정적으로 원고에 도움을 준 나탈리아 라모스에게 참으로 감사하다.

최근 수년간 베르그루엔 연구소의 21세기위원회 모든 위원과 상호작용을 통해 매우 유용한 정보를 제공할 수 있었다. 또한 경제, 문화, 지정학적 차원에 걸쳐 세계화의 재고에 관한 인터뷰와 토론에 끝까지 참여해준 분들, 대니 로드릭, 고든 브라운, 헨리 키신저, 라구람 라잔, 로라 타이슨, 로런스 서머스, 빌 클린턴, 토니 블레어, 케빈 러드, 주민朱民, 샤우카트 아지즈, 엘리프 샤팍, 판카지 미슈라에게 특별히 감사함을 전한다.

피에르 오미디야르, 에릭 슈밋, 토마스 일베스, 페르난두 엔히키 카르도주, 쥐스탱 트뤼도 캐나다 총리는 민주주의와 소셜미디어에 관한 토론에서 우리에게 많은 것을 알려주었다.

정비젠, 펑웨이와의 협업을 통해 중국을 더 깊이 이해할 수 있었다. 이들은 베이징에서 시진핑 주석을 비롯해 최고지도자급 여러 인사와 대화를 나눌 기회를 두 번이나 마련해주었다. 푸잉 중국 전국 인민대표대회 외교위원회 위원장은 그녀의 예리한 견해로 변화하는 세계와 그 속에서 중국의 역할에 대해 우리를 일깨워주었다.

제리 브라운 주지사는 여러 면에서 뛰어난 거버넌스를 실천한 스승이었다. 그는 2008~2009년 세계금융위기 이후 캘리포니아를 다시 재정 책임의 궤도에 올려놓으면서 미국 정부가 파리기후협약을 탈퇴한 후에도 기후변화에 대한 세계 '자발적 열성가들의 네트워크'를 선도했다. 몇 년에 걸친 수많은 토론을 통해 우리는 이 대가로부터 국정운영 기술을 배웠다. 오늘날 미국 내 주요 정치인 중에서 그의 경험과 판단의 우수함에 경쟁할 수 있는 인물이 있을 것 같지 않다.

1996~2010년에 캘리포니아주 대법원장을 지낸 론 조지는 국민발안제도 개혁 법안을 만드는 데 헌법적 탁월성과 통찰력을 고맙게도 우리와 공유했고 '캘리포니아의 미래를 생각하는 위원회'는 2014년 해당 법안의 통과를 지원했으며 브라운 주지사는 법령에 서명했다. 로버트 허츠버그 상원의원은 포기할 줄 모르는 끊임없는 혁신의 정신으로 광범위한 시민단체 연합들과의 교류 및 입법 활동을 통해 법안 통과를 이끌었다. 로버트 상원의원은 또한 캘리포니아의 세법이 21세기에 발효되도록 꾸준히 상황을 진전시켜나갔다. 이 책을 읽고 논평을 해준 캘리포니아의 신임 주지사 개빈 뉴섬에게 감사함을 전한다. 이 황금의 주가 앞으로 수년간 취해야 하는 정치적 방향들을 그처럼 철저하게 충분히 생각한 사람은 흔치 않다.

이 책의 핵심 견해 중 많은 부분은 다양한 형태로 「워싱턴포스트」와 더불어 베르그루엔 연구소의 출판사업 파트너인 「월드포스트」에 처음으로 소개되었다. 월드포스트팀은―주필 캐슬린 마일스, 클라리사 파, 알렉스 가델스, 피터 멜가드, 레베카 차오, 로사 오하라―그들이 전 세계에서 수집한 통찰력을 활용할 수 있도록 해주었다.

끝으로, 모든 스태프를 지원하는 동시에 하나하나 모든 것을 계속 진행시킨 베르그루엔 연구소 리더십팀의 돈 나카가와와 닐스 길먼에게도 마찬가지로 감사의 마음을 전한다.

주

머리말: 시스템상 뭔가 문제가 있다

1   해당 주제에 관한 우리의 첫 번째 저서 『21세기 지성적 거버넌스: 서양과 동양 사
    이 중도의 길*Intellectual Governance for the 21st Century: A Middle Way between West and East*』(New
    York: Polity Press, 2015)은 「파이낸셜 타임스Financial Times」에 의해 그해의 책으로 선
    정되었다.

2   Dale Kasler, "California the World's Fifth Largest Economy? Look Out, Britain,"
    Sacramento Bee, July 16, 2017, http://www.sacbee.com/news/politics-
    government/capitol-alert/article161472333.html.

CHAPTER 1 포퓰리즘 분출의 이면

1   Francis Fukuyama, "The Emergence of a Post-fact World," *LiveMint*, December
    30, 2016, http://www.livemint.com/Opinion/93hZcSFMVKtz4y5cTylOxI/
    Francis-Fukuyama—The-emergence-of-a-postfact-world.html.

2   Nathan Gardels, "The Biological Origins of Culture: An Interview with Antonio
    Damasio," *The WorldPost*, February 28, 2018, https://www.washingtonpost.com/
    news/theworldpost/wp/2018/02/28/culture/?utm_term=.c71f54b07da0.

3   Gates letter in the Bill and Melinda Gates Foundation Annual Report, January
    2015.

4   Stefano Rellandini, "Pope Says World's Many Conflicts Amount to Piecemeal
    World War Three," Reuters, September 13, 2014, https://www.reuters.com/
    article/us-pope-war/pope-says-worlds-manyconflicts-amount-to-piecemeal-

world-war-three-idUSKBN0H808L20140913.

5   Walter Russell Mead, "Have We Gone from a Post-war to a Prewar World?" *The WorldPost,* July 07, 2017, http://www.huffingtonpost.com/walter-russell-mead/new-global-war_b_5562664.html.

6   Nathan Gardels, "How to Be Alone in Our Techno-consumer Culture: A Conversation with Jonathan Franzen," *The WorldPost,* January 30, 2014, http://www.huffingtonpost.com/2014/01/27/jonathan-franzenconsumer-culture_n_4677753.html.

7   Orhan Pamuk, *A Strangeness in My Mind* (New York: Alfred A. Knopf, 2015).

8   Amartya Sen, *Identity and Violence* (New York: W. W. Norton, 2007).

9   Niall Ferguson *The Square and the Tower* (New York: Penguin Press, 2018), 83–85.

10 Carl Schmitt, *Concept of the Political* (Chicago: University of Chicago Press, 1995).

11 Noah Bierman, "Trump's Popularity at CPAC Gathering, Which He Shunned a Year Ago, Shows How He's Conquered Conservatives," *Los Angeles Times,* February 24, 2017, http://www.latimes.com/politics/la-na-pol-trump-cpac-20170224-story.html.

12 Max Bearak, "Theresa May Criticized the Term 'Citizen of the World'. But Half the World Identifies That Way," *Washington Post,* October 05, 2016, https://www.washingtonpost.com/news/worldviews/wp/2016/10/05/theresa-may-criticized-the-term-citizen-of-the-worldbut-half-the-world-identifies-that-way/?utm_term=.5acbc8f3c338.

13 David Goodhart, *The Road to Somewhere: The Populist Revolt and the Future of Politics* (London: C. Hurst, 2017).

14 Javier Solana and Strobe Talbott, "The Decline of the West, and How to Stop It," *New York Times,* October 19, 2016, https://www.nytimes.com/2016/10/20/opinion/the-decline-of-the-west-and-howto-stop-it.html.

15 Nathan Gardels, "Weekend Roundup: Macron's Challenge Has Global Resonance," *The WorldPost,* May 12, 2017, http://www.huffingtonpost.com/entry/weekend-roundup-169_us_59149cdae4b030d4f1f0d6bd.

16 Regis Debray, "God and the Political Planet," in "Islam in the 21st Century," special issue, *New Perspectives Quarterly* 25, no. 4 (Fall 2008): 115–19, http://www.digitalnpq.org/archive/2002_winter/debray.html.

17 Interview with Regis Debray, "The Third World: From Kalashnikovs to God and Computers," *New Perspectives Quarterly* 3, no. 1 (Spring 1986): 25-28, http://www.digitalnpq.org/archive/1986_spring/kalashnikov.html.

18 Regis Debray, "Eloge'des Frontières," Galimard (2013), http://www.gallimard.fr/Catalogue/GALLIMARD/Folio/Folio/Eloge-des-frontieres.
2000년 유로화가 등장하면서부터 드브레는 현재 단일 통화가 겪고 있는 어려움을 예견했다. 자신의 논문 「우리의 통화We are Our Currency」에서 드브레는 유로화 지폐와 동전에 새길 목적으로 존재한 적 없는 문화적 통일성을 전달할 공통의 이미지를 선택하기 위해 더듬거리는 모습으로 브뤼셀의 테크노크라트를 풍자했다. 그는 통화상의 개방성과 연결성을 보여주기 위해 선택한 창문과 다리의 고전적 건축 외관에서 국가적 맥락이나 국가를 상징하는 인물들, 즉 중국 통화에 있는 마오쩌둥, 미국 통화에 있는 조지 워싱턴, 토머스 제퍼슨, 에이브러햄 링컨과 같이 국가나 민족의 '상상 속 공간'을 메우는 상징적 인물들을 뺀 것을 알아챘다. 국가 정체성을 나타내는 근거를 피함으로써 그들이 그리는 새로운 유럽이라는 공간은 드브레의 표현에 따르면 "아무도 다스리지 않는 땅no man's land"이 되었다. 오늘날 유로화는 반反세계화적 반발의 가장 탁월한 은유일 수 있다. 즉 상업은 문화를 되돌릴 수 없으나 문화는 상업을 되돌릴 수 있다. 레지스 드브레의 "We Are Our Currency: The Euro and Europe," *New Perspective Quarterly* 16, no.1 (Winter 1999): 42-44 참조.

CHAPTER 2 민주주의의 쇄신

1 Fernando Henrique Cardoso, "Brazil's Crisis Reflects Demise of Representative Democracy across the West," *Huffington Post,* September 5, 2016, http://www.huffingtonpost.com/fernando-henriquecardoso/brazils-crisis-reflects-demise-of-democracy_b_11867368.html?utm_hp_ref=world.

2 Moises Naim, *The End of Power* (New York: Basic Books, 2013), 1-2.

3 Naim, *End of Power,* 243-44.

4 Francis Fukuyama, *Political Order and Political Decay: From the Industrial Revolution to the Globalization of Democracy* (New York: Farrar, Strauss & Giroux, 2014), 490-91).

5 Julian Baggini, "Europe's Worst Crisis in Decades Is Also Populism's Greatest

Opportunity," *The WorldPost,* July 20, 2015, http://www.huffingtonpost.com/
julian-baggini/europe-crisis-populism_b_7812252.html.

6   Amanda Taub and Max Fisher, "Why Referendums Aren't As Democratic As They
    Seem," *New York Times,* October 4, 2016, https://www.nytimes.
    com/2016/10/05/world/americas/colombia-brexitreferendum-farc-cameron-
    santos.html?hp&action=click&pgtype=Homepage&clickSource=story-
    heading&module=second-columnregion&region=top-news&WT.nav=top-
    news.

7   Kenneth Rogoff, "Britain's Democratic Failure," Project Syndicate, June 2016,
    https://www.project-syndicate.org/commentary/brexitdemocratic-failure-for-
    uk-by-kenneth-rogoff-2016-06.

8   Berggruen and Gardels, *Intelligent Governance for the 21st Century,* 76.

9   Wael Ghonim, quoted in Thomas L. Friedman, "Social Media: Destroyer or
    Creator?" *New York Times,* February 3, 2016, http://www.nytimes.
    com/2016/02/03/opinion/social-media-destroyer-or-creator.html?_r=0.

10 Yasmin Nouh, "Wael Ghonim's Quest to 'Liberate the Internet,' " *The WorldPost,*
    February 26, 2016, http://www.huffingtonpost.com/entry/wael-ghonim-parlio_
    us_56d06611e4b03260bf766a32.

11 Nouh, "Wael Ghonim's Quest."

12 Philip Petit, "Depoliticizing Democracy," *Ratio Juris* 17, no. 1 (March 2004): 52–
    65.

13 Onora O'Neill, "The Age of the Cyber Romantics Is Coming to an End," *The
    WorldPost,* October 4, 2017, https://www.washingtonpost.com/news/
    theworldpost/wp/2017/10/04/the-age-of-the-cyber-romanticsis-coming-to-
    an-end/?utm_term=.6159b9fc340b.

14 Kate Connolly, "Angela Merkel: Internet Search Engines Are 'Distorting
    Perception,' " *The Guardian,* October 27, 2016, https://www.theguardian.com/
    world/2016/oct/27/angela-merkel-internet-searchengines-are-distorting-our-
    perception.

15 Bernhard Rohleder, "Germany Set Out to Delete Hate Speech Online; Instead, It
    Made Things Worse," *The WorldPost,* February 20, 2018, https://www.
    washingtonpost.com/news/theworldpost/wp/2018/02/20/netzdg/?utm_

term = .6aeae1b69a6e.

16 Andrew Rettman and Aleksandra Eriksson, "Germany Calls for EU Laws on Hate Speech and Fake News," *EUobserver,* April 6, 2017, https://euobserver.com/foreign/137521.

17 Andrew Keen, "A Safety Belt for the Internet," *The WorldPost,* April 23, 2018, https://www.washingtonpost.com/news/theworldpost/wp/2018/04/23/silicon-valley/?utm_term=.89115dc2118f.

18 Dylan Svoboda, "Hot on the Trail of the 'Bots,' " *Capital Weekly,* May 11, 2018, http://capitolweekly.net/hot-trail-bots/.

19 Kara Swisher and Kurt Wagner, "Facebook's Mark Zuckerberg Wrote a 6,000-Word Letter Addressing Fake News and Saving the World," *Recode.net,* February 16, 2017, https://www.recode.net/2017/2/16/14632726/mark-zuckerberg-facebook-manifesto-fake-news-terrorism.

20 Eric Schmidt, comments at "Governing the Digital Society" roundtable in Montreal, Quebec, Canada, September 15, 2016.

21 Memo: "Renovating Democracy" working group, 21st Century Council, Lisbon, Portugal, April 16, 2017.

22 Avid Ovadya, "What's Worse Than Fake News? The Distortion of Reality Itself," *The WorldPost,* February 22, 2018, https://www.washingtonpost.com/news/theworldpost/wp/2018/02/22/digital-reality/?utm_term=.c64440f53eb9.

23 Daniel Dennett, "Fake News Isn't the Greatest Threat to Democracy; Total Transparency Is," *The WorldPost,* March 31, 2017, http://www.huffingtonpost.com/entry/fake-news-transparencytrump_us_58dd8a54e4b0e6ac7093b460?cbmfae49z0gs24kj4i&section=us_world.

24 James Madison, "The Federalist Papers: No 10" (1787), The Avalon Project, Lillian Goldman Law Library, Yale Law School, http://avalon.law.yale.edu/18th_century/fed10.asp.

25 Didi Kuo, "Polarization and Partisanship," *The American Interest* 11, no. 2 (October 10, 2015), https://www.the-american-interest.com/2015/10/10/polarization-and-partisanship/.

26 John Gramlich, "How Countries around the World View Democracy, Military Rule, and Other Political Systems," Pew Research Center, October 30, 2017,

http://www.pewresearch.org/fact-tank/2017/10/30/global-views-political-systems/.

27 Duncan Robinson, "Rise of Pop-Up Parties Throws Netherlands Poll Wide Open," *Financial Times,* February 17, 2017.

28 Davide Casaleggio, "A Top Leader of Italy's Five Star Movement: Why We Won," *The WorldPost,* March 19, 2018, https://www.washingtonpost.com/news/theworldpost/wp/2018/03/19/five-star/?utm_term=.839b3588d793.

29 Casaleggio, "A Top Leader of Italy's Five Star Movement." See Rousseau's website, https://rousseau.movimento5stelle.it.

30 See "Tackling Populism: Hope over Fear," 1989 Generation Initiative, 2017, http://1989generationinitiative.org/wp-content/uploads/2017/11/Final-Policy-Booklet_2017.pdf.

31 Carl J. Richard, *The Founders and the Classics: Greece, Rome, and the American Enlightenment* (Cambridge: Cambridge University Press, 1994), 111.

32 Madison, "Federalist Papers: No 10."

33 John Adams to John Taylor, December 17, 1814, Founders Online, National Archives, https://founders.archives.gov/documents/Adams/99-02-02-6371.

34 Thomas Jefferson to John Adams, October 28, 1813, in *The Founders' Constitution,* ed. Philip B. Kurland and Ralph Lerner (Chicago: University of Chicago Press; Carmel, IN: Liberty Fund), http://presspubs.uchicago.edu/founders/documents/v1ch15s61.html.

35 James Madison, "Federalist Papers: No. 47," The Avalon Project, Lillian Goldman Law Library, Yale Law School, http://avalon.law.yale.edu/18th_century/fed47.asp.

36 John Adams, *Loose Thoughts on Government* (1776), in *American Archives,* ed. Peter Force, 4th series (Washington, DC: M. St. Clair Clarke and Peter Force, 1837-53), vol. 6, p. 711; Adams, *Thoughts on Government,* in *Works of John Adams, Second President of the United States,* ed. Charles Francis Adams (Boston: C. C. Little and J. Brown, 1850-56), vol. 4, pp. 196, 195.

37 Adams, *Thoughts on Government,* 4: 196, 195.

38 Hamilton, Pay Book of the State Company of Artillery, 1777, in *The Papers of Alexander Hamilton,* ed. Harold C. Syrett and Jacob E. Cooke (New York: Columbia

University Press, 1961), vol. 1, p. 397.

39 James Madison, "Federalist Papers: No. 63" (1788), The Avalon Project, Lillian Goldman Law Library, Yale Law School, http://avalon.law.yale.edu/18th_century/fed63.asp.

40 John C. Calhoun, *A Disquisition on Government* (Columbia, SC: A. S. Johnson, 1851), 585, available at Internet Archive, https://archive.org/details/adisquisitionon00cralgoog.

41 C. H. Hoebeke, *The Road to Mass Democracy* (New Brunswick, NJ: Transaction, 1995), 47.

42 Calhoun, *A Disquisition on Government*, 585.

43 Madison, "Federalist Papers: No. 10."

44 Ganesh Sitaraman, *The Crisis of the Middle Class Constitution: Why Economic Inequality Threatens Our Republic* (New York: Alfred A. Knopf, 2017), 29.

45 Mark Twain and Charles Dudley Warner, *The Gilded Age: A Tale of Today* (Hartford, CT: American Publishing Company, 1873).

46 Hazen S. Pingree, "A Letter to Professor George Gunton," in Chicago Conference on Trusts, *Chicago Conference on Trusts: Speeches, Debates, Resolutions, Lists of the Delegates, Committees, Etc., Held September 13th, 14th, 15th, 16th, 1899* (Chicago: Civic Federation of Chicago, 1900), 598.

47 역사가 해시아 다이너Hasia Diner의 기술이다. "일부 포퓰리스트들은 다음과 같이 생각했다. 유대인들이 국제금융가 계층을 형성했다. 그들의 정책이 소규모 가족농을 몰락시켰다. 유대인들은 은행을 소유했고 금본위제를 밀어붙였다. 이 모두가 소규모 가족농들을 빈곤층으로 떨어뜨린 주요 원인이다. 농민대중주의agrarian populism는 유대인들이 도시 붕괴의 본질이라고 주장하면서 도시를 미국의 가치와 상반되는 것으로 받아들였다." Hasia R. Diner, *The Jews of the United States, 1654 to 2000* (Berkeley: University of California Press, 2004), 170.

48 현재 위스콘신주에 주민투표제도가 있으나, 주는 라폴레트가 제안했던 시민발안제를 실제로 법령화한 적이 없다. 그 이유는, 공공사업을 위한 엄청난 세금 인상과 긴 개혁 목록에 관한 기타 법령들이 통과된 후인 1914년 입법에 관한 피로감이 쌓인 특수한 상황 때문이었다.

49 Roosevelt, introduction to Charles McCarthy, *The Wisconsin Idea* (New York: Macmillan, 1912), vii.

50 "The Wisconsin Idea," University of Wisconsin-Madison, http://www.wisc.edu/wisconsin-idea/.

51 Stevenson quoted in Jack Stark, "The Wisconsin Idea: The University's Service to the State," in Wisconsin Blue Book (Madison: Wisconsin Legislative Reference Bureau, 1995-96), PDF, 1-80.

52 Walter Lippmann, *Public Opinion* (1921; reprinted, Brooklyn, NY: Feather Press, 2010), 224.

53 Temperance was another key facet of the Progressive movement: the Eighteenth Amendment instituted Prohibition.

54 Alexis de Tocqueville, *Democracy in America*, chapter 13, American Studies, University of Virginia, http://xroads.virginia.edu/~hyper/detoc/1_ch13.htm.

55 시민발안제를 채택했던 스위스의 유권자들은 1971년까지 여성의 투표권을 승인하지 않았다. Daniel A. Smith and Caroline J. Tolbert, *Educated by Initiative: The Effect of Direct Democracy on Citizens and Political Organizations* (Ann Arbor: University of Michigan Press, 2004), 28.

56 Smith and Tolbert, *Educated by Initiative,* 29.

57 "California Proposition 23, the Suspension of AB 32," *Ballotpedia,* https://ballotpedia.org/California_Proposition_23,_the_Suspension_of_AB_32_(2010).

58 이 인원수는, 바로 전 선거의 투표자 수에 따라 결정되기 때문에, 선거마다 다를 가능성이 높다.

59 이러한 컨설턴트들이 단지 최근에 직접민주주의라는 경기에서 나타났다고 많은 사람이 짐작하지만, 실제 이들은 아주 초창기에 등장했다. 미국에서 최초로 설립된 전문적 선거운동-관리 회사는 'Whittaker & Baxter'라고 알려진 'Campaign Inc.'이다. 이 회사는 1930년대에 설립되었으며 캘리포니아 시민발안제를 전문적으로 다룬다.

60 Eric Lipton and Robert Faturechi, "The Officials Write Ballot Questions; Companies Write Them Checks," *New York Time,* May 11, 2016, http://www.nytimes.com/2016/11/05/us/politics/secretaries-ofstate-elections-ballot-initiatives.html?_r=0%20Proposals%20in%20California%20and%20elsewhere.

61 '캘리포니아의 미래를 생각하는 위원회'가 고려했던 한 가지 대응책은 투표 요약문 기술 작업을 무당파적 위원회에 맡기는 것이다.

62 Phillip L. Dubois and Floyd Feeney, *Lawmaking by Initiative: Issues, Options and*

Comparisons (Bronx, NY: Agathon Press, 1998), available on Google Books, https://books.google.ch/books?id=Rq18JkGtj6IC&printsec=copyright&hl=de&source=gbs_pub_info_r#v=onepage&q&f=false.

63 시민발안제에 의한 통치에서 의도치 않았던 결과 중 또 다른 중요한 예는 '삼진 아웃제Three Strike Law'다. 이 법은 1994년에 캘리포니아 유권자 중 72%의 찬성으로 통과되었다. 이 법은 흉악범죄를 세 번 저지른 '상습범'을 종신형에 처하도록 했다. 교도소 인구가 예상대로 1994년 12만 5,000명에서 2010년에 16만 5,000명으로 증가했다. 1999년에 이미 캘리포니아주 교도소에 수감된 마약 사범의 수가 1978년에 수감된 모든 범죄 사범 수의 두 배 이상이었다. 캘리포니아 교도소 시스템은 서구의 산업화된 세계에서 가장 크며 미국 연방교도국보다 40% 더 크다. 캘리포니아주의 구치소와 교도소 수감 인원이 프랑스, 영국, 독일, 일본, 싱가포르, 네덜란드의 수감 인원을 합한 수보다 많다(Eric Schlosser, "The Prison Industrial Complex," *The Atlantic* (December 1998), http://www.theatlantic.com/magazine/archive/1998/12/the-prison-industrial-complex/304669/). 이러한 수감자 수의 폭발적인 증가와 관련된 비용 때문에, 풍성한 혜택을 확보하고자 하는 교도관 노동조합의 정치적 영향력도 가세하면서, 캘리포니아는 공공 고등교육보다 교도소 운영에 끝내 더 많은 비용을 지출하고 있었다. 2011년에 교도소와 고등교육이 각각 주 예산의 11%와 7.5%를 차지했다(Berggruen and Gardels, *Intelligent Governance for the 21st Century*). 이 글을 쓸 당시, 캘리포니아는 투옥된 수감자 1명당 1년에 7만 1,000달러 가까이 지출하고 있었다(Matt Krupnick, "Californians Pay for State's Public Colleges but Increasingly Can't Get In," *PBS News Hour*, August 20, 2015, http://www.pbs.org/newshour/updates/californians-pay-states-public-colleges-increasingly-cant-get/). 교도소를 더 짓기 위해 새로이 세금을 올리지 않았기 때문에, 기존 교도소들은 극도로 초만원 상태가 되어, 급기야 미국연방대법원이 2011년 캘리포니아주에 대해 재소자 인권유린의 책임을 물어 3만 명의 수감자를 석방하라는 명령을 내리는 지경에 이르렀다(Adam Liptak, "Justices 5-4, Tell California to Cut Prisoner Population," *New York Times*, May 24, 2011, http://www.nytimes.com/2011/05/24/us/24scotus.html). 1994년 삼진 아웃제로 인한 이와 같은 장기간에 걸친 결과가 거의 20년간 지속된 시점에서 마침내 인정되어, 2014년과 2016년에 제안된 두 개의 새로운 발의안이 각 주의 형사사법제도의 책임성을 '재정비'함으로써 비용과 과밀 문제를 경감시켰다. 이 두 발의안에서는 형사사법제도 책임 중 많은 부분을 주 아래 카운티로 양도하도록 했다. 관련 재정적 부담 역시 카운티로 넘겼다. 또한 의무 형량을 내려

야 하는 기준을 폭력범죄의 경우로 한정했다.

64 Mark Baldassare, "At Issue: Improving California's Democracy," Public Policy Institute, 2012, http://www.ppic.org/content/pubs/atissue/AI_1012MBAI.pdf.

65 Berggruen and Gardels, *Intelligent Governance for the 21st Century,* 133.

66 "The Ungovernable State," *The Economist,* February 19, 2009, http://www. economist.com/node/13145207 ("ungovernable"); "The Perils of Extreme Democracy," *The Economist,* April 20, 2011, http://www.economist.com/ node/18586520.

67 의회에서의 단순다수결 표결로 법적 조치를 주민투표에 부칠 수 있다. 헌법 개정을 위해서는 3분의 2 표결이 필요하다.

68 위원으로 두 명의 전설적인 주의회 의장 로버트 허츠버그Robert Hertzberg와 윌리 브라운Willie Brown, 전 캘리포니아주 대법원장 로널드 조지, 빌 클린턴 대통령의 수석 경제고문 로라 타이슨, 알파벳/구글 회장 에릭 슈밋, 전 캘리포니아주 재무관 매슈 퐁Matthew Fong, 라틴계 여성공동체 주창자 안토니아 헤르난데즈Antonia Hernandez, 노동계 리더 마리아 엘레나 듀라조Maria Elena Durazo, 전 캘리포니아 주지사 그레이 데이비스Gray Davis, 워너브러더스와 야후 전 회장 테리 세멜Terry Semel, 자선사업가 엘리 브로드Eli Broad, 두 명의 캘리포니아 출신 전 국무장관 조지 슐츠와 콘돌리자 라이스가 포함되었다. 이 위원회 그룹의 직원으로 공화당과 민주당의 캘리포니아주 재정담당관이 채용되었다. 제1회 위원회 회의에서 당시 주지사 슈워제네거가 축출된 전 주지사 그레이 데이비스와 함께 회의 테이블 상석에 앉았다. 회의의 메시지는 분명했다. 즉 캘리포니아의 문제는 어느 정치적 리더만의 잘못이 아니다. 캘리포니아의 문제는 고장 난 시스템에 의해 결함이 생긴 것이다. 후에 신임 주지사 제리 브라운이 위원회에서 진술했다. 주 재무관, 입법분석관, 입법부 수장들, 샌프란시스코 시장, 로스앤젤레스 시장, 교원노조위원장들, 다수의 경제학자와 정책전문가도 위원회에서 진술했다.

69 Berggruen and Gardels, *Intelligent Governance for the 21st Century,* 130.

70 이 제안은 고인이 된 하버드 대학교 사회학자 대니얼 벨Daniel Bell에 의해 몇 년 전 부상했던 생각을 복창한 것이다. 그는 미국 국회 내에 '제3의 입법기관'을 세울 것을 촉구했다. 벨은 미국 상·하원 의원들의 임기를 제한해야 하며 "경험이 풍부하고 사심이 없는" 전임 상원의원과 하원의원이 제3의 입법기관인 'House of Counselors'에서 활동할 것을 주장했다. 제3의 입법기관에서 고문의원들은 유권자들의 관점이 아니라 사회 전체의 이익이라는 관점에서 정책들을 평가할 '위원

회와 독립기관들'을 위해 전문지식과 기술을 갖춘 인재를 추천하게 된다. Daniel A. Bell, *East Meets West: Human Rights and Democracy in East Asia* (Princeton: Princeton University Press, 2000), 324.

71 "How Italy's 5 Star Movement Enables Democratic Participation Online," *The WorldPost* YouTube Channel, August 1, 2017, https://www.youtube.com/watch?v=Ejc-ssaz84A.

72 Davide Casaleggio, "How Italians Learned to Govern Themselves through Technology," *The WorldPost*, March 22, 2017, http://www.huffingtonpost.com/entry/five-star-movement-internet_us_58cb008ae4b0be71dcf3048d?px5zk8c6k31w3tyb9&section=us_world.

73 House of Lords, Select Committee on Artificial Intelligence, Report of Session 2017-19, https://publications.parliament.uk/pa/ld201719/ldselect/ldai/100/100.pdf. 수 세기 동안 이어졌던 특권의 보루로서 그 명성에도 불구하고 지금의 귀족원은 선출기관보다 더 많은 여성, 흑인, 소수민족, 장애인 위원이 소속되어 있어 서민원보다 실제로 더 다양하다고 「가디언The Guardian」은 보도한다. 다음 글 참조: Colin Low, "Lords Reform: The Lords Is More Diverse and Democratic than the Commons," *The Guardian*, July 9, 2012, https://www.theguardian.com/commentisfree/2012/jul/09/house-of-lords-commons-democracy.

74 Berggruen and Gardels, *Intelligent Governance for the 21st Century*, 135.

CHAPTER 3 사회계약의 수정

Epigraph: Alexander Kaufman, "Stephen Hawking Says We Should Really Be Scared of Capitalism, Not Robots," *The WorldPost*, October 8, 2015, http://www.huffingtonpost.com/entry/stephenhawking-capitalism-robots_us_5616c20ce4b0dbb8000d9f15.

1 Chris Weller, "Elon Musk Doubles Down on Universal Basic Income: 'It's Going to Be Necessary," *Business Insider*, February 13, 2017, http://www.businessinsider.com/elon-musk-universal-basic-income-2017-2.

2 Laura Tyson and Michael Spence, "Exploring the Effects of Technology on Income and Wealth Inequality," in *After Piketty: The Agenda for Economics and Inequality*, ed. Heather Boushey, J. Bradford DeLong, and Marshall Steinbaum (Cambridge,

MA: Harvard University Press, 2017), ch. 8.

3   Erik Brynjolfsson and Andrew McAfee, "Jobs, Productivity, and the Great Decoupling," *New York Times,* December 12, 2012, http://www.nytimes.com/2012/12/12/opinion/global/jobs-productivity-andthe-great-decoupling.html.

4   Daniel Griswold, "Globalization Isn't Killing Factory Jobs; Trade Is Actually Why Manufacturing Is Up 40%," *Los Angeles Times,* August 1, 2016, http://www.latimes.com/opinion/op-ed/la-oegriswold-globalization-and-trade-help-manufacturing-20160801-snapstory.html.

5   Benedikt Frey and Michael A. Osborne, "The Future of Employment: How Susceptible Are Jobs to Computerisation?" September 17, 2013, http://www.oxfordmartin.ox.ac.uk/downloads/academic/The_Future_of_Employment.pdf.

6   Frey and Osborne, "The Future of Employment."

7   Gavin Jackson, "Job Loss Fears from Automation Overblown, Says OECD," *Financial Times,* April 1, 2018, https://www.ft.com/content/732c3b78-329f-11e8-b5bf-23cb17fd1498.

8   Tyson and Spence, "Exploring the Effects of Technology on Income and Wealth Inequality."

9   Larry Summers, "The Case for Expansion," *Financial Times* (October 8, 2015), 9.

10   Kenneth P. Thomas, *Capital beyond Borders: States and Firms in the Auto Industry, 1960-94* (New York: Macmillan, 1997), 89.

11   Company Info, Facebook Newsroom, https://newsroom.fb.com/company-info/; "Number of Facebook Employees from 2004 to 2017 (Full-Time), *Statista,* https://www.statista.com/statistics/273563/number-of-facebook-employees/.

12   Paul Mason, *Postcapitalism: A Guide to Our Future* (New York: Farrar, Strauss and Giroux, 2015), 139.

13   James Manyika et al., "Unlocking the Potential of the Internet of Things," McKinsey Global Institute, June 2015, http://www.mckinsey.com/business-functions/business-technology/our-insights/the-internetof-things-the-value-of-digitizing-the-physical-world.

14   Gerald Raunig, "A Few Fragments on Machines," EIPCP (European Institute for Progressive Cultural Policies), October 2005, http://eipcp.net/transversal/1106/

raunig/en/#_ftn3.

15 Benjamin Kunkel, "Marx's Revenge," *The Nation*, February 8, 2017, https://www.thenation.com/article/marxs-revenge/.

16 David Runciman, "A Worthy Successor to Marx?" review of *Postcapitalism: A Guide to Your Future*, by Paul Mason, *The Guardian*, August 15, 2015, https://www.theguardian.com/books/2015/aug/15/post-capitalism-by-paul-mason-review-worthy-successor-to-marx.

17 Slavoj Žižek, *First as Tragedy, Then as Farce* (London: Verso, 2009), 145–47.

18 Erik Brynjolfsson, interview by Nathan Gardels, August 25, 2016.

19 Tyson and Spence, "Exploring the Effects of Technology on Income and Wealth Inequality."

20 Nathan Gardels, "You Can Manufacture What You Desire," *The WorldPost*, March 2, 2015, http://www.huffingtonpost.com/2015/03/02/manufacture-your-desire_n_6777606.html.

21 Lisa Eadicicco, "These Are the Most Popular iPhone Apps of 2016," *Time Magazine*, December 6, 2016, http://time.com/4592864/most-popular-iphone-apps-2016/.

22 탈물질화가 현실화될 수 있는가? 반골 성향의 박식한 학자이며 빌 게이츠가 자신의 '구루'라 불렀던 바츨라프 스밀Vaclav Smil은 기술, 인구, 환경의 상호 의존성을 연구한다. 스밀은 탈물질화를 약간 회의적으로 받아들인다. 기술은 확실히 '상대적 탈물질화'를 가능케 했다고 그는 말한다. 라이터의 사용은 특정 상황에서 덜 비싼 재료를 가지고 더 효율적으로 자원을 이용한다고 말할 수 있다. 그러나 이런 감탄할 만한 업적들이 있다고 해서 전 세계적으로 자원의 사용이 '전적으로' 줄어들 것이라고 해석하지는 않는다. 사실은 정반대다. 그 이유는, 기술이 진보하면 물건값이 내려가고 대량생산으로 더욱 쉽게 이용할 수 있어 광범위하게 사용되기 때문이다. 또한 인간의 본성은 언제나 '더 좋은 것'을 갈망하기 때문에 물질의 소비는 엄청나게 증가해왔다. 비록 새로운 기술들이 그 자체로 효율적일지라도 결국에는 더 많은 수요를 창출할 뿐이다. 수요는 줄어들지 않는다. 결국, 지식경제는 에너지를 가해 녹인 후 형태를 만들어야 하는 채굴된 물질들로 구성되어 있으며 전기를 사용해 작동시키는 마이크로프로세서에 기반해 계속 존재하게 된다(말하자면, 합성생물학이 유기체 프로세서를 만들 때까지 그리고 재생에너지가 부족한 화석연료 세대를 대체할 때까지). 다음 글 참조. Nathan Gardels, "Bill Gates' Guru: 'I'm

Not Impressed with Silicon Valley'; 'I Don't Have a Cell Phone'; 'I Never Blog.' *The Worldpost*, July 14, 2017, http://www.huffingtonpost.com/nathan-gardels/vaclav-smil-interview_b_5584909.html.

23 Michael Spence, *The Next Convergence: The Future of Economic Growth in a Multispeed World* (New York: Picador, 2012).

24 Tyson and Spence, "Exploring the Effects of Technology on Income and Wealth Inequality."

25 Jeremy Rifkin, *The Third Industrial Revolution* (London: Palgrave Macmillan, 2011).

26 Alvin Toffler and Heidi Toffler, *Revolutionary Wealth: How It Will Be Created and How It Will Change Our Lives* (New York: Alfred A. Knopf, 2007).

27 Vanessa Bates Ramirez, "How Robots Helped Create 100,000 Jobs at Amazon," *Singularity Hub,* February 10, 2017, https://singularityhub.com/2017/02/10/how-robots-helped-create-100000-jobs-at-amazon/.

28 John Chambers, "How Digitizing Europe Will Create 850,000 New Jobs," *The WorldPost,* March 16, 2015, http://www.huffingtonpost.com/john-chambers/digitizing-europe-jobs_b_6873984.html.

29 Mo Ibrahim, phone interview with Nathan Gardels, August 2015.

30 Ed Cropley, "Mobile Phone Access in Africa Set to Double in Next Five Years," Thomson Reuters, June 03, 2015, archived at Next Billion (William Davidson Institute, University of Michigan), http://nextbillion.net/newspost.aspx?newsid=9987; David Smith, "Internet Use on Mobile Phones in Africa Predicted to Increase 20-Fold," *The Guardian,* June 5, 2014, https://www.theguardian.com/world/2014/jun/05/internet-use-mobile-phones-africa-predicted-increase-20-fold ("mobile continent").

31 Toby Shapshak, "Africa Tops 500m Mobile Users, Adds $150bn to Continent's Economy," *Forbes,* July 26, 2016, https://www.forbes.com/sites/tobyshapshak/2016/07/26/africa-tops-500m-mobile-usersadds-150bn-to-continents-economy/#16e28f14860e.

32 Gillian Tett, "One Small Step for Gig Economy Workers," *Financial Times,* June 23, 2016, https://next.ft.com/content/09882a8c-3928-11e6-9a05-82a9b15a8ee7.

33 Robert Reich, "The Sharing Economy Is Hurtling Us Backwards," *Salon.com,*

February 4, 2015, http://www.salon.com/2015/02/04/robert_reich_the_sharing_economy_is_hurtling_us_backwards_partner/.

34 "Youth Unemployment Rate in EU Member States as of March 2018 (Seasonally Adjusted)," Statista, https://www.statista.com/statistics/266228/youth-unemployment-rate-in-eu-countries/.

35 Quentin Peel, "Merkel Warns of Cost of Welfare," *Financial Times*, December 16, 2012, http://www.ft.com/intl/cms/s/0/8cc0f584-45fa-11e2-b7ba-00144feabdc0.html#axzz4BNMCqT27.

36 Mehreen Khan, "German Trade Surplus Swells to Fresh Record," *Financial Times*, May 10, 2016, http://www.ft.com/fastft/2016/05/10/german-current-account-surplus-swells-to-record/.

37 Guy Chazan, "Martin Schulz Takes Aim at 'Sacred Cow' German Economic Reforms," *Financial Times*, February 22, 2017, https://www.ft.com/content/fbfe0290-f823-11e6-9516-2d969e0d3b65.

38 "Minimum Wages," Destatis: Statistiches Bundesamt, 2017, https://www.destatis.de/EN/FactsFigures/NationalEconomyEnvironment/EarningsLabourCosts/MinimumWages/MinimumWages.html.

39 Jeevan Vasagar, "German 'Minijobs' Reforms Fuel Debate on the Price of Inequality," *Financial Times* (August 7, 2015), 4.

40 Anne-Sylvaine Chassany, "Uber: A Route out of the French Banlieues," *Financial Times*, March 3, 2016, http://www.ft.com/intl/cms/s/0/bf3d0444-e129-11e5-9217-6ae3733a2cd1.html#axzz4BNMCqT27.

41 Toomas Ilves, former president of Estonia, interview with Nicolas Berggruen.

42 John Thornhill, "Digital Disruption and the Next 'Innocent Fraud,'" *Financial Times*, October 24, 2016, https://www.ft.com/content/3bbf61d2-99cc-11e6-b8c6-568a43813464.

43 Robert C. Allen, "Engel's Pause: Technical Change, Capital Accumulation, and Inequality in the British Industrial Revolution," *Explorations in Economic History* 46, no. 4 (October 2009), https://doi.org/10.1016/j.eeh.2009.04.004.

44 Thomas Piketty, *Capital in the Twenty-First Century*, trans. Arthur Goldhammer (Cambridge, MA: Harvard University Press, 2013).

45 Anthony B. Atkinson, *Inequality: What Can Be Done?* (Cambridge, MA: Harvard

University Press, 2015), 155.

46   Branko Milanovic, "Can Inequality Be Reduced?" *The Globalist,* December 24, 2016, http://www.theglobalist.com/inequality-bereduced-education-access-income/.

47   Nathan Gardels, "Capitalism's Central Contradiction: The Past Devours the Future," *The WorldPost,* March 24, 2014, http://www.huffingtonpost.com/nathan-gardels/capitalisms-central-contradiction_b_5001581.html.

48   "Cal State LA Marked Number One in the Nation for Upward Mobility," Office of Communications and Public Affairs, California State University Los Angeles, http://www.calstatela.edu/univ/ppa/publicat/cal-state-la-ranked-number-one-nation-upward-mobility.

49   Edward D. Kleinbard, "Don't Soak the Rich," *New York Times,* October 10, 2014, https://www.nytimes.com/2014/10/10/opinion/dontsoak-the-rich.html?_r=0.

50   "Understanding the Basics," OnePath, http://www.onepath.com.au/personal-business/superannuation/understanding-the-basics.aspx.

51   James Rufus Koren, "California Proposal for State-Run Retirement Plan for Private-Sector Workers Moves Forward," *Los Angeles Times,* March 29, 2016, http://www.latimes.com/business/la-fi-mandatory-401k-20160329-story.html.

52   "CPF Overview," Central Provident Fund Board, https://www.cpf.gov.sg/Members/AboutUs/about-us-info/cpf-overview.

53   Atkinson, *Inequality.*

54   Dani Rodrik, "From Welfare State to Innovation State," *Project Syndicate,* January 14, 2015, https://www.project-syndicate.org/commentary/labor-saving-technology-by-dani-rodrik-2015-01.

55   "Characteristics of Mutual Fund Owners," *2017 Investment Company Fact Book* (Investment Company Institute, 2017), ch. 6, https://www.ici.org/pdf/2017_factbook.pdf.

56   Sarah O'Brien, "Fed Survey Shows 40 Percent of Americans Can't Cover a $400 Emergency Expense," CNBC, May 22, 2018, https://www.cnbc.com/2018/05/22/fed-survey-40-percent-of-adultscant-cover-400-emergency-expense.html.

57 Sarah Kessler, "Lawrence Summers Says Bill Gates' Idea of a Robot Tax Is 'Profoundly Misguided,' " *Quartz,* March 2017, https://qz.com/925412/lawrence-summers-says-bill-gates-idea-for-a-robot-taxis-profoundly-misguided/.

58 Eric Schmidt, conversation with Berggruen Institute 21st Century Council, meeting at Carlyle Hotel, New York, December 1, 2016.

59 "Government Pension Fund Global: The Fund," Norges Bank Investment Management, https://www.nbim.no/en/the-fund/.

60 Chris Weller, "Elon Musk Doubles Down on Universal Basic Income: 'It's Going to Be Necessary," *Business Insider,* February 13, 2017, http://www.businessinsider.com/elon-musk-universal-basic-income-2017-2.

61 "Basically Unaffordable," *The Economist,* May 23, 2015, http://www.economist.com/news/finance-and-economics/21651897-replacingwelfare-payments-basic-income-all-alluring.

62 Patricia Laya, "Mexico's Richest Man Wants a Three-Day Workweek," *Bloomberg BusinessWeek,* August 4, 2016, https://www.bloomberg.com/news/articles/2016-08-04/mexico-s-richest-man-wantsa-three-day-workweek.

63 John Maynard Keynes, "Economic Possibilities for our Grandchildren," in *Essays in Persuasion* (New York: W. W. Norton, 1963), 358-73.

64 Michael Shields, "Lower Saxony Buys VW Shares to Keep 20 Pct Stake," *Reuters,* May 29, 2007, http://www.reuters.com/article/2007/05/29/idUSL2961827120070529.

CHAPTER 4 세계화 통제

Epigraph: Graham Allison and Robert Blackwill, "Interview: Lee Kuan Yew on the Future of U.S.-China Relations," *The Atlantic,* March 5, 2013, https://www.theatlantic.com/china/archive/2013/03/interview-lee-kuan-yew-on-the-future-of-us-china-relations/273657/.

1 첫 번째 만남은 2013년 11월에, 두 번째 만남은 2015년 11월에 가졌다. 세 번째 만남은 2018년 3월에 가질 예정이다.

2 Yi Wang, "Meet the Mastermind behind Xi Jinping's Power," *The WorldPost,*

https://www.washingtonpost.com/news/theworldpost/wp/2017/11/06/wang-huning/?utm_term=.3f362d2ee3d7.

3 "Capitalism Has No Patent Right over the Market," interview with Hu Qili by Nathan Gardels, *New Perspectives Quarterly,* 5, no. 4 (Winter 1988-89).

4 "Xi Jinping," China.org.cn, http://www.china.org.cn/china/leadership/2013-03/16/content_28193070.htm.

5 Rhitu Chatterjee, "In India, Access to Toilets Remains a Huge Problem—Worst of All for Women and Girls," *The World,* Public Radio International, May 12, 2016, https://www.pri.org/stories/2016-05-12/india-access-toilets-remains-huge-problem-worst-all-women-andgirls.

6 Jamil Anderlini and Wang Feng, "Xi Jinping Delivers Robust Defence of Globalisation at Davos," *Financial Times,* January 17, 2017, https://www.ft.com/content/67ec2ec0-dca2-11e6-9d7c-be108f1c1dce.

7 시진핑의 승격을 공표한 공산당의 공식발표는 그의 권력이 여전히 제한적이라는 것을 조심스레 언급했다. 즉 그는 여전히 당의 감독을 받고 기존 집단지도체제의 관례를 따른다고 선언했다. "어떠한 조직이나 개인도 어떠한 이유로든 이러한 체제를 거스르는 것이 허용될 수 없다"라고 당의 공식발표는 천명했다. 발표문은 지도자들에 관련된 선전은 "사실로부터 나온 진실이어야 한다"고 계속해서 경고했고, 마오쩌둥의 잘못을 기억하면서 "지나친 칭찬은 금한다禁止吹捧"고 단호하게 밝혔다.

8 Kai-Fu Lee, "The Real Threat of Artificial Intelligence," *New York Times,* June 24, 2017, https://www.nytimes.com/2017/06/24/opinion/sunday/artificial-intelligence-economic-inequality.html?_r=0.

9 Edward Tse, "Inside China's Quest to Become the Global Leader in AI," *The WorldPost,* October 19, 2017, https://www.washingtonpost.com/news/theworldpost/wp/2017/10/19/inside-chinas-quest-to-becomethe-global-leader-in-ai/?utm_term=.355887df76d7.

10 Scott Kennedy, "Made in China 2025," CSIS (Center for Strategic and International Studies), June 1, 2015, https://www.csis.org/analysis/made-china-2025.

11 "Industrie 4.0," GTAI: Germany Trade & Invest, https://www.gtai.de/GTAI/Navigation/EN/Invest/Industries/Industrie-4-0/Industrie-4-0/industrie-4-0-what-is-it.html.

12 "New Business Deals Signed as Merkel Wraps up China Trip," *DW (Deutsche Welle),* October 30, 2015, http://www.dw.com/en/newbusiness-deals-signed-as-merkel-wraps-up-china-trip/a-18817481.

13 Nathan Gardels, "How Tech May Trip the Thucydides Trap," *The WorldPost,* May 18, 2018, https://www.washingtonpost.com/news/theworldpost/wp/2018/05/18/china-technology-2/?utm_term=.1745a45dca16.

14 Jamil Anderlini, "China: Overborrowed and Overbuilt," *Financial Times,* January 29, 2015, https://www.ft.com/content/8b2ce9c4-a2ed-11e4-9c06-00144feab7de.

15 "China Hit by First Moody's Downgrade since 1989 on Debt Risk," *Bloomberg News,* May 23, 2017, https://www.bloomberg.com/news/articles/2017-05-24/china-downgraded-to-a1-by-moody-s-onworsening-debt-outlook.

16 Fred Hu, "Why It Is a Loser's Game to Bet against China's Leadership," *The WorldPost,* August, 26, 2015, http://www.huffingtonpost.com/fred-hu/china-leadership-stock-market_b_8043358.html.

17 Yang Yao, "The Disinterested Government," China Center for Economic Research, Peking University, October 31, 2008, http://policydialogue.org/files/events/Yao_Disinterested_Government_China.pdf.

18 Mancur Olson, *The Rise and Decline of Nations: Economic Growth, Stagflation, and Social Rigidities* (New Haven: Yale University Press,1982). 74.

19 Richard Wike and Bruce Stokes, "China and the World," Pew Research Center, October 5, 2016, http://www.pewglobal.org/2015/09/24/corruption-pollution-inequality-are-top-concerns-in-china/.

20 Bruce W. Nelan, "What They Said in Private," CNN, November 10, 1997, http://www.cnn.com/ALLPOLITICS/1997/11/03/time/jiang.html.

21 Kevin Rudd, "Summary Report: U.S.-China 21," Belfer Center for Science and International Affairs, Harvard Kennedy School, April 2015, http://www.belfercenter.org/publication/summary-reportus-china-21.

22 Berggruen and Gardels, *Intelligent Governance for the 21st Century,* 55.

23 Andy Kiersz, "This Map Shows Where People Are Most Satisfied with Their Country's Direction, *Business Insider,* February 25, 2014, http://www.businessinsider.com/pew-research-global-satisfactionmap-2014-2.

24 Richard Wike and Bridget Parker, "Corruption, Pollution, Inequality Are Top Concerns in China," Pew Research Center, September 24, 2015, http://www. pewglobal.org/2015/09/24/corruption-pollutioninequality-are-top-concerns-in-china/.

25 Antonio Gramsci, *Further Selections from the Prison Notebooks* (Minneapolis: University of Minnesota Press, 1995).

26 Joseph S. Nye, *Soft Power: The Means to Success in World Politics* (New York: PublicAffairs, 2004).

27 일부 중국 학자들은 이러한 견해에 동의하지 않으며 이 의견을 공산당의 목적에 맞춘 선택적 기억이라고 생각한다. 다음 글 참조. Jeffrey Wasserstrom and Kate Merkel-Hess, "Xi Jinping's Authoritarianism Does a Disservice to China's Nuanced Political Tradition," *The World Post*, September 28, 2006, http://www. huffingtonpost.com/jeffrey-wasserstrom/xi-jinping-authoritarian_b_11778782. html.

28 *Encyclopaedia Britannica* (online), s.v. "Legalism" (revised and updated 2008), https:// www.britannica.com/topic/Legalism.

29 Zheng Yongnian, *The Chinese Communist Party as Organizational Emperor: Culture, Reproduction and Transformation* (Abingdon, UK: Routledge, 2010).

30 John Keane, "Phantom Democracy: A Puzzle at the Heart of Chinese Politics," *South China Morning Post*, August 25, 2018, https://www.scmp.com/week-asia/ politics/article/2161276/phantom-democracypuzzle-heart-chinese-politics.

31 시진핑의 공산당은 놀랄 만큼 관습에 얽매이지 않고 실용적일 수 있다. 예를 들어 중국에는 전통적으로 독립적인 사법부가 존재하지 않지만, 최근 개혁을 통해 부패한 지방 공산당 우두머리들의 영향력이 미치지 않는 독립적인 현縣 단위의 법정을 세웠다.

32 Steven Mufson, "This Documentary Went Viral in China, Then It Was Censored; It Won't be Forgotten," *Washington Post*, March 16, 2015, https://www. washingtonpost.com/news/energy-environment/wp/2015/03/16/this-documentary-went-viral-in-china-then-it-wascensored-it-wont-be-forgotten/?utm_term=.ee8835504885.

33 Paul Carsten, "China Will Spend $182 Billion to Boost Internet Speed by the End of 2017," *Business Insider*, May 20, 2015, http://www.businessinsider.com/

r-china-to-spend-182-billion-to-boost-internet-byend-of-2017-2015-5.

34 Yuan Yang, "Multinationals in China Brace for Online Crackdown," *Financial Times*, July 31, 2017, https://www.ft.com/content/cb4bec0a-75b6-11e7-90c0-90a9d1bc9691.

35 Josh Chin and Gillian Wong, "China's New Tool for Social Control: A Credit Rating for Everything," *Wall Street Journal*, November 28, 2016, http://www.wsj.com/articles/chinas-new-tool-for-socialcontrol-a-credit-rating-for-everything-1480351590.

36 George Yeo, "Why Singapore at 50 Is like a Banyan Tree, a Bonsai, and Nanotechnology," *The WorldPost*, August 3, 2015, http://www.huffingtonpost.com/george-yeo/singapore-at-50_b_7921632.html?utm_hp_ref=world.

37 Kishore Mahbubani, "Figuring Out the Right Path for Political Evolution," *Straits Times*, July 22, 2017, http://www.straitstimes.com/opinion/figuring-out-the-right-path-for-political-evolution.

38 Tom Phillips, "China Rejects Tribunal's Ruling in South China Sea Case," *The Guardian*, July 12, 2016, https://www.theguardian.com/world/2016/jul/12/philippines-wins-south-china-sea-case-againstchina.

39 Richard Javad Heydarian, "Here's Why the South China Sea Dispute Will Continue to Haunt Philippine-China Relations," *The WorldPost*, July 25, 2017, http://www.huffingtonpost.com/entry/southchina-sea-dispute-duterte_us_597603aae4b09e5f6cd0d53b.

40 Zheng Bijian, "China's 'One Belt, One Road' Plan Marks the Next Phase of Globalization," *The WorldPost*, May 18, 2017, http://www.huffingtonpost.com/entry/china-one-belt-one-road_us_591c6b41e4b0ed14cddb4527.

41 Zhao Tingyang, "Can This Ancient Chinese Philosophy Save Us from Global Chaos?" *The WorldPost*, February 7, 2018, https://www.washingtonpost.com/news/theworldpost/wp/2018/02/07/tianxia/?utm_term=.3aacbd3599c4.

42 Zhao, "Can This Ancient Chinese Philosophy Save Us from Global Chaos?"

43 Nathan Gardels, "The Return of the Middle Kingdom in a Post-American World," *New Perspectives Quarterly* 25, no. 4 (Fall 2009), https://doi.org/10.1111/j.1540-5842.2008.01015.x.

44 Stephen S. Roach, "Rethinking the Next China," Project Syndicate, May 25, 2017,

https://www.project-syndicate.org/commentary/global-china-risks-and-opportunities-by-stephen-s--roach-2017-05.

45 George Yeo, "China's Grand Design: Pivot to Eurasia," *The Globalist,* November 8, 2015, http://www.theglobalist.com/chinaeconomy-gdp-asia/.

46 Nathan Gardels, "China's New Silk Road May Be a Game Changer for Pakistan," *The WorldPost,* August 17, 2016, http://www.huffingtonpost.com/entry/china-silk-road-pakistan-shaukat-aziz_us_57b49a98e4b0b42c38afc54a.

47 Peter Doimi de Frankopan, "These Days, All Roads Lead to Beijing," *The WorldPost,* July 28, 2017, http://www.huffingtonpost.com/entry/china-silk-road_us_5978d667e4b0a8a40e84cec7.

48 Raghuram Rajan, interview with Nathan Gardels, October 2017 in Agenda and Report for Annual Meeting of the 21st Century Council, Briefing Book, December 2017.

49 Brahma Challaney, "China's Creditor Imperialism," Project Syndicate, December 20, 2017, https://www.project-syndicate.org/commentary/china-sri-lanka-hambantota-port-debt-by-brahmachellaney-2017-12?barrier=accesspaylog.

50 "Mahathir Mohamad Warns against 'New Colonialism' during China Visit," *Financial Times,* August 20, 2018, https://www.ft.com/content/7566599e-a443-11e8-8ecf-a7ae1beff35b.

51 Nathan Gardels, "Trump's 'America First' Meets China's 'Community of Common Destiny,'" February 9, 2018, https://www.washingtonpost.com/news/theworldpost/wp/2018/02/09/america-first/?utm_term=.9e672c333eec.

52 Dani Rodrik, "The Inescapable Trilemma of the World Economy," Dani Rodrik's Weblog, June 27, 2007, http://rodrik.typepad.com/dani_rodriks_weblog/2007/06/the-inescapable.html.

53 Nathan Gardels, "The U.S.-China Trade War May Kill the WTO; and That Is a Good Thing," *The WorldPost,* August 24, 2018, https://www.washingtonpost.com/news/theworldpost/wp/2018/08/24/china-trade/?utm_term=.0dab01a71188.

54 Dani Rodrik, "Put Globalization to Work for Democracies," *New York Times,* September 9, 2016, https://www.nytimes.com/2016/09/18/opinion/sunday/put-globalization-to-work-for-democracies.html?smprod=nytcore-iphone&smid=nytcore-iphone-share&_r=1.

55 Ernesto Zedillo, quoted in "Rethinking Globalization" Year End-Report, 21st Century Council, December 2017, unpublished (see http://governance.berggruen. org/meetings/37).

56 Nathan Gardels, "It's a Problem That America Is Still Unable to Admit It Will Become #2 to China," *The WorldPost,* May 19, 2017, https://www.huffingtonpost. com/entry/trump-america-first-china-asia_us_5919fed0e4b0809be15727f5.

57 Lawrence Summers, "How to Embrace Nationalism Responsibly," *Washington Post,* July 10, 2016, https://www.washingtonpost.com/opinions/global-opinions/ how-to-embrace-nationalism-responsibly/2016/07/10/faf7a100-4507-11e6- 8856-f26de2537a9d_story.html?utm_term=.1554bb0b84e5.

58 Lawrence Summers, "How to Embrace Nationalism Responsibly," *Washington Post,* July 10, 2016, https://www.washingtonpost.com/opinions/global-opinions/ how-to-embrace-nationalism-responsibly/2016/07/10/faf7a100-4507-11e6- 8856-f26de2537a9d_story.html?utm_term=.6ef101a088f2.

59 Rana Foroohar, "Why America's Tax and Trade Debate Is Wrong," *Financial Times,* September 24, 2017, https://www.ft.com/content/aa840e56-9f9d-11e7-8cd4- 932067fbf946.

60 "Trump's China Tariffs Would Hit US Firms," *Bloomberg Quint,* May 16, 2018, https://www.bloombergquint.com/china/2018/05/16/trump-tariffs-would- tax-u-s-firms-supply-chains-peterson-says.

61 Alexis Crow, "Some German Medicine for Trump," *The World-Post,* April 11, 2018, https://www.washingtonpost.com/news/theworldpost/wp/2018/04/11/trump- trade-war/?utm_term=.1e21c807f2d4.

62 Samuel P. Huntington, *Who We Are: The Challenges to America's National Identity* (New York: Simon and Schuster, 2004), 180.

63 Drew Desilber, "Refugee Surge Brings Youth to an Aging Europe," Pew Research Center, October 08, 2015, http://www.pewresearch.org/fact-tank/2015/10/08/ refugee-surge-brings-youth-to-an-agingeurope/; "UNICEF Report: Africa's Population Could Hit 4 Billion by 2100, *Goats and Soda,* National Public Radio, August 13, 2014, http://www.npr.org/sections/goatsandso da/2014/08/13/340091377/unicef-report-africaspopulation-could-hit-4- billion-by-2100.

64 Nathan Gardels, "Two Concepts of Nationalism: An Interview with Isaiah Berlin," *New York Review of Books,* November 12, 1991, http://www.nybooks.com/articles/1991/11/21/two-concepts-of-nationalism-aninterview-with-isai/.

65 Nathan Gardels, "Pankaj Mishra: A Mutiny against Modernizing Elites Has Erupted in the West," *The WorldPost,* February 27, 2017, http://www.huffingtonpost.com/entry/mutiny-modernizing-elites-mishra_us_58b439f8e4b0780bac2b79ad.

66 Nathan Gardels, "The Rise of Europe's Far-Right Is 'a Wake Up Call' for Democracy, Says Turkish Novelist," *The WorldPost,* January 26, 2017, http://www.huffingtonpost.com/entry/europe-farright-elif-shafak_us_58898c3ee4b0737fd5cb913f?nvlhaor&section=us_world&section=us_world.

67 Kwame Anthony Appiah, *The Lies That Bind: Rethinking Identity* (New York: Liveright, 2018).

68 Nathan Gardels, "Wanting to Preserve Your Way of Life Does Not Make You Racist or Fascist," *The WorldPost,* September 28, 2015, http://www.huffingtonpost.com/nathan-gardels/europe-refugeerejection_b_8197248.html.

69 Gardels, "Wanting to Preserve Your Way of Life."

70 "The Berggruen Prize," Berggruen Institute, www.berggruen.org/prize.

71 Chris Bloor, "Interview: Charles Taylor," *Philosophy Now* [December 2016], https://philosophynow.org/issues/74/Charles_Taylor.

72 Charles Taylor, *Reconciling the Solitudes: Essays on Canadian Federalism and Nationalism* (Montreal: McGill-Queen's University Press, 1993.

73 "Let's Move On, Says Quebec Accommodation Commission," CBC Montreal, May 22, 2008, http://www.cbc.ca/news/canada/montreal/let-s-move-on-says-quebec-accommodation-commission-1.709976.

74 Paul May, "Why Trump's Plan to Copy Canada's Immigration System Would Backfire," *The WorldPost,* May 1, 2017, http://www.huffingtonpost.com/entry/trump-immigration-canada_us_58f7bcf2e4b05b9d613fc639.

75 Richard Milne, "Sweden Tested by Immigration Challenge," *Financial Times,* March 27, 2017, https://www.ft.com/content/838d60c2-0961-11e7-97d1-5e720a26771b.

76 Fabrizio Tassinari, "It's Not All Welfare and Social Justice," *Foreign Affairs,* October

27, 2015, https://www.foreignaffairs.com/articles/northern-europe/2015-10-27/scandinavias-real-lessons.

77　Solberg quoted in Richard Milne, "Nordic Populists Struggle with the Burdens of Power," *Financial Times,* August 10, 2017, https://www.ft.com/content/8443f894-7cf4-11e7-9108-edda0bcbc928.

78　Bill Clinton, interview with Nathan Gardels, May 23, 2017, in Year End-Report, 21st Century Council, December 2017.

79　Clinton, interview with Gardels.

80　Bijian, "China's 'One Belt, One Road' Plan Marks the Next Phase of Globalization."

81　Nathan Gardels, "America's Global Influence Depends on Cooperation with China," interview with Zbigniew Brzezinski, *The WorldPost,* December 2016, http://www.huffingtonpost.com/entry/zbigniew-brzezinski-america-influence-china_us_585d8545e4b0d9a594584a37?section=us_world.

82　Kevin Rudd, "How Ancient Chinese Thought Applies Today," *The WorldPost,* February 4, 2015, http://www.huffingtonpost.com/kevin-rudd/chinese-strategic-thoughts_b_6417754.html.

83　Antonio Guterres, "As Refugee Tide Mounts, No One Is in Control," *The WorldPost,* August 27, 2015, http://www.huffingtonpost.com/antanio-guterres/refugee-crisis-control_b_8050468.html?utm_hp_ref=world.

84　Hu Shuli, "Kissinger: China, U.S. 'Must Lead in Cooperation,'" *ChinaFile* (Caixin Media), March 24, 2015, http://www.chinafile.com/reporting-opinion/caixin-media/kissinger-china-us-must-leadcooperation.

85　Henry Kissinger, interview with authors, October 28, 2014, Century Club, New York.

86　Nathan Gardels, "Is America Ready for China as an 'Equal Brother?' " *The WorldPost,* November 21, 2014, http://www.huffingtonpost.com/nathan-gardels/henry-kissinger-fu-ying-america-china-discussion_b_6193804.html.

87　Nick Penzenstadler, "Philippines' Duterte to U.S. Over Aid: 'Bye-bye America,' " *USA Today,* December 17, 2016, https://www.usatoday.com/story/news/world/2016/12/17/philippines-duterte-us-overaid-bye-bye-america/95557384/.

88   James Steinberg and Michael E. O'Hanlon, *Strategic Reassurance and Resolve: U.S.-China Relations in the Twenty First Century* (Princeton: Princeton University Press, 2014).

89   Henry Kissinger, *World Order* (New York: Penguin Press, 2015), 228.

에필로그: 우리의 미래상이 현재를 만든다

1   Ilya Prigogine, "Beyond Being and Becoming," *New Perspectives Quarterly* (Fall 2004), http://www.digitalnpq.org/archive/2004_fall/01_prigogine.html.

찾아보기

민주주의 쇄신
디지털 자본주의에서 살아남는 법을 제시하다

초판 인쇄 | 2020년 4월 1일
초판 발행 | 2020년 4월 5일

지은이 | 네이선 가델스·니콜라스 베르그루엔
옮긴이 | 이정화
펴낸이 | 조승식
펴낸곳 | 도서출판 북스힐
등   록 | 1998년 7월 28일 제22-457호
주   소 | 01043 서울시 강북구 한천로 153길 17
홈페이지 | www.bookshill.com
이메일 | bookshill@bookshill.com
전   화 | 02-994-0071
팩   스 | 02-994-0073

값 15,000원
ISBN 979-11-5971-288-3